法藏知津

九 編

杜潔祥 主編

第37冊

《四分律刪繁補闕行事鈔》集釋
（第三冊）

王建光 著

花木蘭文化事業有限公司

國家圖書館出版品預行編目資料

《四分律刪繁補闕行事鈔》集釋（第三冊）／王建光 著 -- 初
版 -- 新北市：花木蘭文化事業有限公司，2023〔民 112〕

目 4+172 面；19×26 公分

（法藏知津九編 第 37 冊）

ISBN 978-626-344-508-6（精裝）

1.CST：四分律 2.CST：律宗 3.CST：注釋

011.08　　　　　　　　　　　　　　　　112010540

法藏知津九編
第三七冊　　　　　　　　　　ISBN：978-626-344-508-6

《四分律刪繁補闕行事鈔》集釋（第三冊）

編　　者　王建光
主　　編　杜潔祥
副總編輯　楊嘉樂
編輯主任　許郁翎
編　　輯　張雅淋、潘玟靜　美術編輯　陳逸婷
出　　版　花木蘭文化事業有限公司
發 行 人　高小娟
聯絡地址　235 新北市中和區中安街七二號十三樓
　　　　　電話：02-2923-1455／傳真：02-2923-1452
網　　址　http://www.huamulan.tw 信箱 service@huamulans.com
印　　刷　普羅文化出版廣告事業
初　　版　2023 年 9 月
定　　價　九編 52 冊（精裝）新台幣 120,000 元

《四分律刪繁補闕行事鈔》集釋
（第三冊）

王建光　著

目

次

第一冊
集釋者序
《行事鈔》及其「六十家記」
四分律刪繁補闕行事鈔　序 ……………………… 1

第二冊
四分律刪繁補闕行事鈔　卷上 ……………… 233
卷上之一 …………………………………… 235
　標宗顯德篇第一（初出宗體後引文成德）…………… 235
　集僧通局篇第二 …………………………… 303
　足數眾相篇第三（別眾法附）………………… 349
　受欲是非篇第四 …………………………… 392
　通辨羯磨篇第五 …………………………… 431

第三冊
卷上之二 …………………………………… 513
　結界方法篇第六 …………………………… 513
　僧網大綱篇第七 …………………………… 590

第四冊

卷上之三……………………………………………………685

　受戒緣集篇第八（捨戒六念法附）………………685

　師資相攝篇第九……………………………………803

卷上之四……………………………………………………859

　說戒正儀篇第十……………………………………859

第五冊

　安居策修篇第十一（受日法附）………………………925

　自恣宗要篇第十二（迦絺那衣法附）………………1027

四分律刪繁補闕行事鈔　卷中………………………………1101

卷中之一……………………………………………………1103

　篇聚名報篇第十三…………………………………1103

第六冊

　隨戒釋相篇第十四（一）……………………………1187

第七冊

卷中之二……………………………………………………1455

　隨戒釋相篇第十四（二）……………………………1455

第八冊

卷中之三……………………………………………………1689

　隨戒釋相篇第十四（三）……………………………1689

第九冊

卷中之四……………………………………………………1995

　持犯方軌篇第十五…………………………………1995

第十冊

　懺六聚法篇第十六…………………………………2225

四分律刪繁補闕行事鈔　卷下………………………………2343

卷下之一……………………………………………………2345

　二衣總別篇第十七…………………………………2345

第十一冊

卷下之二 ··· 2535

　四藥受淨篇第十八 ······································· 2535

　鉢器制聽篇第十九（房舍眾具五行調度養生物附）····· 2636

　對施興治篇第二十 ······································· 2666

第十二冊

卷下之三 ··· 2691

　頭陀行儀篇第二十一 ····································· 2691

　僧像致敬篇第二十二（造立像寺法附）··············· 2722

　訃請設則篇第二十三 ····································· 2769

　導俗化方篇第二十四 ····································· 2803

　主客相待篇第二十五（四儀法附）····················· 2857

第十三冊

卷下之四 ··· 2873

　瞻病送終篇第二十六 ····································· 2873

　諸雜要行篇第二十七（謂出世正業比丘所依）········ 2898

　沙彌別法篇第二十八 ····································· 2929

　尼眾別行篇第二十九 ····································· 2994

　諸部別行篇第三十 ······································· 3036

附錄：《行事鈔》結構 ·· 3061

後　記 ··· 3099

卷上之二

唐京兆崇義寺沙門釋道宣撰述

結界方法〔一〕篇第六

結界元始，本欲秉法〔二〕。

由羯磨，僧宗綱要〔三〕。匡救佛法，像運住持，功歸於此〔四〕。理宜十方同遵〔五〕，許無乖隔〔六〕。

但為剡浮洲境，彌亘既寬〔七〕。每一集僧，期要難剋〔八〕，加以損功廢道、恒事奔馳〔九〕。

大聖愍其頓極，故開隨處局結〔一〇〕。作法分隔，同界崇遵〔一一〕，功成事遂，總意如此〔一二〕。

【篇旨】

鈔批卷七：「前既明僧是能弘之人，次明羯磨，即所秉之法。人法已具，必有所被。所被之事，隨務不同，約情、非情，通應於法。今茲結界，正被非情。然界是諸法所依、眾同之本、攝僧大要，故有此篇來。又解：初第一篇，顯其宗體；次有三篇，總辨其人。人即備矣，乃堪御法。故羯磨一篇，統收其法。但法不自立，起必託處，故此一篇，正明所托之處也。又可，上雖明羯磨如非，欲作何事，事之所要，莫先於界，故有此篇來也。」（四一二頁下）【案】底本卷序之後有「南山律要一」五字，今刪去。

【校釋】

〔一〕結界方法　資持卷上二：「結，謂白二限約，即能被之法界，謂分隔彼此，即所加之處。疏云：加法約處，除彼局此，故曰界也。律云：界者，作羯磨唱制限者是。又，了論疏解本音『四摩』，此云『別住』，謂此住作法與餘住不相通，各不取欲，故得名也。方，亦訓法，連綿為語，即下四門，為後世依承，

悉名方法。然題中『界』字，若望初結，似通自然，今約結成，即是作法。作法有三：僧及衣、食。今正明僧，餘二如後。僧復三種：大、小及場；大小各三，則為七種。如是知之。」（二○二頁中）扶桑記釋「即下四門」：列數定量，依位作法，法起有無，非法失相也。」（七四頁上）簡正卷六：「准明了論，具足梵音云『四梵摩失』，此云『別住』，謂此處作法與餘處各不相通，不須取欲，所云『別住』。今云結界者，蓋是隨方之語也。作法限約稱『結』，各有分齊名『界』。故律云：何名界現前？謂作法唱制限者是也。方，軌。法謂法則，即豎標唱之類。」（三五八頁下）鈔批卷七：「礪云：作法限約，局此斯同，目之為『結』，彼此分隔，各有差別，名之為『界』，曰結界。又解：依其限約，加以羯磨，稱之為『結』；各有壇場分局，目之為『界』。若准了論疏中，西音名『四摩』，此翻『別住』，謂此住作法不通餘處，各不取欲，名別住。若依律本，俱云界者，加法約處，除彼局此，故曰『界』也。律中：云何界現前？白二羯磨唱制限者是也。此中廣明其七種結之儀則，故言『方法』。礪解：開結意者，良以羯磨說戒，任持正要，匡救綱統，法無過此，宜應同遵，理無乖隔。但以自然盡集，致眾勞疲，妨修廢業，特是可愍。大聖知時，聽境局結，當處同法為斯故，（四一二頁下）是以須開。一開已後，凡秉眾法，非界不成。古人依了論，界者，梵言『四摩失』者，錯也。應知，界者直『四摩』也。『失』，屬下句，自是漢語失語過失也。失義有五種，故了論偈云『及四摩失有五種』。（述曰：）失謂過失，論自釋：立（【案】『立』疑『一』。）、破國土，謂王不許破國土地，結為別住，此結不成。二、破僧伽藍。（云云。）三、別住相接為一相，謂兩界共以一石為相，兩邊各結，此亦不成；若共一山，兩邊結成，由相大故。四、別住半過本別住，謂相涉入。五、以別住圍遶別住，謂不留自然地也。此曰『五失』。古師不細尋文，乃將『失』字，連上讀之也。立云：就此序中，大分為二：初，從至許無乖隔來，明開結有益；二、說序文來，明不結有損。今即是初。」（四一三頁上）【案】了論，六六九頁下。本篇文分為二：初，「結界」下；次，「就中」下。

〔二〕**結界元始，本欲秉法** 鈔科卷上二：「究結界之本。」（一六頁中）鈔批卷七：「由律文云：非作法地，不得行僧事，故須結界，以秉於法。其『原』字，『厂』（音『罕』）下作『白』、『白』下作『水』，謂清白之水曰泉，由原也，取其元始本義也。」（四一三頁上）資持卷上二：「元始者，推制法本因。秉法者，明立界所為。然律假緣興，雖因布薩至論，制意實通眾務。疏云：結界眾

同之本，理須通和，餘法眾同之未，並因後起。是知，除結界外，一切羯磨，並依法地。」（二〇二頁中）簡正卷六：「『原』字或從『水』，即水本曰源。今單作，取高平曰原，法寶訓『本』也。始，由初也。究其結界本初意旨，只為秉法。故律云：非作法地，不得行僧事等。玄記云：原者，恕也。心通窮結界之初，為秉法故。此解亦得。」（三五八頁下）

〔三〕**由羯磨，僧宗綱要**　鈔科卷上二：「『由』下，明同法之意。」（一六頁中）資持卷上二：「上二句，發下制意。初，敘羯磨。僧以和為義，和但在心，非言不顯，故須聲教，表示僧情。人法二同，水乳無別，故云綱要。」（二〇二頁中）簡正卷六：「非謂羯磨是僧宗，謂淨戒是僧宗。僧以戒為宗主，故羯磨是僧宗家之綱要。僧戒若淨，秉初三、五之綱，被二、四之要，能辨（【案】『辨』疑『辦』。）一切事也。」（三五九頁上）鈔批卷七：「謂羯磨聖法之綱紀要務也。衣以領為要，網以綱為要，僧以羯磨為要也。有生善滅惡之功能，匡救佛法之用也。故前篇云『僧為秉御之人，（四一三頁上）所統其唯羯磨』，即斯義也。」（四一三頁下）

〔四〕**匡救佛法，像運住持，功歸於此**　資持卷上二：「受、說、治、諫，僧綱既舉，佛法可存。匡救之功，亦由羯磨。若據住持，實通三時，今云像運，通語滅後。於此者，即指羯磨。上二句，舉三寶以彰德；下二句，約時以顯功。」（二〇二頁中）簡正卷六：「迋（【案】『迋』疑『匡』。），正也。救，助也。羯磨能正助佛法，秉法受戒，懺洗往愆，豈非正助？像運任持，功歸於此者：像者，像法。運，由致也。於像法之時運，致任持佛法不墮者，功歸於羯磨。」（三五九頁上）鈔批卷七：「像是像法時也，運是轉義。欲明時移遷謝，從正法至像、從像至末也。若論任持佛法，功益之先，歸於羯磨。但羯磨之設，假界而通，此言皆欲遠生起結界之意也。濟云：佛法唯以界為根本，若結界不成，一切佛法皆覆滅也。由界不成，受戒不得，羯磨不成，更復有何佛法可有也？廣說如感通傳，明戒場力等事也。」（四一三頁下）【案】「住」，底本為「任」，弘一改「住」。

〔五〕**理宜十方同遵**　資持卷上二：「『理宜』下，次明和同。以法既高勝，人必齊遵。十方者，且據閻浮。許，猶使也。」（二〇二頁中）鈔批卷七：「立明：佛在之日，三千界內，一化之中，凡有法事，並皆同集，故曰十方同遵。」（四一三頁下）簡正卷六：「羯磨既有此勝德，秉御之時，道理宜須東西南北、四維上下，同共遵奉，不許有乖違阻隔，故云理宜十方同遵等。」（三

五九頁上）

〔六〕**許無乖隔** 鈔批卷七：「謂一化內，謂皆須盡集，不許乖背隔越也。」（四一三頁下）

〔七〕**為剡浮洲境，彌亙既寬** 鈔科卷上二：「『但』下，示發起之緣。」（一六頁中）資持卷上二：「發起緣中，分二。初二句，明境廣。剡浮、閻浮、瞻部，皆音轉也，方志譯為輪王居處。（以四輪王咸居此，故金輪統四，銀輪除北，銅除西、北，鐵除東、西、北。）又，加『提』者，釋迦譜云：翻為洲也。水中可居曰洲，（二〇二頁中）今在須彌山南大海中故。彌，大也。亙，廣也。俱舍云：三邊各廣二千踰繕那，（一踰繕那十六里，三面各三萬二千里。）南邊廣三踰繕那半，（五十六里，周迴共九萬六千五十六里），人面像焉。」（二〇二頁下）鈔批卷七：「上明結界有益義竟，但為剡浮州境不是，第二不開，結有損也。此即閻浮州也，亦云剡浮州，處大海中洲渚之上也。彌是遠也。亙是包闊義也，亦云遍也。此『亙』字，上畫是天，下畫是地，中間安日，謂上極於天，下極於地，中包於日，是遍滿義也。」（四一三頁下）簡正卷六：「解云：於外海中，大洲有四，謂於四面對妙高山：南剡部洲，北廣南狹，三邊量等，其相如車。此言車者，約西國車。彼國車形，前狹後闊，如人面也。若就北方車說，即兩頭相似，故不可也。三邊各二千者，東、西、北三也，各二千踰繕那。一踰繕那，十六里二千，計三萬二千里，三邊即九萬六千里。南邊有三半者，南邊極狹，但有三踰繕那半，又成五十六里。如是因迊（【案】『因迊』疑『四迴』。），總計九萬六千五十六里。（上並依論述也。）次，依南山住法圖贊，准諸經論說，共明南洲三邊，各二十八萬里。南邊一半來，東西八萬里，至南漸狹故。問：『同辨南洲之量，何故俱舍數少，諸經論中數多？數既有於少多，其量廣狹，亦成不定，請為和會。』答：『一解云：每州有二大中州。大州北廣南狹，中州在南。南廣北狹，相添故闊。（此解不正，不勞破也。）今依法寶云：俱舍九萬六千五十六里。如車之說者，據五印土境而論。圖贊引諸經論所明，通約一大州。以說凡是大唐、新羅等諸邊國等，總在數也。故西域記云：五印云（原注：『云』疑『土』。）境，周九萬餘里。證知不謬。』」（三六〇頁上）

〔八〕**每一集僧，期要難尅** 簡正卷六：「謂每一度說戒集僧，期要共來一處，極難尅會，謂初緣。佛在西土之日，五印境通，是一自然之地，每至說戒之時不定故。說戒法聚云：世尊聽集一處說戒，或在仙人所住山里、石處相待，或在七

棄炭（【案】『棄炭』疑『葉窟』。）相待，或塚間、溫泉、水邊、迦蘭陀竹園、
耆山，乃至河邊、樹下、軟草處相待，謂處既彌寬，至期不可齊，致難尅會，
故曰期要難尅也。（上依律文初緣。）」（三六〇頁下）資持卷上二：「『每』下，
敘制緣，有三：上明眾法難成，下明自行有損。『要』字，平呼，約也。尅，
遂也。說戒犍度云：爾時，諸比丘聞佛聽諸比丘詣羅閱城說戒，在諸方聞者，
來集疲極。比丘白佛，『自今已去，隨處結界』等。」（二〇二頁下）鈔批卷
七：「立云有二種難尅：一、時難尅，如說戒或十四、十五、十六日也；二、
事難尅，謂或是說、恣，或是懺罪，生善滅惡之事也。母論云：佛在世時，常
在王舍城中說戒。（四一三頁下）至十五日，諸比丘遠近，不避疲勞，詣王舍
城聽佛說戒。佛知諸比丘勞苦，即問諸比丘方所，隨其方所住處說戒也。」
（四一四頁上）【案】四分卷三五，八一八頁中。此處幾句言結界之緣：期要
難尅（僧多難聚）、損功廢道（影響定慧）、恒事奔馳（行走勞頓）、大聖慈極
（佛慈特開）。

〔九〕加以損功廢道、恒事奔馳　簡正卷六：「第二緣也。先敘緣起，謂適來比丘，
既說戒時至相待極難遂，以事白佛。佛言：從今已去，聽諸比丘集一處，立說
戒堂。准說戒法中云：先於耆山立戒堂，後於羅閱祇城立說戒堂，令諸方遠近
至此說，晨同赴於此堂內。玄記云：戒堂白二結之。開結堂意者，但眾集時
至，即得說戒。縱三五人不集，無別眾過，不要待也。若法寶云：戒堂但白二
法指定處所，其地無是自然所貴，同集一處揩定，無要期極難之惱。若不來
者，總皆有過。必唱相結成者，其地即是作法界。律中並不見有唱相之文，至
後隨境結時，方有標相，故知此段由是自然，不得言結。（任情凡捨。）次消
鈔。云『加以』二字者，『加』謂增加也，（三六〇頁下）『以』者，由也。由
前來要期尚難，今更有奔馳之惱，故云『加以』也。諸方遠集，即損功夫，癈
修定、慧之能，名為癈道。恒，由常也。奔者，赴也。馳者，驅馳。謂雖定於
一處，立此戒堂。然遠國之中比丘，特奔赴說戒，後卻歸本處，未得從容，半
月又到。准前須赴，如是只了往反途路奔馳，更不能修集定慧學，故云『加
以』等。（云云。）問：『佛在日，諸弟子皆有神通，至說戒日現通不難，何故
奔馳生惱？』菀陵座主釋云：『雖獲神通，據多分說，其中亦有無神通者，或
可雖有得通之人，佛不許現於通聖。准律文，但除疑，得現通，降茲已外，為
名利及聽法毗尼，皆須步涉。縱有神力，不許現之，況復來證之者。』」（三六
一頁上）鈔批卷七：「謂有得羅漢者，神通而來，不為頓極。若未得聖者，疲

苦難言。」（四一四頁上）

〔一〇〕大聖愍其頓極，故開隨處局結　鈔科卷上二：「『大』下，彰立教之益。」（一六頁中）資持卷上二：「初二句，明開許。頓極者，總上二緣。」（二〇二頁下）簡正卷六：「第三緣也。謂前雖有戒堂，未免奔馳生惱故。律云，諸比丘白佛，佛言：從今已去，隨所住處，若村，若邑境界處說戒，聽白二結。當如是作，唱界坊（原注：『坊』疑『場』。）相。若空處，若樹下，若山，若谷等，有十九相。又云：自今後，聽結人、法二不同之界。東方有山稱山，有澶稱澶，乃至神祝令（【案】『祝令』四分為『祀舍』。）等。餘方亦爾。引（【案】『引』疑『此』。）皆是佛開別住之益，故云大聖愍其頓極，故開隨處局結也。」（三六一頁上）【案】本句資持、鈔科作立教之益，簡正作第三緣。

〔一一〕作法分隔，同界崇遵　資持卷上二：「作法分隔，示結法也。同界崇遵，明制約也。同遵羯磨，別眾不成。」（二〇二頁下）簡正卷六：「作白二，唱云相分其分限，以界隔之，互無別眾也。『同界』等者，謂上來初開隨境而結，即同界易得，崇遵說戒之事。」（三六一頁上）

〔一二〕功成事遂，總意如此　資持卷上二：「『功成』即自業無廢，『事遂』謂眾法易成，此彰益也。下句總結。又，翻上釋者：局結，反上通集；作法，反上自然；同界，反上十方；功成事遂，反上二損。」（二〇二頁下）簡正卷六：「一、為愍其頓極；二、開隨處分隔，分於限域；三、同界崇遵，知其說處；四、三學功成；五、說戒羯磨事遂，釋上別住之益。故云總意如此也。已上三緣，若依搜玄，前一『自然』，後二『作法』。前一總須來，要期赴集；後二中，戒堂結了，不來者亦無過。第三，隨境結，各有分限，不來亦無過。若（【案】『若』後疑有『依』字。）法寶：於上三中，前二並是『自然』，不來總有過。第三隨處結竟，同界小（【案】「小」疑「不」。）來即有過，外界無罪。至第三緣別別而結，方有自然界起。自然依作法，法（【案】『法』前疑脫『作』字）依自然。反顯前來戒堂實非唱相結作也。」（三六一頁下）

就中分四〔一〕：一、列數定量〔二〕，二、依位作法〔三〕，三、法起有無〔四〕，四、非法失相〔五〕。

【校釋】

〔一〕分四　資持卷上二：「前二，明結時緣法；後二，辨結已是非。」（二〇二頁下）

〔二〕列數定量　簡正卷六：「列大界數，定大界量。」（三六一頁下）

〔三〕**依位作法**　簡正卷六：「依大戒場等位，立標唱相，羯磨結成。」（三六一頁下）

〔四〕**法起有無**　簡正卷六：「結了有善無表起，名為法起。今師云有，古師云無，如下自述。」（三六一頁下）

〔五〕**罪法失相**　簡正卷六：「失界相也。」（三六一頁下）

初中

大論界法，總列三種〔一〕：一、攝衣界〔二〕，如衣法中；二、攝食界〔三〕，如藥法中；三、攝僧界，是此所明，就中分二〔四〕。

【校釋】

〔一〕**大論界法，總列三種**　簡正卷六：「『大』，約論量也。總列三種者，如文中列也。待衣界，局人，指二衣篇。攝食界，為雜過故，指藥法中。攝僧界，為即人法二同、法食二同、法同食別、小三界等，並是攝僧，在引（【案】『引』疑『此』。）篇明也。」（三六二頁上）【案】總列三種，但此處唯論第三「攝僧界」。

〔二〕**攝衣界**　鈔批卷七：「謂攝衣以屬人，使無離宿之過。如下二衣總別法中廣明。」（四一四頁上）資持卷上二：「攝衣攝食所以列者，同界攝故。指本篇者，各從其類故。注羯磨云：衣界者，攝衣以屬人，令無離宿罪。食界者，攝食以障僧，令無宿煮罪。僧界者，攝人以同處，令無別眾罪。此三分相，宗旨甚明。」（二〇二頁下）

〔三〕**攝食界**　鈔批卷七：「謂攝食以障僧，令無宿煮之過。如下四藥法中明也。」（四一四頁上）

〔四〕**攝僧界，是此所明，就中分二**　鈔批卷七：「謂攝人以同法，即是今篇正宗也。」（四一四頁上）簡正卷六：「自然為一，作法為二也。」（三六二頁上）

一、自然界者

未制作法已前，統通自然〔一〕。或空有不同，水陸差別〔二〕。後因難集，便開隨境攝，各有分限〔三〕。人所至處，任運界起，故曰「自然」〔四〕也。約處，有四種不同〔五〕；定量，分六相差別〔六〕。如集僧中。

二、作法界〔七〕者

由自然限約，未可遂心〔八〕。設有大小，教文已定〔九〕，用則不可，捨則非制〔一〇〕；或作大法，地弱不勝〔一一〕。故如來曲順物情，聽隨處結〔一二〕，令楷式軌定〔一三〕。任情改轉〔一四〕，使成羯磨〔一五〕，弘濟大

功〔一六〕。非此作法，餘不能辦〔一七〕。就中分三〔一八〕：

初言大界者

謂僧所常行「法食二同〔一九〕」之界也。

明量〔二〇〕者。文中「同一說戒，為界遙遠，聽十四日說者，十三日先往，不得受欲〔二一〕」，準強百里〔二二〕。毘尼母中：同布薩界，極遠，聽一日往還〔二三〕。雖有二文，未明里數〔二四〕。故僧祇、五分、善見並云三由旬為量〔二五〕。明了論云：三由旬者，合角量取〔二六〕。亦不知由旬大小〔二七〕。智論：由旬三別，大者八十里，中者六十里，下者四十里〔二八〕。此謂中、邊山川不同〔二九〕，致行李不等〔三〇〕。四分衣法中，由旬準有八十里〔三一〕者。此據上品為言〔三二〕。通用所歸，準律文意，應百二十里，以下品為定〔三三〕。薩婆多云：尼結界者，唯得方一拘盧舍〔三四〕也。必有難緣，可用僧祇，三由旬內，隨意結取〔三五〕。

二明戒場者

律云：以僧中數，有四人眾起，乃至二十人眾起，令僧疲極，佛聽結之，不言大小〔三六〕。善見云：戒場極小，容二十一人〔三七〕。減則不聽。餘如後結〔三八〕。

三明小界者

此並因難事，恐廢法事，佛隨前緣，故開結之〔三九〕。並無正量，隨人坐處，即為界相〔四〇〕。

一為受戒，開結小界。舊準戒場，身外有界〔四一〕；今依文取義，全無外相〔四二〕。如正加中〔四三〕。二為說戒事，下至四人直坐〔四四〕。三為自恣事，下至五人圓坐〔四五〕。此三無外量〔四六〕者。由是難開，隨人多少，若限約外量，終非遮難。故文云〔四七〕「今有爾許比丘集〔四八〕」者，止取現集之僧，坐處有地，依地結之。若事作已，即制令解〔四九〕。不同前二〔五〇〕，以久固作法，人所依止。

【校釋】

〔一〕未制作法已前，統通自然　資持卷上二：「初，明統通自然，即上剡浮一集。」（二〇二頁下）鈔批卷七：「謂同盡一化之地，並是統通自然也。此謂汎明天下自然之地，有此聚落、蘭若、水道等事也。」（四一四頁上）簡正卷六：「謂未制隨方結法已前，五印土境，總有是一片自然之地也。」（三六二頁上）

〔二〕或空有不同，水陸差別　資持卷上二：「空即蘭若，有即聚落，水即水界，陸

即道行。四種攝處，相無不盡，未分已前，通為一集。」（二〇二頁下）鈔批卷七：「此明空是蘭若，有曰聚落。言水陸差別者，水謂水界，陸即道行界也。謂未開隨處局結作法之前，即此空有水、陸，並盡須集等，故曰也。先且一化集僧，後因難集，即開作法，須期齊幾。集僧則須四種自然，約此以為集僧，結其作法之界，不可更盡一化集也，故知非是先開。四種自然，但是相因故有。撿諸律文，并諸人共議，意並如此。」（四一四頁上）簡正卷六：「玄云：空則鷲山、鹿菀，有則聚落、王域；水則溫眾（原注：『眾』疑『泉』。）浴池，陸則遊行途路。雖有此四，未各攝僧，總通一自然而集。」（三六二頁上）

〔三〕後因難集，便開隨境攝，各有分限　資持卷上二：「『後』下，明六相自然，即初開也。初三句，敘緣開。『隨境』即上四處，『分限』即界量。」（二〇二頁下）鈔批卷七：「此謂因開作法，則明集僧，可齊此為限約。隨前自然之境，各攝其僧，故言『隨境攝』。謂為有結界，即開隨自然之境。攝僧作法，非是先開自然之地而秉法也。」（四一四頁上）簡正卷六：「後因諸比丘一處說戒，奔馳相待，疲勞、癈業損功，故開隨境而結作法也。有於限節，故云各有分限也。」（三六二頁上）

〔四〕人所至處，任運界起，故曰「自然」　資持卷上二：「『人』下，釋名。不假造作，故曰任運。言界起者，但是隨身到處，即有界限，非謂有法生起也。」（二〇二頁下）簡正卷六：「問：『何名為自然界耶？』可引抄釋云『人所至處，任運界起，故曰自然』也。此釋『自然』得名。既云人所至處，即一比丘隨所至於何處，任運有界隨身，喻如月量。或至可分別聚落，遍一城；或至不可分別六十三步，乃至水界十三步等。不假人工造作方生，任運自有，故云自然界也。』」（三六二頁上）

〔五〕約處，有四種不同　資持卷上二：「『約』下，指量。」（二〇二頁下）鈔批卷七：「即是蘭、聚、道、水等。」（四一四頁下）

〔六〕定量，分六相差別　鈔批卷七：「謂約上四：蘭若有難、無難，聚落可分別、不可分別，并道、水，為六。」（四一四頁下）簡正卷六：「聚中分出，不可分別；蘭中分出，有難為六。廣如第二篇說了。」（三六二頁下）

〔七〕作法界　鈔批卷七：「此正明作法界之意。上雖前明自然之義，非先開自然真（【案】『真』疑『者』。），是今文預前手（原注：『手』疑『平』。）章自然集僧限齊也。」（四一四頁下）【案】本自然段分二：初，「由自」下；次，「故如」下。初又分二：「由自」下和「設有」下。

〔八〕**由自然限約，未可遂心**　簡正卷六：「謂前來四處六相，自然限約，未可遂今時隨機結界僧眾之心也。凡擬結界，或有立標寬狹不同，致有難，依自然限約。」（三六二頁下）鈔批卷七：「謂此意云，向不開我作法，直欲單開四種自然者，則不可我情。又，復若直匡開四種自然，不開結作法者。又，地弱不勝羯磨，故下文云『或作大法，地弱不勝』，即其義也。故知開作法之意，為自然不堪秉法。又，大小不可依故，不堪單開四種自然故，佛開結作法也。立云：大共京中大德，平章此事，咸云先一化集既疲，即開四種自然，齊量同集，得秉眾法。故今鈔文云：聽開隨境攝，即斯事也，謂聽齊自然境內攝僧耳。既自然大小，不可我情，又不可用、不可捨，即開結作法，住處大小結之。若此而明，（四一四頁下）先開四種自然，後開作法。此解亦順，文可尋。」（四一五頁上）

〔九〕**設有大小，教文已定**　資持卷上二：「『設』下，別釋，有二。初四句，明展縮有妨。教文定者，六相分齊也。」（二○二頁下）鈔批卷七：「此明欲結大界之意，為護夏衣攝僧等。若依此自然，則不遂我意，復不可增減，為教文已限定故。如齊六十三步、一拘盧舍、水洒及處等。此並佛之誠言，制此限約，不可不用。有人云：設有大小者，大謂盡一化集，小謂隨聚落等四處集也。」（四一五頁上）簡正卷六：「謂上四處六相之量廣狹，教之（【案】『之』疑『文』。）已定。如可分別，依十誦，盡一羅城之量；不可分別，六十三步。」（三六二頁下）

〔一○〕**用則不可，捨則非制**　資持卷上二：「用不可者，界限與處不相稱故。捨非制者，不依六相，（二○二頁下）無教開故。」（二○三頁上）鈔批卷七：「此有二解。初明自然定量，有六制之，大小故爾。今若依用，未堪稱遂我心，謂：或有人欲得闊，此則大狹；後有人欲得狹，此則大闊。今若可用，不愜我情，今若捨不依，又乖佛制。」（四一五頁上）簡正卷六：「且如僧祇，避難界以三由旬為量。或時聚落小，並須依三句，由標內集。若還依聚落集僧之教而明用，即恐不可。所以然者，謂標極寬，其標內有人不來，元成別眾，故不可也。問：『用既不可，捨之得不？』鈔文答云：『捨則非制。鏡水大德云：若捨卻六相限約之文，便成非法，不依佛制。若不依六相限量之制，如何分得他集僧約分齊？（上且一解。）更一解云：不依此量，佛又不許我捨。今若捨之，即是不依佛制。（與前解意亦同。）玄記云：大小既定，非適我意，用即不可，嫌大就小，教聽非制。非者，不也，即是不制。〔恐有【案】『有』疑『無』有理。

思之。〕。」問：『適來既云隨處有自然界起，便是攝僧，何假結成作法耶？』
鈔文答云：『或作大法，地弱不勝等。（云云。）』『或』者，不定之譚。大法者，
白四等法，即簡對首、心念。（三六二頁下）謂於大法中，唯結界一類。白二
之法，既能勝之，已外羯磨地弱，必定不得也。」（三六三頁上）

〔一一〕**或作大法，地弱不勝**　資持卷上二：「下二句，明不勝羯磨。法既尊特，常地
莫行，如持祕咒，必結壇場。羯磨、咒術，其類頗同。」（二〇三頁上）鈔批
卷七：「即明羯磨法有生善滅惡之功，故云大法。欲明自然之地，體分薄弱，
不勝此羯磨也。」（四一五頁上）

〔一二〕**故如來曲順物情，聽隨處結**　資持卷上二：「『故』下，次明作法界。初，敘開
結，此即第二開也。開已復開，故云『曲順』。」（二〇三頁上）簡正卷六：「佛
大慈悲，接於物機，順人心情。隨處結者，隨在四處而結也。」（三六三頁上）

〔一三〕**令楷式軌定**　鈔批卷七：「此明開結之意，是模範、軌則之義，不可移改也。」
（四一五頁上）簡正卷六：「結時先依六相集僧，是楷模準式軌則令定。」（三
六三頁上）資持卷上二：「開中制也。」（二〇三頁上）

〔一四〕**任情改轉**　簡正卷六：「結界處所大小，一任人情即不得。一向不依六相，此
則對上『捨則非制』等立此段文也。」（三六三頁上）資持卷上二：「『任』下，
顯益。上一句，反上『初患』；下四句，反上『次患』。問：『至此凡幾開耶？』
答：『初明統通，即本制也。（律中令結說戒堂，猶是統通一界，即同本制。）
次分六相，即初開也，復令局結，第二開也。又，作法中，復有二開：數集結
場，難事結小。若望『法食二同』『法同食別』二種大界，亦是第開。然莫非
大界，故所不論。已上凡經四開，文中宛（【案】『宛』疑『定』。）爾。古多
妄解，故須辨示。』問：『六相自然開秉羯磨否？』答：『此無明說，以義定之。
若準八年已興羯磨受具，十二年後令弟子說廣，由此始立結界。驗知：未結已
行羯磨，標指戒堂，亦在自然。地部所計，自然地中，得成受戒，亦由此耳。』
『若爾，那云地弱不勝？』答：『由在自然不勝，故結。或可約開已為言，疏
云：一開已後，凡有作業，非界不成，故制崇和，益在斯矣。先開後制也。若
不爾者，六相自然開之何用？豈可一向作對念耶？又，僧祇，七樹異眾兩頭，
豈唯結界？』問：『今時有結說戒堂者，何耶？』答：『此迷教也。結戒堂法，
由未開別結。通一自然，僧集難準，故令指處，局結纔興，戒堂即廢。況戒堂
之法，但是標指，至論僧集，還依自然。全非結界，安得妄行？又有錯引初制
大界羯磨為戒堂者，謬復甚矣！然今末世，知法者希，同住百千，來無數十。

若令盡集，事必無成，必欲別結一處，用擬行法，可準圍輪之例，須加大界羯磨。若據說、恣，本制通集，然律明（二○三頁上）布薩，場上有僧，得罪得成，雖乖制意，且圖成法。況愚徒不集事等難緣，判罪酌情，義非咎失！」（二○三頁中）

〔一五〕**使成羯磨**　簡正卷六：「對上大法，地弱不勝，今既結成，即秉白四等法成就也。」（三六三頁上）

〔一六〕**弘濟大功**　簡正卷六：「弘揚濟拔也。受戒等，總是生善弘揚也。懺罪、除愆等，並是拔濟也。」（三六三頁上）

〔一七〕**非此作法，餘不能辦**　鈔批卷七：「謂若非此作法之地，不得秉羯磨之法。餘諸自然，不能辦羯磨事也。」（四一五頁上）簡正卷六：「如此弘濟之功熏，若不是作法之地，不可得就。」（三六三頁上）

〔一八〕**就中分三**　簡正卷六：「就法界中也，大界、場（【案】即『戒場』。）、三小界為三也。」（三六三頁上）

〔一九〕**法食二同**　簡正卷六：「是『人法二同界』也。『法食二同』者，其餘三界也。今欲明大谷（【案】『谷』疑『界』。）量，總以大界名，收一切大界。故總出云謂『僧常所行』即『人法二同』也。別舉其餘大界，即法、食等也。一界量定，餘者例之。故南山住羯磨（原注：『住』疑『注』。）云：界有三種，謂『人法二同』『法食二同』『法同食別』。初准本制，即『僧常所行』，後隨緣別開，乃是其餘三界，向下加『法別食同』唱和之法。（三六三頁上）至結文後云：餘有三蘊界，佛置開結。末代之事，此法殆盡。既云殆盡，反顯今時『僧常所行』即是『人法二同』也。已上正義。發正記破鈔文不合標『法食二同』為『僧常所行』，南山全未知『僧常所行』是『人法二同』之界。『若知，何以不舉人法二同耶？』寶云：『此虛設也。但觀前注羯磨等文，其理自曉，不勞別破也。』」（三六三頁下）資持卷上二：「準注羯磨合云『人法』。彼云：界有三種，謂『人法二同』，（同一住處，同一說戒；）『法食二同』；『法同食別』。（此二如後。）傳寫之誤，無別所以。（昔云『僧所常行以第一，法食二同含後二』，非也。後二，下文自列。）」（二○三頁中）

〔二○〕**明量**　鈔科卷上二：「『明』下，定量寬狹。」（一六頁下）【案】「明量」下自然段，文分為二：初，「文中」下，標僧界；二、「薩婆多」下，標尼界。初又分二：初引諸文（初，「毗尼」下明里數未顯；二、「故僧祇」下明由旬不同）；次，二、「通用」下。

〔二一〕同一說戒，為界遙遠，聽十四日說者，十三日先往，不得受欲　資持卷上二：
「謂法同界也。不受欲者，宿欲不成也。」（二〇三頁中）簡正卷六：「先辨大
界量也。『文中』等者，說戒揵度也。不得受欲者，謂十四日說戒，十三日去，
四分宿欲不被所為也。」（三六三頁下）鈔批卷七：「計應當日行至合有一百
里，欲出故曰強也。」（四一五頁上）【案】四分卷三五，八二一頁上。「遠」，
底本為「還」，據四分句義及大正藏本改。

〔二二〕準強百里　資持卷上二：「約日定程，未可指的，故云強也。此則為下會歸之
張本。」（二〇三頁中）鈔批卷七：「此明不知界量大小如何。引四分文中，十
四日說戒，十三日先往。」（四一五頁上）簡正卷六：「上既云十三日先往，今
師且約義准，則一日之程，百里有出也」（三六三頁下）

〔二三〕同布薩界，極遠，聽一日往還　鈔科卷上二：「初，里數未顯。」（一六頁下）
資持卷上二：「彼名畫相應法，故云一日往還。據此猶狹四分。（舊解同律，一
日往、一日還，非也。）」（二〇三頁中）簡正卷六：「彼亦是定大界量。同布
薩界極遠者，舉極大界量也。一日往還者，大德云：一日往一日還，非謂一日
中得往反。論文語似不了。」（上列母論文。）（三六三頁下）

〔二四〕雖有二文，未明里數　簡正卷六：「今師決判也。前律文，後論文，但云十四
日說，十三往反。一日往還，未知定是幾里，由未決了也。」（三六三頁下）
資持卷上二：「『雖』下，雙結。上云百里，乃義準耳。」（二〇三頁中）鈔批
卷七：「即上四分并毗尼母論也。」（四一五頁上）

〔二五〕僧祇、五分、善見並云三由旬為量　鈔科卷上二：「『故』下，『由旬』不同。」
（四八九頁上）資持卷上二：「引四部量同。如五分云：時有結無邊界者，佛
制極遠應三由旬。」（二〇三頁中）簡正卷六：「二律一論定量。雖未有里數，
且有由旬之數。」（三六三頁下）鈔批卷七：「梵之量名也。或言『由延』，或
言『踰旬』，或言『踰闍那』，皆訛也。疏云：正音『踰繕那』，此無正譯，乃
是輪王巡狩，一亭之舍也。同此方驛，豈局里數？大分為言四十里相傳為
定，何故有大小不同？立謂：亭住處，亦不定也。如今時驛頓等，豈定里數？
或三十、五十里，隨中、邊山川、水草之便即置，故有三品不同。」（四一五
頁下）

〔二六〕合角量取　資持卷上二：「方維量等也。」（二〇三頁中）鈔批卷七：「立謂：
此防巧也。今若直量，四種（原注：『種』疑『維』。）有餘，故令（【案】『令』
疑『合』。）角量，證前自結，定員（【案】『員』即『圓』。）非方也。濟云：

今言角量者，恐從四方而量角則長也。今合角量，不廢界，亦界方，但四方則減，從角為量也。」（四一五頁下）簡正卷六：「謂適來言三由旬，今向角而量，即四維無餘也。」（三六三頁下）

〔二七〕**亦不知由旬大小**　簡正卷六：「律、論雖云『由旬』，由旬前有大小里數，今但通言三由旬，復是未了。」（三六四頁上）

〔二八〕**由旬三別，大者八十里，中者六十里，下者四十里**　資持卷上二：「智論示由旬不同。初列三品。」（二○三頁中）簡正卷六：「問：『何故得知由旬有大小昇降？』抄引智論云由旬三別等。（云云。）所言由旬者，西天本音云『踰繕那』，今云『由旬』，訛略也。此無正翻，乃是輪王巡狩一停之舍，由似此間舘驛不殊，不局量數。大約而言，三十里一驛也。問：『論中何故有此三般（【案】『般』疑『別』。）由旬？』可引鈔答。」（三六四頁上）

〔二九〕**中、邊山川不同**　資持卷上二：「『此』下，釋所以平。垣則延之令長，險阻則折之令促。疏云：『由旬』乃是中梵量名，正名『踰繕那』，此無正翻，乃是輪王巡狩之停舍，猶此古亭，豈局里數大分為言？四十里也，相傳為定。（此與俱舍不同。）」（二○三頁中）鈔批卷七：「『中』謂中國，『邊』謂邊方。山則高，川則下。如住此山頭，望彼山頭邊道可有十里，若更下山行去至彼山頭，長有十五里也。欲明約地高下，故由旬有大小，平地則四十里，山處則六十、八十也。撿多論云：如一拘盧舍者，有四百步。拘盧舍者，摩竭國量。摩竭國一拘盧舍，當於北方半拘盧舍。……以中國地平，是故近也。北方山陵高下，是故遠耳。又云：中國多風，遠則不聞皷聲，（四一五頁下）近則聞之，是故近耳。北方少風，遠聞皷聲，是故遠也。所以南北有遠近者，以聞皷聲有遠近故。云拘盧舍者，是聲名也。凡言皷聲所及處，是一拘盧舍。律師云：此是定義。」（四一六頁上）簡正卷六：「寶云：好王治化，巡狩之時，感海水退，多在平地正中而行名『中』。若惡王治化，巡狩之時，海水汎湧，不得平坦處，多近山巖、邊際而行，故云『邊』。此皆約山川以說『中』『邊』義也。更有謬釋者多，不敘。」（三六四頁上）【案】鈔批釋文中之中國，不指華夏之地，而是指中印度地區。與之相對其他地區，則被稱為邊地或邊國。

〔三○〕**行李不等**　簡正卷六：「若中道而行，途路平正易故，由旬即長，故八十、六十。若山巖嶮處，邊道而行難故，由旬亦短，但三十里，故不等也。『李』字，本合作『里』，數字，今作『桃李』字，由本桃李華開，多人看華，踏成徑道。時人云：桃李不言，自成蹊徑。自後相傳，用此『李』字，至今不改。」（三

六四頁上）【案】「李」，即「里」，底本為「季」，依大正藏本及簡正、鈔批釋
文及文義而改。

〔三一〕**由旬準有八十里** 鈔批卷七：「四分明琉璃王殺釋種時，諸釋子善射，放箭射
王兵士，或十里、二十里的者王邊，或三十、四十、五十、六十、七十里的中
王邊者，或一由旬，箭至王邊者。釋子皆持五戒，其箭不傷人及馬，但至馬前
後，或中鞙韅。其王大怖，退歸欲休。時有智臣，諫王莫退：『釋子持戒，必
不傷人。』王即前進，殺釋子蕩盡也。（云云。）今既言七十竟，即云一由旬，
明知由旬應是八十里也。」（四一六頁上）【案】四分卷四一，八六〇頁中～八
六一頁上。

〔三二〕**此據上品為言** 資持卷上二：「『此』下，準論決律。」（二〇三頁中）簡正卷
六：「今師云：律文一由旬八十里。此據智論三品中，是上品由旬也。」（三六
四頁下）

〔三三〕**通用所歸，準律文意，應百二十里，以下品為定** 鈔科卷上二：「『通』下，準
律定判。」（一六頁下）資持卷上二：「初句，總會諸部。次句，別考本宗，並
如上引。『應』下定里數，『以下』取由旬。則本部、他宗，同歸一致。」（二
〇三頁中）簡正卷六：「謂三眾（【案】『眾』疑『品』。）由旬，通大界量用者，
即所歸下品也。准律文意者，准四分律文，前來既云十四日說，十三日先去，
准此文意，不健不羸，人一日之中，可行百二十里，故取智論『下品由旬』為
定。前來即在文雖具，於義有□為定，此是今師以義定之。即前來五分等律、
論中，辨大界量三由旬，即一百二十里也。不得更廣，即非量故。」（三六四
頁下）鈔批卷七：「謂今通會諸文之，說有指歸，須准上引四分文強一百里之
意，應是百二十里也。言以下品為定者，謂上引智論，由旬有三品，下者四十
里。今准下品，三个由旬，故百二十里也。」（四一六頁上）

〔三四〕**尼結界者，唯得方一拘盧舍** 鈔科卷上二：「『薩』下，尼界。」（一六頁下）
資持卷上二：「初，明常途量。一拘盧者，準前『道行』（【案】見前『此謂中、
邊山川不同，致行李不等』注。）。多論拘盧定取二里。尼鈔注云：義準五里。
『五』字應設，以雜寶藏則五里。故疏云：以恐遠險，易陵辱也。」（二〇三
頁中）鈔批卷七：「立謂：即五里也。若有難亦得。准僧祇解本界，更結三由
旬也。」（四一六頁上）簡正卷六：「薩婆多等者，因便辨尼大界量也。一拘盧
舍者，多論解十誦律，取六百步為量。問：『何故尼大界量不廣，但六百步？』
羯磨疏云：『恐以遠陰（原注：『陰』一作『險』。），易陵辱故，不得極遠。（上

疏文）。』」（三六四頁下）

〔三五〕**必有難緣，可用僧祇三由旬內，隨意結取** 資持卷上二：「『必』下，二明難開，量則同大僧。彼因王賊等難，故開寬結，隨意往避，不出界故。」（二〇三頁中）簡正卷六：「准僧界量，結取亦得。」（三六四頁下）

〔三六〕**以僧中數，有四人眾起，乃至二十人眾起，令僧疲極，佛聽結之，不言大小** 資持卷上二：「先引開緣。『數』字，入呼。『眾起』即羯磨僧事。四位僧中，略舉初、後，中二大同。」（二〇三頁下）鈔批卷七：「『濟云：中間越卻五人、十人眾起，故曰『乃至』。四人眾起，非謂說戒。說戒令同集，豈得獨於作？蓋是懺中品之蘭，用四人僧。五人眾起者，即是准祇中，懺墮五人僧也。不得言是自恣五人僧也。自恣一年一迴作，豈得云數有也？十人即受戒，二十人即出罪也。又，四人眾者，即杖囊等亦是也。」（四一六頁下）簡正卷六：「『律云』等者，緣起也。謂律開結戒場緣中時，有諸比丘須四人眾起，次至五人、次十人。鈔越二文，故云『乃至』也。令僧疲極，故佛曲開之。不言大小者，未辨量之闊狹。」（三六四頁下）【案】「數」，頻繁、反覆之義。

〔三七〕**戒場極小，容二十一人** 資持卷上二：「『善』下，示量。以二十人僧，通行一切眾法，更兼所為，故容二十（【案】『十』疑『一』。）人。減則不周，故所不許。此據一眾為言，必兼二眾，須容四十一人。問：『二界立量，同異云何？』答：『大界制廣，狹則不拘。場界制狹，廣則無在。所以然者，大界更廣，不免奔馳之勞，場界更狹，行法有所不足。故壇經中，烏仗那壇縱廣二百餘步。疏云：律中，壇上相覓不見。故可知矣。』」（二〇三頁下）鈔批卷七：「為懺僧殘時，能所有二十一人也。大者須四十一人，通為尼出罪也。礪問：『大界不得名場，小界獨得稱場名者？』答言：『大界處所寬遠，又是僧住處，本非專為滅惡生善，故從大受稱，不與場名。結界場意，本為別人，生善滅惡，有簡穢取精。如似世人治五穀之場，就喻彰名，故云戒場。』『若爾，餘三小界，亦是生善滅惡，何不名場也？』解云：『豎標結者，久固作法之處，可與場名。餘三小無標，非是永久作法之所。且從數人處滿，以受其目，一為受戒，開結小界立。初且齊坐處結之，後沙彌來時，師僧退少許處，使受沙彌半身，作法即得成也。』」（四一六頁下）簡正卷六：「正引論明量也。（三六四頁下）二十一人，約一眾懺殘：二十人是能秉，一人是所為。羯磨疏云：此標極小為言，二十人出罪，兼所為者。若兼二眾，即如二分，容四十一人，約眾懺罪也。問：『戒場更大，結容兩百人得不？』答：『得。謂戒場剩，狹不制

廣，謂極狹須依論，容二十一人，更小不得也。若廣則不制，廣不制狹，謂極
廣三由旬，文廣不得。若已下，並不制。故羯磨疏云：大界，大則須制，小則
隨情；戒場，小則須制，大則隨情。證知不謬。大德云：雖爾，亦須料簡，且
戒場絕大，終不得越他大界量；大界極小，亦不得更減於戒場量。今時有人作
戒場，結一小功德堂殿，只容得十數人坐，總是非法。亦須看他大界，大小臨
時取便，亦不必絕大，亦不得減量。文中大約，且如此說耳。知知（原注：
『知』字疑剩。）之。』江西記：『問云：戒場，律名小界，既不制大，如何
得小名大？界本制大，今既小，亦隨人情，云何得大名？』答：『律文，大小
據用為言，不約體量論大小也。大界功用大，縱量小亦得大界名；戒場功用
小，但許受懺，等量設大，但得名小界。（此釋有意。）』」（三六五頁上）

〔三八〕**餘如後結**　簡正卷六：「指『依位作法』文中也。」（三六五頁上）

〔三九〕**此並因難事，恐廢法事，佛隨前緣，故開結之**　資持卷上二：「初科，先敘本
緣。難事者，心不同也。恐廢者，示權意也。」（二〇三頁下）簡正卷六：「『此
並』已下，略引開結小界緣也。皆然惡比丘作別眾留難。若在大界內，終不開
結，必須避難，出野外結之。」（三六五頁下）

〔四〇〕**並無正量，隨人坐處，即為界相**　資持卷上二：「『並』下定量。」（二〇三頁
下）簡正卷六：「並無正量者，不定制量也。隨人坐處等者，現集人多，其量
稍大。現集若少，其量亦小。一切隨人坐位身量，以定大小也。」（三六五頁
下）

〔四一〕**舊準戒場，身外有界**　資持卷上二：「前出古解結戒場法，亦名小界，故得準
之。彼計問難安立，並須界內，獨此一種，須立外相。」（二〇三頁下）鈔批
卷七：「此明古師立此小界，（四一六頁下）便即豎標唱相，今則廢之。何者？
結此三小，本為難緣，遮惡比丘。今若身外有地，未免人呵。是以依文取義，
必不然也。文云諸比丘坐處已滿，齊爾許比丘坐處結之，明知無外相也。」（四
一七頁上）簡正卷六：「法寶云：古人見此三小界，與上戒場小名是同，便立
標相。」（三六五頁下）【案】四分卷三七，八三七頁中。

〔四二〕**今依文取義，全無外相**　資持卷上二：「『今』下，直示正義。指斥如後，文義
並見次科。下列說、恣，直坐、圓坐，此亦循古，一往分之，義必無在。」（二
〇三頁下）簡正卷六：「依文者，依律結三小界之文也。故律受戒文云『疾一
處集』，知無異外；說戒文云『今有爾許比丘集』，自恣文云『齊坐結之』，知
坐外無界也。又，受戒中云『界外不成呵』。已上，並是依文也。取義者，取

結三小界義也。謂此三小界，本為惡比丘留難。故文云：不同意者，未出界，疾結之。若身外有地，不免呵人，同界別眾。取此義者，亦無外相。文義雙明，全無外相也。」（三六五頁下）【案】四分卷三四、卷三五等處，八一一頁上、八二〇頁下。

〔四三〕如正加中　鈔批卷七：「指下『正作法』，結文中也。彼中廣料簡。受戒法云：僧一處集，顯知集處之外，無別界體。又，律文中，界外呵不成呵。若有外相，即納呵人，乖於文意也。」（四一七頁上）簡正卷六：「指下『依位作法』科中，正結三小界處，彼更說之。」（三六五頁下）

〔四四〕下至四人直坐　鈔批卷七：「立明，齊坐處結之。行籌時，即退少許。合行籌者，容一師在界內，即得。」（四一七頁上）

〔四五〕下至五人圓坐　鈔批卷七：「立明：四人四面相向，五德在中央，四向自恣。」（四一七頁上）

〔四六〕此三無外量　簡正卷六：「今師正釋三小界身外所以不立相者，由是難開。若許有外相，即惡比丘來，身外相內，無不免別眾之失。」（三六五頁下）

〔四七〕文云　資持卷上二：「『故』下，引文。即說戒、小界羯磨緣也。」（二〇三頁下）簡正卷六：「引教證無外相也。此說戒法聚文。」（三六六頁上）

〔四八〕今有爾許比丘集　簡正卷六：「爾許者，知數也。止取現集之僧，坐處有地，依地而結。或現集有十人、二十人等，據現到人多少，依地結之。齊坐位是界體，已下並是自然，縱惡人來倚背呵，亦不破也。」（三六六頁上）

〔四九〕若事作已，即制令解　資持卷上二：「『若』下，復約制解，以彰不立。疏云：不應不解而去，顯無外相，起必迷方。」（二〇三頁下）簡正卷六：「若事作已，即制令解者，羯磨疏云：『暫時一廗，無有二會，不應不解。』」（三六六頁上）

〔五〇〕不同前二　資持卷上二：「『不』下，顯前須立。」（二〇三頁下）鈔批卷七：「謂前大界、戒場為二也。此之小界，制令解者，既無標相，恐後人於上重結不成也。」（四一七頁上）簡正卷六：「大界及場，此是文固作法之處，大界則人所依止也。問：『縱今不解，終無再會，眾僧既總有捨心，其界自解，何要秉法解耶？』大德云：『雖眾人知是一廗之法，必無再會，有捨界心，要經宿其界界（【案】次『界』疑剩。）方捨。』『若爾，只恐經宿不捨，必明相出時，既任運捨，何故制之令解？』答：『亦可恐當日內，更有人來此，作法重結，不成累他，事不就故。佛制作已，僧眾未起，便須解之。』」（三六六頁上）

二、明依位別解〔一〕

位則有三，如上所列〔二〕。

若有戒場，先須結之〔三〕。今且論無者，結大界法〔四〕。

就中分二：先出緣成，後明結解〔五〕。

初中有三〔六〕：一、料簡是非；二、豎標唱相；三、集僧欲法。

初中〔七〕

問：「大界有村，得合結不〔八〕？」答：「五分：諸白衣新作堂舍，為得吉利〔九〕；或為非人所惱，請僧於中布薩。薩婆多云：凡結大界，所以通聚落者〔一〇〕，以界威力故，惡鬼不得便，善神所護。為檀越故，通結聚落〔一一〕。四分文中，亦結村取〔一二〕。」

問：「界中有水，得合結不〔一三〕？」答：「律中，河者，除常有橋、船、梁，得結〔一四〕；若駛流者，不得。必有橋、梁，及淺水無難，準理應得〔一五〕。故尼律中云：水者，獨不能渡。此通界內外也〔一六〕。」

問：「一標作兩相，得不〔一七〕？」答：「一肘已上，作者準得〔一八〕。明了論疏中：如一大山，東西各結別住〔一九〕；又云『二繩別住〔二〇〕』等。準此，大牆等類，可分別者，皆得為之〔二一〕。」

問：「今將石木為相，為取內、外耶〔二二〕？」答：「若圓者，取中央，令界相正，與標分相當〔二三〕；或取外畔〔二四〕。若尖斜之物，隨以一分為限〔二五〕。餘他物準此〔二六〕。應先須示〔二七〕，知尺寸分齊，預向僧述。不得通指一山，妄充外相，致令尋求分齊，不可得知〔二八〕。」

問：「界『標』與『相』及『體』，若為分之〔二九〕？」答：「『標』謂山石之物，用為指的〔三〇〕；『相』即標畔，界體之外表〔三一〕也；『體』謂『相』內作法之所〔三二〕。或『標』即『體』〔三三〕，或『標』異『體』〔三四〕，『相』必『體』外〔三五〕。臨時處分，『三』所不同〔三六〕，並預委也。」

問：「界得重結不〔三七〕？」答：「律云：不得二界相接，應留中間〔三八〕；若疑有者，解已更結〔三九〕。故不開重〔四〇〕。」

【校釋】

〔一〕依位別解　資持卷上二：「即三法界。」（二〇三頁下）簡正卷六：「謂依作法之位別，別明其解結之方法也。」（三六六頁上）

〔二〕位則有三，如上所列　簡正卷六：「如上來明量中所列，即大界為一、場為

二、小界為三也。」（三六六頁上）資持卷上二：「先結場者，此言合在有場法中，當時有執昔見，故預點之。」（二〇三頁下）

〔三〕**若有戒場，先須結之** 簡正卷六：「科文云：定先後也。法寶云：謂戒場須在大界中。若結有場大界時，先結戒場，後結大界，即場充（【案】『充』疑『先』。）界後，不得顛倒。」（三六六頁上）

〔四〕**今且論無者，結大界法** 鈔科卷上二：「結無場大界。」（一六頁上）

〔五〕**就中分二：先出緣成，後明結解** 簡正卷六：「此時是四位總科也。四位者：一、無場大界；二、有場大界；三、三小界；四、法食二同之界。今云『就中』者，寶云，就此四位中，分二：初，出緣成四位，總有緣成；後，明結解四位，總有結解。須如是科分，即為楷定。若一期順鈔，觀於文勢，似但科『無戒場』。大界中，分二：先出『無戒場大界』緣成，後明『無場大界』結解。既云後明結解，於結無戒場大界後，且不見有解文，直到總結四種界了，方一時明三種解法，故云今先四位總科，後依科解釋，即血脈不絕。若依適來順抄，但科『無場』一位，緣成結解，全不相當也。思之。」（三六六頁下）

〔六〕**初中有三** 簡正卷六：「解第一位『無場大界』，故曰『初中』也。有三者，如鈔列也。（云云。）云初中者，於此三中，且料簡是非也。」（三六六頁下）資持卷上二：「一、科義是稱量。第二，即陳本意。若約唱相，合須在後，今望豎標，故當次列。第三，即攝能秉五緣，義兼託界，是則三科，總含八緣。問答二種，見正加中。」（二〇三頁下）【案】此「初中」指「緣成」。

〔七〕**初中** 【案】此「初中」指「料簡是非」。

〔八〕**大界有村，得合結不** 資持卷上二：「村者，即是俗舍。西竺僧坊多有俗住，此土或容暫止，或復界寬，恐疑故問。」（二〇三頁下）簡正卷六：「謂今時欲結大界，僧坊內少有俗人住舍，或時有者，如淨人、家人院之類。為復唱出？為一時結取？」（三六六頁下）

〔九〕**諸白衣新作堂舍，為得吉利** 資持卷上二：「既請布薩，必先結界。此文乃是全在俗舍，類顯僧界，有村不妨。」（二〇三頁下）簡正卷六：「五分諸白衣新作堂舍等者，西國諸居士新造舍宅成就，（三六六頁下）為（去呼）得吉利，請僧於宅內布薩。既云布薩，必須結戒。或為（平呼）：為，由被也。被鬼神嬈惱，亦請僧說戒。夫念戒，先結大界，後亦不解。貴圖惡鬼入界不得，致免惱害故。問：『何以得知？』答：『准南山戒壇經云：惡鬼被圍，不得出界，極苦惱故，佛令解使得出。謂解了方得出，即反顯結，定不得入也。」（三六七頁上）

〔一〇〕**凡結大界，所以通聚落者**　簡正卷六：「薩婆多等者，彼論，結大界，界內有村，一切聽結。論中自微（原注：『微』疑『徵』。）云，凡結大界，所以通聚落者，論自釋云『以界威力』等。（云云。）意道：界法不思議，常有善神守護。既有守護，惡鬼如何入得？有此利益，是故為檀越通結取之。又，羯磨疏云：僧德所重，作業圓成，善根所勳，善神衛護，證知不謬也。」（三六七頁上）【案】薩婆多卷四，五二九頁中。

〔一一〕**通結聚落**　資持卷上二：「引婆論明文。通結聚落即村，名通大小。今取男女所居，下至一家，即名聚落。」（二〇三頁下）

〔一二〕**四分文中，亦結村取**　鈔批卷七：「謂結衣界云『除村村外界』，明知僧界不簡村也。又云：既言『除村村外界』，明知大界上先有村也。以其僧界前生，衣界後起耳。」（四一七頁上）簡正卷六：「四分文中等者，大德云：令（【案】『令』疑『今』。）可迴文取義云，謂結衣界中云『除村村外界』，明知大界有村，僧界在先，衣界後起也。」（三六七頁上）資持卷上二：「疏云：四分明文除村村外，明知攝僧不簡村也。（有引『法食二同』文者，非彼明界相耳。）村取者，昇本作『取村』，或云寫誤，合作『聚』字。」（二〇四頁上）【案】四分卷三五，八二〇頁上。

〔一三〕**界中有水，得合結不**　資持卷上二：「律雖明約，理非全閉，故此決之。」（二〇四頁上）簡正卷六：「謂僧坊中，有一條水，來（原注：『來』疑『未』。）審為唱出？為令結取？」（三六七頁上）

〔一四〕**除常有橋、船、梁，得結**　鈔批卷七：「此明開也。如多論，設有河水、大道，亦得合結，但取岸相為定。」（四一七頁上～下）資持卷上二：「彼因比丘隔河結界，十五日欲往說戒，而不能度，故佛制之。除船橋者，此明開也。橋梁事一，物有大小。」（二〇四頁上）簡正卷六：「謂約深水，如今時河低等，在坊（原注：『坊』疑『場』。）內但常有橋梁，或有渡船之類，即任結之。」（三六七頁上）【案】四分卷三五，八二一頁上。

〔一五〕**必有橋、梁，及淺水無難，準理應得**　資持卷上二：「『必』下，準理決通，語略『船』字。雖是疾流，但令可度，不障來集，故判理得。」（二〇四頁上）鈔批卷七：「此明深水無橋是有難，淺水有橋是無難，故云應得也。」（四一七頁下）簡正卷六：「問：『何故有水、無橋，及駛流等，制不許結耶？』答：『羯磨疏云：以水難不恒，卒增障集。既無橋度，結必不成也。（上疏文。）」（三六七頁下）

〔一六〕**水者，獨不能渡，此通界內外也**　資持卷上二：「引尼律，轉證無橋得結不疑，即『僧殘』中『獨度河戒』。彼云：但使褰衣度水，乃至界內亦犯，故云通也。」（二〇四頁上）簡正卷六：「尼獨渡界褰衣，異陸威儀，獨渡即犯。不論（【案】『不論』即『沒有明確提及』之義。）界內外水，即顯界內水得結乃界。今准此，淺水不壞威儀，得結，證前淺水無橋亦得；深水有橋、船過，亦得，卒集無障也。」（三六七頁下）鈔批卷七：「<u>立</u>明：尼律中，不得獨度水。不問界內外，皆犯。今據此文，明知尼界得合水結也。僧尼亦合同之。私云：此解亦通，只是大疎。上既言律云『何（【案】『何』疑『河』。）者，除常有橋、船』等也，顯界內得合水結竟。今引尼律意者，乃顯淺水，即得合結；取深水，不合也。又云：水者，獨不能度。此通界內外者，謂尼獨度水戒。由水深故，褰衣度之，被辱為緣。向若淺水，不致此惱，故曰獨不能度也，知結界深水不合取也。言通界內外者，便言其外，正意取於內義也。」（四一七頁下）

〔一七〕**一標作兩相，得不**　簡正卷六：「謂但有一標，分為兩个界相，即二相共此標得不？」（三六七頁下）資持卷上二：「恐二界相接。又欲顯示標量故也。」（二〇四頁上）

〔一八〕**一肘已上，作者準得**　資持卷上二：「從古定量。」（二〇四頁上）鈔批卷七：「肘者，大者尺九，小者尺八。」（四一七頁下）簡正卷六：「一肘是尺八已上，可知將此為標，分其兩相也。」（三六七頁下）

〔一九〕**如一大山，東西各結別住**　資持卷上二：「初明大者，山即一標。東西共用，即為兩相。」（二〇四頁上）鈔批卷七：「<u>立</u>明：山東人指山為標，山西亦指山為標。兩家同一山為標者，亦得也。」（四一七頁下）簡正卷六：「真諦疏云：一大山為標，東西各結別住。山東為一界，山西為界，即兩界相共此一山作標。」（三六七頁下）

〔二〇〕**二繩別住**　資持卷上二：「『又』下，明小。二繩者，如兩寺相鄰，一欲結界而鄰僧作難，故開此法。先於本處，隨地安相，以繩圍繞，引繩遠去。但使彼僧在自然外，（不必蘭若，非同『三小』。）至彼，先安相已，復以繩圍，僧集於中，循繩唱相。兩處繩圍，故名二繩。中間一繩，左右兩邊，即為兩相。」（二〇四頁上）鈔批卷七：「謂繩尚得為標，繩下是界體，繩兩邊作兩相。餘物明知，得為兩相也。言二繩別住者，如一大聚落，兩寺相並，一欲結界，一不肯和。由不同意故，即用一繩圍戒場，一繩圍大界，引出蘭若，唱相結之。（四一七頁下）結竟，鑿其蘭若處為坑，恐有比丘入中，作聚落中之別眾。（如了

論疏第三末，亦如下引賓師飾宗明之。）」（四一八頁上）簡正卷六：「謂一繩
亦分得兩相，（三六七頁下）此亦為暗破古師義也。古人見前一肘已上作者即
得，遂固執云：『一標作兩相，教文即許；若明其標須闊，尺八或已上，乃至
一大山即得；若尺八已下，必不得也。』今師云：『不然。出法方軌，且云一
肘已上。或依了疏如一大山之類，縱尺八已下，亦得為標；約同二繩，得分便
罷。古德若言尺八已下不得，了疏之中，何故一繩分為兩相耶？』今師意即不
執或大或小，但分得二相便（【案】『便』疑『界』。）體，何論尺八？為破古
師，故引二繩別住也。已上且略消文，說古今大意訖。然此二繩別住，行事結
法方軌如何？因有多解。初，有一家。依搜玄解云：若城邑，先結別住，後欲
於旁結界。前人不許。緣兩寺相近，只隔一墻，兩寺俱面南寺門，東寺結界
了，西寺未結界。今始擬結，東寺比丘不肯：『汝若結界，我即作別眾留難。』
然被（【案】『被』疑『彼』。）寺先結界，元是即標即體，墻頭便是界體，墻
外界相。彼既不肯，今將一條繩，齊彼墻邊，四面遶轉，引出外以結之。繩下
四面周迴轉，皆是自然地。繩外是彼寺大界外相，繩內是此寺大界外相。意取
一標，作兩相也。鏡水大德破云：據斯一解，有多少不了處，（三六八頁上）
今一一點出，取悞於人。適來但言『若城邑』，為是可分別城邑？為不可分別？
（是一不了。）又云：先結別住，後欲於旁結界，便約兩寺相近，東寺結了，
西寺未結，此是錯引地。了論疏文既云東寺先曾結別住了，已成作法界，西寺
未結，即是自然。自然弱，作法強，不可自然，更要集他作法界上僧。又，南
山集僧法中，明其自然界體云：『若四面四維無別界者，此自然界體定圓。若
有別界，則尖邪不定。』今既東寺是作法界，至彼便止不集，無別眾過，何要
引繩出界？假使彼人作留難，或恐他作法時，出彼界入我自然界中作障礙者，
待彼夜靜，關閉寺門，後作法亦得，何勞出界？（是二不了。）又，行事時但
云『引繩頭出外相接』等，不知齊義，許是住處，總不言半由旬等。（是三不
了。）又云『繩下是自然界』者，夫作法界，須依地起，猶如今時傍地獄，唱
相雖傍地獄。法元依地而起，今既繩下是自然，元來唱時，從繩上唱，其法不
可緣繩而起；若云繩不是自然者，恐違南山羯磨疏文，彼云『二繩別住，繩下
即法體』，（是四不了。）未敢依承也。二、准南順正記云：此約不可分別聚落
說繩，（三六八頁下）以還依前來遶相已，至寺門外，雙牽兩繩頭，出六十三
步外結之。中間須闊尺八，繩下即界體。大德破云：明了疏中，既令出廓邑外
半由旬結之，今言引繩出六十三步外，由是城邑內也。其間義理且置而未論，

日驗違文，誠為不可！三、江西後堂記云：繩須闊尺八，繩下是界體，繩外是自然，相同熨斗柄。結了，從寺門前掘作一道溝，直至廊外，兼作法處。總須掘至水，恐已復界中作法，彼處有人成別眾也。（覽即知非，不勞更斥。）四、嘉禾記與搜云（【案】「云」疑「玄」。）大意同，不繁敘錄也。今准法寶大師正釋。先且定處所。此城邑本是可分別聚落羅城，悉已周迊，凡結時集人，亦須盡一城內總集。今此邑內，有二僧伽藍，東西相近，俱未結界。西寺比丘，欲先結有戒場大界，東寺人既不肯；或作法時，同在自然，彼心不集，結界不成，即須作此方便。先布置戒場，先於四角頭，每角打一個杙子，都四杙。將條繩遶轉，相接繫著也。大德又云：此且出法，約無別相以說。若別有相，如佛殿、講堂為戒場等，即臨時看，以繩遶轉即休，亦不必須釘杙子。別將一條繩當中繫著，引此一繩，（三六九頁上）出部（【案】『部』疑『郭』。）外半由旬二十里。彼處還依適來布置，於四角頭，打四個杙子。還將一繩，遶四杙子，轉相接繫著了，卻將適來引出繩頭來，當中繫著。次，釋於郭中。寺內戒場空地外，還向四角，都打四杙子，以繩遶之。至戒場前面，離戒場繩子外分寸間，兩邊施兩杙，以繩遶之，直引出至寺門外且住，此是大界內相繩，戒場自然外相繩也。次，將一繩於伽藍牆外遶轉，直出到寺門頭，是大界外相，繩卻將適來大界內相，繩繫著外相繩了，一時直引，出郭外半由旬。彼處，四角還釘四杙子，前面又打兩杙子，以繩遶轉一周訖，兩頭相接結著。次，於最裏繩外面，還於四角，施四杙子。又於前面最裏繩分寸外，兩邊施兩杙，以繩遶轉出外。此此（原注：『此』疑『繩』。）子還繫著最外繩也。（且布置行相竟。）次，依善見論，七盤陀量，集僧四面。且約無諸界說，並取五十八步四尺八寸內，有人須集，已外無過。既集僧已，併入小界中。先解戒場，恐古往結了，此中解時，彼處亦解。更一比丘遶繩，先唱戒場相。三周訖，更一比丘結之。此中戒場法起，彼處亦起也。次，於大界上。准前集僧訖，先解『不失衣界』，（三六九頁下）次解『攝食界』，後解『人法二同界』。亦恐古來曾結，若疑須解，當此間界解之時，廓邑中大界亦解，不起于座，差一人遶繩。先唱大界內相，圓圓而轉，亦從東南角為首，三周訖。次，遶繩唱外相三周。大德又云：唱時須傍繩子外唱，不得穿繩，恐與體相合。謂此三條繩下，總是作法界體；中心繩下，是戒場體；兩邊繩下，是大界體。繩外兩畔，置是自然。此之三繩，一一分其兩相。如是唱了，一人秉法結之。此中界法，起時廓邑寺中，大界上就結竟除繩。其野外僧坐處，須掘至水際，或種棘刺，恐已後寺內作法，此內

有人成別眾。若路上，即不用掘。問：『作法處此處立，莫犯別眾不？』答：『繩小足大，縱在此立，全身終不在作法體上故。知路上三繩，若依諸家，闊尺八等，容得人立，不免成別眾。』大德云：『上之所說，置依了論疏，畫圖在靈感寺，壇場碑文復寫出二繩別住之圖。不同諸記中，錯引行用。』問：『所以名為二繩別住者？』『謂處有二：一是廓邑內僧坊，一是廓外半由旬處。此之二處，以繩連之，故號二繩也。別住即大界之名字，此界非彼界等。有人云：二繩者，戒場二條繩。（三七〇頁上）大界兩繩，兩了雙繩，引出野外，故云二繩。更有人云：法寶圖中三條繩，違他二繩之義，須依搜玄四條繩，方為雅當。如此見知，實為取災也。』」（三七〇頁下）

〔二一〕大牆等類，可分別者，皆得為之　資持卷上二：「『準』下，正決。『大牆』準山，『可分』準繩。上云一肘，雖不顯破，然準論文，頗彰彼局。疏云：相去一肘，無有正文，約同二繩得分，便罷是也。」（二〇四頁上）簡正卷六：「大墻為一標，東西分兩相亦得。類者，類例也。可分別，皆得為之者，可分別堪為標者，皆得為之。今師意云：一繩至小，尚分得兩相，降茲已外，不但一繩。凡可為標分得兩相者，置許即反顯古人定須尺八及尺八已上即得、已下不得之義全非。此中亦有破句讀文，將上句『類』字安下句之首者，非也。」（三七〇頁下）

〔二二〕今將石木為相，為取內、外耶　資持卷上二：「物有多別，須定內外」（二〇四頁上）簡正卷六：「謂今時或將石木為相，為取內邊，為取外面？」（三七〇頁下）

〔二三〕若圓者，取中央，令界相正與標分相當　資持卷上二：「初，明圓物通內外。先明內者，如傍地闑，直穿諸柱，不勞循外。舊云：生樹穿中，容生長故，見穿柱者，反乃嗤笑。且問中通問石、木。木可云生，石寧有長？必有圓石穿中得否？文中但云令界相正耳，請細詳之，勿事粗魯。」（二〇四頁上）鈔批卷七：「立云：如樹，要取中心為相，恐樹長大，欲意可見也。曇云：如取大樹以為界標，應取樹中分相內外，即是正與標分相應也。」（四一八頁上）簡正卷六：「玄云有三意：初，示圓物；二、『失邪』下，辨不定物；三、『應示尺寸』下，示其如非。於圓物中，復有二：初，約生樹，取內中央；二、『或取』下，約圓柱石，取其外畔。謂若將生樹為標，其樹有生長義，恐界無定限，故取內中央心處，為其分限，使相兩邊標分相似，後縱樹長，界相不移也。問：『下句云不得通指，今何得取內中央？』答：『既云中央，即是樹心，非通指

也。』問：『下文結有戒場，大界中不得入大院牆唱之，恐不見其相故。（三七
〇頁下）此中指內中央，亦有何可見？』答：『此防樹長，取內中央，使標分
相當，界無增減。下文元（【案】『元』疑『云』。）約體外之相入牆內，即無
分齊，不可例也。』」（三七一頁上）

〔二四〕或取外畔　資持卷上二：「『或』下，明循外。」（二〇四頁上）鈔批卷七：「立
明：如取柱為隨於內外也。」（四一八頁上）簡正卷六：「謂圓柱石，無生長
義，界相常定，取外畔得，內畔亦然。」（三七〇頁上）

〔二五〕若尖斜之物，隨以一分為限　資持卷上二：「『若』下，次明尖斜取外。……一
分者，若角，若楞，須分內外東西，（二〇四頁上）的指分齊。」（二〇四頁中）
鈔批卷七：「此明標或尖、斜，則隨指一分。為相不定，須記尺寸處所。」（四
一八頁上）【案】「一分」，即選取一種能夠加以分別的標準。

〔二六〕餘他物准此　鈔批卷七：「今論石、木，除斯以外，皆與『他』名。」（四一八
頁上）簡正卷六：「上論其圓、光（原注：『光』疑『尖』。）、邪等物，降斯已
下皆准此，或內或外也。」（三七一頁上）

〔二七〕應先須示　資持卷上二：「『應』下，誠審悉非。唯唱者理須合界通知。」（二
〇四頁中）

〔二八〕不得通指一山，妄充外相，致令尋求分齊，不可得知　資持卷上二：「『不』
下，遮濫。今時行事，潛錄界相，遣他今誦，曾不案行。同住之僧，莫知其處，
徒相勞擾，法定不成。」（二〇四頁中）

〔二九〕標與相及體，若為分之　資持卷上二：「『標』等三相，結界宗要，一事有迷，
眾緣徒設，故須明委。」（二〇四頁中）簡正卷六：「謂標、相、體，此三如何
分之？」（三七一頁上）

〔三〇〕標謂山石之物，用為指的　資持卷上二：「先示三種。『標』即物者，即次科所
引四分、善見等。」（二〇四頁中）簡正卷六：「先別明三種不同，如鈔列也。」
（三七一頁上）

〔三一〕「相」即標畔，界體之外表　資持卷上二：「內外兩相，皆依其畔。體之表者，
謂方圓曲直，即下界形也。疏云：『標』即唱者之所據，『相』即羯磨之所牒。」
（二〇四頁中）

〔三二〕體謂相內作法之所　資持卷上二：「『體』即作法之依地，斯文益顯。」（二〇
四頁中）

〔三三〕或「標」即「體」　鈔批卷七：「『相』在『標』外。」（四一八頁上）資持卷

上二：「『成』（【案】『成』疑『或』。）下示離合。初二句，簡『標』『體』。『標』即『體』者，據外唱也。」（二〇四頁中）簡正卷六：「『或標』已下，約唱相不同，致『標』『體』一異，而『相』不異。或『標』即『體』，據『標』外唱相，標下之地，便是界體。」（三七一頁下）

〔三四〕或「標」異「體」　資持卷上二：「約內唱也。」（二〇四頁中）簡正卷六：「從內唱，『相』在標內，故以『標』頭（【案】『頭』疑『顯』。）『體』，『標』即異『體』也。」（三七一頁上）

〔三五〕「相」必「體」外　鈔批卷七：「此明其界相，必接其體外也。」（四一八頁上）簡正卷六：「以『相』頭（原注：『頭』疑『顯』。）『體』，不問內唱外唱，二相俱在體外也。」（三七一頁上）

〔三六〕臨時處分，「三」所不同　資持卷上二：「『臨』下，誡早辨。」（二〇四頁中）鈔批卷七：「即是上之標、相、體也。」（四一八頁上）簡正卷六：「臨作時，一一分明處判，亦約而言。若有戒場大界，多從外唱；無場大界，內外由人。」（三七一頁上）

〔三七〕界得重結不　簡正卷六：「問意云：於先來大界體上不解舊界，更結界得不？」（三七一頁上）資持卷上二：「律無明斷，世有濫行，故此釋之。」（二〇四頁中）

〔三八〕不得二界相接，應留中間　簡正卷六：「謂戒場不得接於大界，不（【案】『不』疑『應』。）留中間。若問（【案】『問』疑『間』。）自然，即非相接也。謂二界相接，尚乃不許，必無重結之理。『律云』已下，證不開重。」（三七一頁上）資持卷上二：「初以義決，文出說戒。既制相接，驗不開重。彼云，時諸比丘二界相接，佛言：不應爾，當作標式；彼二界共相錯涉，佛言：不應爾，應留中間。今鈔合之耳。」（二〇四頁中）

〔三九〕若疑有者，解已更結　資持卷上二：「『若』下，引例決，即藥法中開淨地文。彼云：諸比丘不知何處是淨地。白佛。佛言：『若疑先有淨地，解已然後結。』如篇末備引。」（二〇四頁中）【案】四分卷四三，八七四頁下。

〔四〇〕故不開重　資持卷上二：「『故』下，通結二文。昔人有作行事策者云：『凡欲結界，恐往世曾結，必須先解。』後世相承，名解妨疑。不問空有水陸，曾結不結，例皆先解。弊風罔世三百餘年，雖英敏間生，曾無一悟，況執迷鼓論，于今尚然！有據此文，故須略釋，直引明據，餘廣如別。今言疑者，略有二種：一、疑先結如非；二、疑『標』『相』分齊。初中，如受戒篇云：羯磨所

託，必依法界，若作不成，後法不就。故須深明界相，善達是非，訪問元結是誰？審知無濫，方可依準。不然，解已更結。（二〇四頁中）戒壇經云：至於結界持護，要須是非相顯。若疑，若誤，捨已重加，豈非敬慎之至也？又，下云：先結大界，後結戒場，不戒後法，故須解之。又，五百問云：於中受戒，恐無所獲。又，受戒中，引僧伽跋摩恐界不如法，駕船江中。第二，疑『標』『相』者。下云『結已，即須牓示，令後主客俱委，無有濫疑』，又云『作羯磨比丘死，餘人不知界處，佛令捨已更結』。又，下引『治故伽藍不失淨地』，『若疑，應捨已更結，故知界在』等，請考諸文，足為明據。豈是先不結處，強自生疑？」（二〇四頁下）

二、豎標、唱相

初，標相〔一〕者。

四分界相，不定是非〔二〕。文中：若東方有山稱山〔三〕，有壍稱壍、草積、汪水、糞聚、釘杙、空處、露地。準此立法，誠所不可〔四〕。何者〔五〕？凡論立相，為知界限久固，作法、集眾、破夏、離衣、護食等緣〔六〕。若將空地為處，空則無相可指〔七〕。必有其事，隨時準行〔八〕；或是一席之法，聊知空礙兩分〔九〕。必作久固處所〔一〇〕，準用他部，并案本宗，彼此通用〔一一〕。

善見云，相有八種〔一二〕：一、山相者，下至如象大〔一三〕。二、石相者，下至三十秤〔一四〕；若漫石不得，應別安石〔一五〕。三、林相者，草、竹不得，體空不實〔一六〕；下至四樹相連。四、樹相者，不得以枯樹為相；下至高八寸〔一七〕，形如針大；若無自生，種之亦得。五、路相者，下至經三四村〔一八〕。六、江相者，若四月不雨〔一九〕，常流不絕。七、蟻封相者，下至高八寸〔二〇〕。八、水相者，自然池水者得〔二一〕。準論徵律，城、壍等緣，成相可知〔二二〕。

既知相為結本〔二三〕，界家所依〔二四〕。結已，即須牓示顯處〔二五〕，令後來者，主客俱委，無有濫疑。

次明界形。善見、明了二論，隨方、曲、直，任處辨形，不論定指〔二六〕。廣如大疏，略說如義鈔中。

二、明唱相者

今時結法，不過有二〔二七〕：或在蘭若，依山、附水、旁道、緣樹；或在城邑，便隨牆、院、籬、柵、壍、渠，多是四方，時有屈曲。先須

識過，後避過唱之。

謂先學未達，及後進諸師，若唱方相，便容濫述〔二八〕。

如從院外唱云：「從東南角，直至西南角，乃至一周〔二九〕。」正南寺門〔三○〕，則有別眾之過。以界限從牆外直過〔三一〕，門限外〔三二〕則成界內。若寺內作諸羯磨之時，牆限外〔三三〕有僧不集，豈非別眾？故知，唱相必須屈曲唱出，不令後悔〔三四〕。亦不可籠通云「隨屈曲」，「屈曲」亦通深淺遠近，終成不識分齊〔三五〕。若從院內唱相，從門直過，則限內是界外〔三六〕也。便有別眾、破夏、離衣等過。如寺中作法，有人說欲訖，至門限內，還復到來，豈非出界入界，是別眾〔三七〕也？若破夏者，有人依界安居〔三八〕，明相未出至門，明了乃反，豈非破夏！言失衣者，依界結攝衣界〔三九〕，明相未出，不持衣往，明相出，界外豈非失衣！故委示過，然後唱之。

蘭若之中，亦有斯過〔四○〕。妄指山谷〔四一〕，濫委樹林，及至分齊，曾何得知？結並不成，一何自負〔四二〕！故明了論中，結「水波別住〔四三〕」，一丈五尺，以石次之，周帀安已，便隨石唱〔四四〕。善見亦云「漫石不得。」〔四五〕並是明文，不容濫述，自陷陷人〔四六〕：脫作受法不成，令他一生虛過；自身未來，還逢此界。故大集言：我滅度後，無戒比丘滿閻浮提〔四七〕。斯言驗矣。

次明〔四八〕唱法。

律中，使舊住人唱〔四九〕。未唱已前〔五○〕，親自案行，識知處所。屏處闇誦，勿使對眾，致有謇澀。

先須東南角為始，周帀直指相當〔五一〕。律云「東方有山〔五二〕」等。若依東方而唱，至角曲迴，則不分限齊〔五三〕。今行事者，據易為之〔五四〕。

若在空野中結者，先指四標在四維。然後僧中差一人唱之。被差者即起〔五五〕，禮僧已，立唱云：「大德僧聽，我比丘為僧唱四方大界相；從東南角棗樹，直西至西南角桑樹；從此北行，至西北角柳樹；從此東出，至東北角榆樹；從此南來，還至東南角棗樹。此是大界外相一周訖。」三說〔五六〕皆爾。若臨事別相，準改唱之，不容紕謬〔五七〕。若城邑中寺，多有牆院〔五八〕，並從內唱，前緣如上〔五九〕。後云：「從寺外院牆，東南角內角，旁牆西下，至南門東頰北土棱。隨屈曲，南出至門閫裏棱；旁

闃西下，至西頰裏棱；隨屈曲北入，至門西頰土楞；從此西下，至外院西南角內角；從此北下，至外院西北角內角；從此東下，至外院東北角內角；從此南下，還至東南角內角。是為大界外相一周訖。」三說已。若有五門、三門〔六〇〕，及籬、柵、牆、壍，斜角方屈，隨處稱之，準上式也。若有障隔，欲穿牆直過〔六一〕，當唱院名，依院牆唱相。

【校釋】

〔一〕標相　資持卷上二：「本宗中，二。初，列相，且列八種。今須委引，要知出處。」（二〇四頁下）【案】豎標分二：初，「四分界」下；二、「次明界」下。初又分二：初，「四分界」下，明本宗、他宗；次、「既知相」下。

〔二〕四分界相，不定是非　簡正卷六：「准說戒犍度結界文中，有三段列相：初，聽結說戒處，列十九相。所謂空處，樹下，若山，若谷，若巖，若路（【案】『路』鈔作『露』。）地，若草積，若近園，若塚間，（【案】此處四分有『若水潤』。）若不積（音『疏』。【案】『不積』四分作『石積』。）所，若樹杌，若荊棘邊，若汪水，若渠側，若池，若糞聚，（【案】此處四分有『若村』。）若村界。（已上律文。）第二段，聽結『人法二同界』中。且舉東西列十二相：東方有山稱山，二、壍，三、村，四、城，五、壖畔，六、園，七、林，八、池，九、樹，十、石，十一、垣墻，十二、神祠舍。（已上律文。）東面既（【案】『既』後疑脫一字。），餘方列然。第三，聽結戒場中，列三相：安杙，若石，若壖畔，作分齊。（已上律文。）三段文，共列三十四種相也。今言不定是非者，玄云：律文雖列諸相，不解釋堪作相、不堪作相等之是非也。」（三七一頁下）資持卷上二：「（共有十九，文引五相。）」（二〇四頁下）【案】四分卷三五，八一九頁中。

〔三〕若東方有山稱山　鈔批卷七：「謂四分文但作此明也。合從東方而唱，在後諸師皆從東南角唱，使易知分齊。若從東方唱，至四維則難擬當也。」（四一八頁上）資持卷上二：「重制法中。山、壍如文。（律云『如東方』。餘方亦爾。）若村，若城，若疆畔（謂封疆界際也。）若園，若林，若地，若樹，若垣牆，若神祀舍，（共十二種，文引前二。）戒場中云：若安杙（如文。），若石，若疆畔，（三相引一。）三處所出。」（二〇四頁下）簡正卷六：「是律第二段聽結『人（【案】『人』後疑脫『法』。）二同界』中文也。草積、汪水、空處所、路（【案】『路』鈔作『露』。）地，是第一段聽結說戒處文也。打杙一相，是第三段聽結戒場文也。汪，水者，說文云水深廣濶，無極也。」（三七一頁下）

〔四〕**準此立法，誠所不可**　資持卷上二：「『準』下，二、評量。」（二〇四頁下）
簡正卷六：「准於適來律文，如此立標相之法，實所不可，且標破也。凡論六
相已上，正釋不可之義，謂豎立界相，只為令人了知分齊，（三七一頁下）限
約久遠，堅固作法。」（三七二頁上）

〔五〕**何者**　資持卷上二：「『何』下，出意。文中略舉空地。若準疏云：如空處、露
地、草積、釘杙，皆非久固，不可依承。（汪水、糞聚、荆棘等亦然。）」（二
〇四頁下）

〔六〕**作法、集眾、破夏、離衣、護食等緣**　鈔批卷七：「即依界安居也。言離衣者，
謂依界結攝衣界也。言護食者，即是委知界相，不得將僧食出界。賓云：古來
行事之家，藍大界小，及一寺中結多界者，從置食處取食，（四一八頁上）將
至界外藍內，及至寺中，別界之內，皆言犯盜者，今詳不然。事緣一寺，義同
一家，豈由界隔，便為局礙？且如食同法別界者，不解舊界，直結食同，故知
不由界體，局食而論。法同食別界者，須解舊界，更結法界，故知結界本意，
為法而不為食。以此推求，故知不犯。若言決定界局食者，儻有兩寺，同結一
界，即應食通。若許通者，反招盜罪。又，若決定界局食者，謂莊礙所，應不
許噉，於常住僧食。又解，依界上結淨地也。（濟同後說。）」（四一八頁下）
簡正卷六：「前既但云東方有山等，不識分齊。或作法集僧有不來者，即成別
眾，不知界限明出，即成破夏。依界結衣界，不免離衣，不委淨地，不免宿煮
也。」（三七二頁上）

〔七〕**若將空地為處，空則無相可指**　鈔批卷七：「景云：謂空處不得為界相，以無
可指故。」（四一八頁下）簡正卷六：「鈔文偏破空之一相。法寶云：離色之
外，總是虛空，無有邊際。今若將此為相，則無可指的。」（三七二頁上）

〔八〕**必有其事，隨時準行**　資持卷上二：「『必』下，明臨事用舍。」（二〇四頁下）
鈔批卷七：「立謂：如結小界，名為隨時故。」（四一八頁下）簡正卷六：「謂
離於前來久固作法集眾之外，忽別有緣事，即隨此時。准律，空處作標相而
行也。問：『上既破云空則無相可指，今此又云隨時准行，何故云不定？』
可引鈔答云『或是一席之法，聊知空礙兩分』等，或顯不定之譚。」（三七二
頁上）

〔九〕**或是一席之法，聊知空礙兩分**　資持卷上二：「『或』下，別示。初明暫用。
『空』謂指空為相，『礙』謂以物為相。由物相間，空處可辨，故曰兩分。」
（二〇四頁下）鈔批卷七：「言或是一席作法，以是一時說、恣等，不通於後

集，名為一席作法。言聊知空礙兩分者，濟亦云：立明，『空』是自然之地，『礙』是今僧作法，結三小界之所也。聊者，頃也、率也。景云：空礙兩分者，如三方有山石，一方則空，亦得取一方空邊為相分齊也。」（四一八頁下）簡正卷六：「一席者，更無再會。聊，略也。宛陵座主將道行念戒以釋蓋是一席之法。略知空礙兩分，或行誦戒，依標結界。且指前顯，空有分齊，遙指山石、空地等。雖然道漫，貴在一期法事得成。必誦文纔徹，解了而去，非久固也。去記（原注：『去』疑『玄』。）約三小界釋，僧坐已外，曰空自然也。齊僧身相，多得作法。（任情思取。）」（三七二頁上）

〔一〇〕必作久固處所　資持卷上二：「『必』下，明久固。」（二〇四頁下）簡正卷六：「山、壄、汪水，此是本宗，通其他部。此是久固，可得為相。」（三七二頁上）

〔一一〕準用他部，并案本宗，彼此通用　資持卷上二：「準他部者，生下善見。他部八種，並有分量。」（二〇四頁下）簡正卷六：「若准他部，漫石不得，應別安石，以為准的。（三七二頁上）此即須准山畔尺寸分齊為准的，即是通用也。又如打杙，雖非久固，若傍久固物邊，應言石東頭杙。准此石東頭之言，亦知界之分齊也。」（三七二頁下）

〔一二〕相有八種　鈔批卷七：「彼文云：一、山相，二、石，三、林相，四、樹相，五、路相，六、江相，七、蟻封相，八、水相。」（四一八頁下）【案】善見卷一七，七九二頁下。此處八相，與善見順序不一致。

〔一三〕山相者，下至如象大　簡正卷六：「論云：大者如須彌山，小者如象也。」（三七二頁下）鈔批卷七：「若直指山，還是不識分齊，要須約植尺寸峯略處一門也。」（四一九頁上）

〔一四〕石相者，下至三十秤　鈔批卷七：「賓云：一秤十五斤，合四百五十斤，纔可方圓三尺許。」（四一九頁上）簡正卷六：「論云：大者如牛，小者三十秤。」（三七二頁下）

〔一五〕若漫石不得，應別安石　資持卷上二：「準論，『曼』字從水，謂無楞角也。」（二〇四頁下）鈔批卷七：「謂有眾多石通漫也。賓云：平漫小石也。」（四一九頁上）簡正卷六：「玄云：平漫之石，無有處所，可作標相也。」（三七二頁下）【案】「漫」，底本為「曼」，據善見、鈔批、簡正等改。

〔一六〕草、竹不得，體空不實　鈔批卷七：「賓云：草林體虛，義在不或（原注：『或』疑『成』。）。然竹林逕冬不死，何曰體虛？不許用者，應是竹則引根散生，莖

之相似。生既不息，根移謂之不定，故不堪為相也。」（四一九頁上）簡正卷

六：「竹藂密亦得稱林，但為竹空，草又不堅，不得為相。大林者，大至百由

旬，小林下至四樹相接也。」（三七二頁下）

〔一七〕下至高八寸　資持卷上二：「八寸者，量太小，恐有損折，止可暫用。必作久

固，須選大者。」（二〇五頁上）簡正卷六：「論云『不得以枯樹』。大如閻浮

樹，小者高八寸，形如針大。准南記（【案】『准』疑『淮』。）云『形如修鞋

錐』者，錯改他論中文字也。」（三七二頁下）

〔一八〕路相者，下至經三四村　資持卷上二：「有人往還，必無荒廢。論云：窮路不

得。（極底路也。）」（二〇五頁上）鈔批卷七：「要經三四村人行來往，始得為

相。若汎爾向河取水路，向井取水路，向田之路，並不得為相。覓柴路等，亦

爾也。」（四一九頁上）簡正卷六：「論云：田路、向河取水路、窮路、放牛採

薪路等，並不得，以不久遠故。大道車馬之路即得，極短乃至經三四村行，意

取久固也。」（三七二頁下）

〔一九〕江相者，若四月不雨　鈔批卷七：「要經百二十日不雨，此是極旱時也。若是

潮水，不得為相。潮來是江，潮去只是陸地，故不許也。故彼見論云：好王治

化，五日一雨，不以為相。一如鈔文。四月不雨常流，方得作也。」（四一九

頁上）資持卷上二：「三時中舉一時也。久無旱涸相不失。故論又云：水深二

尺得作。」（二〇五頁上）簡正卷六：「論云：好王治化，一音（【案】『一音』

論為『五日』。）一雨，不得為相。要四月不雨，常有水深二尺者，得為相也。」

（三七二頁下）

〔二〇〕蟻封相者，下至高八寸　資持卷上二：「蟻攻土成聚，謂之蟻封。」（二〇五頁

上）簡正卷六：「蟻運（【案】『運』疑『封』。）立村，所居穴也。論云：大如

山，小高八寸，皆得作相。玄云：謂此蟻封體堅實，由似城墻，與三月一後，

漸漸如山高，無人毀，必不壞者，方可也。」（三七二頁下）

〔二一〕水相者，自然池水者得　鈔批卷七：「彼論：自然池水得作。若通水入田，或

堈盛水，悉不得作界相。五分云：以眾生及烟火者，謂指牛、馬、猪、羊等，

以為界相；或指聚火、火烟等，皆不成為相也。」（四一九頁上）資持卷上

二：「自然水者，非造作也。論云：若通水入田，或堈盛水，皆不得。」（二

〇五頁上）簡正卷六：「論云：自然池水得作。（三七二頁下）若通別處水來，

或入田水，或堈盛水，並不得作。」（三七三頁上）【案】五分卷一八，一二

四頁上。

〔二二〕準論徵律，城、塹等緣，成相可知　資持卷上二：「『準』下，會通。徵，證也。城、塹等者，如上所列。山石、澗渠、林樹、垣牆，久固之物，律但通列，不明分齊，須論證之。然而論中，路、江、池、水，亦難準據，針樹、蟻封，寧為久固？若今行事，未可全依。」（二〇五頁上）鈔批卷七：「善見徵四分律也。四分明城、塹、汪、水，今將見論來徵之，城塹得成，故言可知。餘汪、水、草積等，則不得也。」（四一九頁上～下）簡正卷六：「今師云：准上見論，一一牒解不堪為界相者。今意用此論徵釋四分律文城、塹等緣，即知得、不得也。『等』字，謂等取律文三段三十四種。准論釋意，得為相者，即有山巖、石積、汪水、池、樹、垣墻等，並是久固難壞，可得為相，故云城、塹等緣成相，可知。反顯草積、荊棘、糞聚等，必不得為相。」（三七三頁上）

〔二三〕既知相為結本　鈔科卷上二：「『既』下，囑今牓示。」（一六頁下）簡正卷六：「標相是結界之根本也。」（三七三頁上）

〔二四〕界家所依　簡正卷六：「界法是能依，相是所依。」（三七三頁上）

〔二五〕結已，即須牓示顯處　資持卷上二：「若據此文，合在結後。欲明標相是界所依，傳告後來，須存久永，故於相後預而示之。」（二〇五頁上）簡正卷六：「玄記云：『何不向作法後出此一段文？』答：『良有深意。謂牓示名在顯處，令至客知委，護夏衣等不疑。古來多有平寫羯磨文於揵牒上，沙彌、俗人見，讀了悞他，受戒不得，便是難捧（【案】『捧』疑『攝』。）。是以今師未秉法前，但抄唱相文於上，免有書羯磨之文，故此標相後出也。」（三七三頁上）

〔二六〕隨方、曲、直，任處辨形，不論定指　資持卷上二：「界形文略，指廣如他，今須引論，示其名相。善見五種：一、方，二、圓，三、鼓形，四、半月，五、三角。了論十七種，皆名別住，（即界異名：）一、長圓，（地勢狹長，兩頭並圓；）二、四角，（四方；）三、水波，（標相屈曲，如波浪然；）四、一山；五、一邑，（隨山邑形勢，即為界畔；）六、半月；七、自性，（即蘭若處，隨地分齊；）八、圍輪，（中間別結多界，外以大界通圍，如鐵圍山繞四天下；）九、一門，（恐是多界同門；）十、方土，（隨國邑境界；）十一、四廂，（周迴有屋，中間空露；）十二、二繩，（如上；）十三、比丘尼；十四、優婆塞；十五、垣牆；十六、圓，（其地周圓；）十七、顛狂。此中一、二、三、六、十六，五種約其地形；四、五、七、八、九、十、十一、十二、十五，九種就其處所；十三、十四、十七，三種約人別居，不論形相。問：『界形與相，同異云何？』答：『若對前文，標、體、相三。此門上科，即是其標。次，明界

形，即同前相。』」（二〇五頁上）

〔二七〕今時結法，不過有二　簡正卷六：「謂前文所引別住，有於多途，今時結之，大要不出二種，當世現行也，即如鈔列。」（三七三頁下）資持卷上二：「初舉空有兩處，時所多行。」（二〇五頁上）簡正卷六：「先須識過，謂一一了別非相；二、避過者，棄非從是，依法而唱。」（三七三頁下）【案】「唱相」文分二：初，「今時」下；二、「次明唱」下。初又分二：初，「今時」下；二、「謂先」下。

〔二八〕先學未達，及後進諸師，若唱方相，便容濫述　簡正卷六：「古往先德之人，於此唱相規則，未能究達也。後進者，近代今時，未有承稟，皆是師心，及論唱相之時，多分泛濫而述也。」（三七三頁下）【案】「謂先」下分二：初，城邑，分「外唱過」和「內唱過」；二、蘭若。

〔二九〕從東南角，直至西南角，乃至一周　資持卷上二：「初，示彼唱法。」（二〇五頁上）

〔三〇〕正南寺門　資持卷上二：「『正南』下，二，推過濫。（二〇五頁上）此約寺門當垣牆之間，故有內外兩唱之過，如下圖中所示。必若寺門齊牆內外，亦無此患，隨處明之，未必皆爾。」（二〇五頁中）

〔三一〕以界限從牆外直過　簡正卷六：「結界齊限也。」（三七四頁上）【案】「外」，底本為「掖」，大正藏本為「外」。據弘一校注改。

〔三二〕門限外　簡正卷六：「門閫也。」（三七四頁上）

〔三三〕牆限外　簡正卷六：「牆分齊也。謂緣牆外面直過唱相，門限在中，限外有牆，齊牆兩頭外面，去限二尺許，他（【案】『他』疑『也』。）是界內也。」（三七四頁上）

〔三四〕故知唱相，必須屈曲唱出，不令後悔　資持卷上二：「『故知』下，三、教如法。隨曲唱結，後行法時，無別眾患，則無悔也。」（二〇五頁中）

〔三五〕亦不可籠通云「隨屈曲」，「屈曲」亦通深淺遠近，終成不識分齊　資持卷上二：「『亦』下，遮濫。然行事之時，若籠牆由（【案】『由』疑『曲』。）折深遠，須立標相，從於某處至於某處，必若分齊分明。少有迂迴，恐成繁累。略云「隨屈曲」者，亦無有過，但令唱者，及同法僧，識知其處。近世有人計其尺寸牒入相中，太成細碎，不必須爾。」（二〇五頁中）

〔三六〕若從院內唱相，從門直過，則限內是界外　資持卷上二：「初，出彼唱。」（二〇五頁中）簡正卷六：「文亦二意：初，標過生；二、釋過生所以也。鏡水大

德云：此亦須約墻內邊厚說。若墻內面與門限平等，亦不可雷同。謂墻兩頭極厚，或與門閫相去三尺、四尺不定，今從內唱。依墻一直過也，至門處並不曲迴，取門域唱也，即限內齊。墻頭出處如許，地總是自然地，屬界外捧（【案】『捧』疑『攝』。）。因茲便有別眾、破夏、離衣等諸過生焉。」（三七四頁上）

〔三七〕別眾　資持卷上二：「以與欲出界，失法成別。」（二〇五頁中）

〔三八〕依界安居　資持卷上二：「對無界依藍，則無此過。」（二〇五頁中）

〔三九〕依界結攝衣界　資持卷上二：「釋離衣。以自然護衣，亦無此過，故約作法衣界明之。」（二〇五頁中）

〔四〇〕蘭若之中，亦有斯過　簡正卷六：「『前既有別眾、破夏等過生，今此與前不別。」（三七四頁上）資持卷上二：「今時立相標物相遠，中無倚附，遙指暗唱，頗符此責。」（二〇五頁中）

〔四一〕妄指山谷　簡正卷六：「正明過起之由也。」（三七四頁上）

〔四二〕一何自負　簡正卷六：「結界不成，於半（【案】『半』疑『中』。）說戒、作法，並不得。雖作還與，不作一般，是自負也。」（三七四頁上）資持卷上二：「『自負』謂負罪，即非法吉羅。違教雖輕，結業彌重。即如下云『自陷陷人』是也。」（二〇五頁中）

〔四三〕水波別住　簡正卷六：「飾宗云：非謂地形高下如水波，謂約界之邊畔，出入凹凸，似於水波也。」（三七四頁上）

〔四四〕一丈五尺，以石次之，周帀安已，便隨石唱　資持卷上二：「了論水波一丈五尺，謂標石相去，非謂長短高下也。」（二〇五頁中）鈔批卷六：「此正明如今山谷既高下如水波，欲結此下為界，其上嶺頭則高，幽谷則下。若直安四標而唱者，則不知分齊，故須石石相望，則易明也。賓云：非地形高下如水波也。謂界邊畔出入凹凸，猶如水波也。」（四二〇頁上）簡正卷六：「隨波深淺，以石次第安布，砌之周迊安石了，依石唱相，即表分齊，揩定深淺，不更參差也。」（三七四頁下）

〔四五〕漫石不得　簡正卷六：「令別安石，亦恐不分分限也。」（三七四頁下）【案】「漫」，底本為「曼」，據善見改。

〔四六〕竝是明文，不容濫述，自陷陷人　資持卷上二：「『竝』下，正斥。初，通舉兩損。」（二〇五頁中）簡正卷六：「令他受戒不得，釋上陷人；未來還逢此界，釋上自陷。」（三七四頁下）

〔四七〕**無戒比丘滿閻浮提** 鈔批卷七：「只為結界，不成受戒，不得名曰戒也。」（四二〇頁下）

〔四八〕**次明** 【案】底本為「明次」，據大正藏本改。

〔四九〕**律中，使舊住人唱** 資持卷上二：「一往且據諳練方所，準業疏云：律制堪能，豈局主、客？斯為通論，固可依承。」（二〇五頁中）

〔五〇〕**未唱已前** 資持卷上二：「『未』下，委示唱者。唱之方便，要在親囑，不唯誦文。」（二〇五頁中）

〔五一〕**先須東南角為始，周帀直指相當** 鈔科卷上二：「『先』下，定初始。」（一七頁中）資持卷上二：「初，示法。東南為始：且據此方，門多南向，餘向隨改，不必一定。若約通論，不問方隅，但從寺門左角發首，可為定準。相當者，始未還合也。」（二〇五頁中）簡正卷六：「始從東南角標，乃至東北角，從東北角直指東南角標，故曰相當也。」（三七四頁下）

〔五二〕**東方有山** 資持卷上二：「『律』下，遮濫。恐執律文，妨行事故。以起方，則四維不分；起維，則方維俱顯。又，方面通漫，起無所從故也。」（二〇五頁中）

〔五三〕**至角曲迴，則不分限齊** 簡正卷六：「從東北角曲會至正東面，山城灁池，即不知何處，是初發分齊。以東南山城，無別指的，故不分也。」（三七四頁下）

〔五四〕**今行事者，據易為之** 鈔批卷七：「謂律文令從東方唱。然今若從東方唱，至東南角，則難名目。今須從角唱為齊限，則易顯也。」（四二〇頁下）

〔五五〕**被差者即起** 資持卷上二：「須起立者，使眾見聞也。不稱名者，以羯磨牒唱，恐濫為別。故準業疏云：亦有牒名，義亦通得，莫非成僧，故知不局。相中四樹，出法示相，隨物隨改，不必須樹。」（二〇五頁下）【案】本自然段分三：初，「被差」下，唱前儀式；二、「大德」下，正明唱詞；三、「若臨事」下，誡勸無謬。

〔五六〕**三說** 資持卷上二：「律無定制。疏準受懺乞詞，例須三遍，以俱是前緣羯磨所牒故。」（二〇五頁下）簡正卷六：「三周唱也。問：『為復教制，定須三唱，為一唱亦得？』答：『羯磨疏云：唱相三遍，律無定約。但今僧中行事乞唱，總是三因。僧別乃殊，三遍無爽。』」（三七四頁下）

〔五七〕**若臨事別相，準改唱之，不容紕謬** 簡正卷六：「前來出法，且言棗樹、桑、榆，或行事時別有樹，即依現前色木，牒於名字。」（三七四頁下）鈔批卷七：「禮記云：紕，由錯也。謬者，亂也。」（四二〇頁下）簡正卷六：「若一向依

文，即知紕謬。紕，疎；謬，濫也。」（三七四頁下）

〔五八〕若城邑中寺，多有牆院　鈔科卷上二：「『若』下，城邑中（二）：初，示相；二、『若』下，辨異。」（一七頁下）【案】「城邑」中，文分為三：初，「若城」下，略指前緣；二、正明唱法；三、「若有」下，示隔障唱法。

〔五九〕前緣如上　鈔批卷七：「謂如上『空野中』唱相云『大德僧聽，為僧唱四方相』等也。」（四二〇頁下）資持卷上二：「謂禮僧等相文。準下圖中，大牆為法，對之可見。今時錄相，復從簡要，隨門所向，望前為出，至後為入，左去名上，右去名下。又，起角處則云『從此』，餘處不著。雖非鈔意，於事易明，義須準用。」（二〇五頁下）簡正卷六：「被差者即具儀起禮，三拜了，立唱：大德僧聽，我比丘為僧唱四方大界相等。云云。」（三七五頁上）

〔六〇〕若有五門、三門　資持卷上二：「今亦從易。至於東頰，穿限頭入，循限裏唱，徹至西頰，還穿限出。在事省繁，於義無失。障隔穿牆，須唱院名，有所簡別，或院牆不一，更加方隅，別名標異。」（二〇五頁下）

〔六一〕若有障隔，欲穿牆直過　鈔批卷七：「此謂唱法驀憑而度，非謂破壁過也。」（四二〇頁下）

三、明集僧、與欲法〔一〕者

初，言集僧

必先盡自然界內〔二〕。若標寬界狹者，盡標集之〔三〕。僧祇云〔四〕：避難界中，三由旬內有比丘者，竝呼來；若出界已，作法結之〔五〕。有師云〔六〕：「但盡自然而集〔七〕；以標內地，非自然界故，又未加法，若羯磨已，方有別眾〔八〕；僧祇所明，彼為難緣，恐成障礙，故須集之〔九〕。」準理不然，並集為要〔一〇〕。無正教可準〔一一〕。

若標內有村，縱自然內，不欲取村者，當繞村唱內相，後唱外相，作法結成〔一二〕。村內比丘，不須外集〔一三〕。若相內外，有尼界及尼〔一四〕，不妨結法，兩不相攝。若有作法僧界，但令比丘不出本界，唱內相已，通結取之〔一五〕。如明了論「圍輪別住〔一六〕」之例。

二、不得受欲者

具有三義：一、結界是眾同之本，理宜急制〔一七〕。二、自然界弱，不勝羯磨〔一八〕；此僧祇正文。三、令知界畔，護夏、別眾、護食、護衣等〔一九〕。十誦云〔二〇〕：作羯磨比丘死，餘人不知界處〔二一〕，佛令捨已更結。故須盡集。

【校釋】

〔一〕**集僧、與欲法** 鈔批卷七:「非謂結時須欲,故立緣簡之,使知結界無欲也。此是舉『有』以顯『無』也。」(四二〇頁下)簡正卷六:「問:『前來已訖集僧欲之法,今何再論?』有解云因便故明,恐無理也。今准宛陵云:前篇但明四處六相,依自然界集。僧若標寬界狹,依標集人,未曾明述,故此辨之。若與欲者,即據結界時,不許傳欲之義,不類前篇廣明緣法也。」(三七五頁上)【案】「與欲」連讀,「與」非連詞。

〔二〕**必先盡自然界內** 簡正卷六:「謂作法標狹、自然界寬,諸界集僧,總約自然集。若標與界等,亦依界集。(已上兩集,今古不殊。)」(三七五頁上)【案】「集僧」分二:一、「必先」下;二、二、「若標內」下。

〔三〕**若標寬界狹者,盡標集之** 資持卷上二:「『若』下,二、明標寬界狹。」(二〇五頁下)鈔批卷七:「謂依標集僧,不依自然界也。古師不許此義,如下更明。」(四二〇頁下)簡正卷六:「今師所立,古師不許。」(三七五頁上)【案】「狹」,底本為「陜」,據大正藏本、簡正為「狹」。

〔四〕**僧祇云** 資持卷上二:「『僧』下,引證。從標不疑。」(二〇五頁下)簡正卷六:「今准祇文:比丘安居竟,有官王難,及水陸多虫,來往不自在,恐破夏,聽齊三由旬,百二十里結之。初,結時集僧,還須盡標而集,不然即令他暫出三由旬外而結之。故彼文云:並令呼來,或可出界。今況擬二日,不須盡集。已上今師義也。」(三七五頁下)鈔批卷七:「景云:以夏中有命、梵二難,合結百二十里避之。後若更有,應展轉避之,亦不限多少也。今鈔引此證知,須知盡標集。據彼文中,有比丘呼來之語也。」(四二〇頁上)【案】僧祇卷八,二九六頁上。

〔五〕**若出界已,作法結之** 鈔批卷七:「謂三由旬內,有僧呼來,如其不來,令出界也,然後加法。撿祇文云:有一住處,諸比丘前安居、後安居日已過,有事難起:若賊難,若王難,若奪命,若破戒,若水多虫,漉不能得淨,欲至餘精舍,避此諸難,去三由旬內。若彼有比丘,若呼來,若出界去,羯磨結之。此祇文意別,乃是避難,至彼精舍,喚彼精舍中人共結界。其彼精舍,去本難處有三由旬,豈是齊三由旬集僧也?直是到他精舍中,喚他集。若不肯集,令出去已,即合結取三由旬也。」(四二一頁上)

〔六〕**有師云** 資持卷上二:「『有』下,斥非。」(二〇五頁下)鈔批卷七:「是礪師也。(四二〇頁下)從『有師云』下,至『故須集之』來,並是古師言也。……

策云：其標寬界狹，<u>願律師</u>亦令盡標集，<u>礪</u>准盡界集也。」（四二一頁上）<u>簡正</u>卷六：「『有師』已下，敘古也，有三義。」（三七五頁上）

〔七〕**盡自然而集** <u>簡正</u>卷六：「第一義云但盡自然等。古云：縱使標寬，標內自然在我六十三步外，故不要集。」（三七五頁上）

〔八〕**又未加法，若羯磨已，方有別眾** <u>簡正</u>卷六：「第二義也。（三七五頁上）古云：既未加法羯磨，未作成白之時，由是自然，未成法界。若作羯磨，未至『說』字，亦未成作法之地；若至『說』字後，是作法界已成就竟，何論自然？故不要集。若羯磨結成，後有僧，方要集。若不集者，定成別眾也。」（三七五頁下）

〔九〕**僧祇所明，彼為難緣，恐成障礙，故須集之** <u>簡正</u>卷六：「第三義也。古云：不得引他<u>祇</u>文為例。且<u>僧祇</u>所明，為有難事，故盡標集之。此非難緣，故不可也。<u>大德</u>云：新章與古解同，鈔依<u>首疏</u>文也。」（三七五頁下）<u>資持</u>卷上二：「『僧』下，彼以明文為妨，故作強釋。為難緣者，顯非常途也。恐障礙者，攝處既廣，情容不同故。（舊記妄云『古師』謂<u>僧祇</u>、『難緣』為惡比丘者，非。）」（二〇五頁下）

〔一〇〕**準理不然，並集為要** <u>資持</u>卷上二：「『準』下，正斥，但彰無據。言準理者，疏云：雖在自然之外，非『別』所收。然作法文中，通牒標內，擬成二同。唱時結時，別眾在內，律無開處，何得非別？」（二〇五頁下）<u>簡正</u>卷六：「今師破古也。彼既立三義，斥之今亦須以三法一一集破也。前來古人云『但盡自然，標內不用集』者，今破云『定成別眾』。故疏云通結，標內擬成，二同唱時，結別眾在內。（破古一義竟。）前來古云『標內非自然，又未加法，故無別眾』者，今破云：如秉白二，至『說』字時，標中總成作法界；更秉結歸一十四字之時，標內地上有僧，豈非別眾？〔破古三（【案】「三」疑「二」。）義竟。〕前來古云『<u>祇</u>律據有難事，即須依標集人。此是閑後，無於難緣，故不要集』者，今破云：彼中難緣急切，由尚依標集之，此非難緣，閑豫之時，豈可不集耶？急尚由集，卻不可不集，無此道理！（破古三義竟。）故云准理不然，並集為要也。」（三七五頁下）

〔一一〕**無正教可準** <u>鈔批</u>卷七：「謂在律不言，名為無教可准。斥其古師之執也。汝言不取標集，無教可准也。」（四二一頁下）<u>簡正</u>卷六：「謂今師依標集，即准<u>祇</u>文。（三七五頁下）古師但盡自然，並無教可據也。……今古多釋前<u>僧祇</u>避難是惡比丘留難者，錯也。<u>大德</u>云：曾撿彼云，有比丘前安居已過，有難事

起，若賊，若王，若奪命，若破戒，若水多虫，漉不淨，欲至餘精舍避去者。三由旬內，彼有比丘呼來，若出界已，應結。（已上僧祇律正文。）若言惡比丘者，縱在內呼，他終不肯來，豈更令他出界了結？」（三七六頁上）

〔一二〕若標內有村，縱自然內，不欲取村者，當繞村唱內相，後唱外相，作法結成　鈔科卷上二：「『若』下，示別界。」（一七頁中）簡正卷六：「依今集僧也。寶云：標內有二：一、標內自然內村；二、標內自然外村。若標內界內村中僧，必須集；若標內界外村中僧，為深防故，亦須集之。以在標中，總是自然地也。村內比丘，不須外集者，此約結後說也。（正敘正義竟。）次，敘諸記中解云：若標內自然六十三步內有村，村中比丘，必須要集，以行事從急故；若標內自然外村，村內比丘不須集也。雖則同在一自然，以唱出了。又，村相同故，無別眾過。法寶難云：『若爾，且如標狹界寬處，標外亦是自然，由尚集之。今此標寬界狹處，界外標內村，亦是自然，何得不集？又，若初結界時不集者，如何名為今師依標集僧？』（三七六頁上）故知：初唱結時，總須集來，遶村唱了，作法結成。顯法起時，村非界內已故。若已後，別有法事，村內比丘不須外集。諸家不領此意，謂是初結之時，村內有人，不要集也。今准時江淮講人，多依此解，故廣錄之。更有江西約二處，村村相周即二處。初結時並不用集，村強故也。若兩處村四相，不因結時，有人即須並集，以村相弱也。今抄且約標內自然外村及自然內村二處相並周，故云不須外集。」（三七六頁下）鈔批卷七：「濟云：此明於蘭若處結大界。界既闊大，中間有聚落，故曰村也。今不欲取此村，故唱村除之。其村院相既周，即名可分別聚落。乃與蘭若界別，何須外集來也？本意只為不欲取村，故唱內相除之。（四二一頁上）非為比丘在內故須唱也。向若不唱出，無別眾之過，由聚界與蘭若界別故。」（四二一頁下）【案】釋「別界」文分為三：初，「若標」下；二、「若相」下；三、「若有」。

〔一三〕村內比丘，不須外集　資持卷上二：「據結已為言。初結須集。」（二○五頁下）鈔批卷七：「景云：以村院相周，故村內不集，不犯別眾。」（四二一頁下）

〔一四〕若相內外，有尼界及尼　資持卷上二：「尼界者，僧尼二眾，各不相足，互結無妨。」（二○五頁下）簡正卷六：「為僧尼相頭（【案】『頭』疑『顯』。），並不相捧（【案】『捧』疑『攝』。），不集無過也。」（三七六頁下）

〔一五〕若有作法僧界，但令比丘，不出本界，唱內相已，通結取之　簡正卷六：「雖

在我六十三步內，或界外標內，結法之時，不用集他。以彼是作法界，不可自然集他法界。上僧但在界內，莫出寺門入我自然界中，即得。先遶彼界，唱內相了，通結取。」（三七六頁下）資持卷上二：「自然不攝法地人，故唱內相者中留自然也。」（二〇五頁下）

〔一六〕**圍輪別住** 鈔批卷七：「立云：如一聚落中，有眾多別住，各各自結為界，今有人更合盡結大聚落為界，則各各唱內相。除諸小界，然後唱外相結之，舉喻如般盛盌也。如了論疏可尋。」（四二一頁下）簡正卷六：「恐人不明，舉例說也。似鐵圍山遶四大洲。將三由旬大界例鐵圍山，將四大洲例同四个作法別住，可解也。」（三七六頁下）【案】「圍輪別住」，底本為「別住」，據鈔批、簡正加。

〔一七〕**結界是眾同之本，理宜急制** 簡正卷六：「謂先有說戒法，後有諸羯磨法，說戒是根本，已外是枝條，故云眾同本也。」（三七六頁下）鈔批卷七：「有云：對後法為言，餘法是眾同之末，並依後起，故開欲也。」（四二一頁下）資持卷上二：「初，約結法，對餘羯磨，明制緩急，有開不開。業疏續云：餘法是眾同之末，並依後起。」（二〇六頁上）

〔一八〕**自然界弱，不勝羯磨** 資持卷上二：「欲法本開為成同界羯磨眾法。地既不勝，欲將何用？此義唯除結界，就餘法明之。疏云：自然本弱，僧事不行。〔此明通制餘法，下釋唯開吉（【案】『吉』疑『同』。）界。〕不開一結，用通僧界，諸務不立故。此白二乃是前開，（上明結界，未有欲法，以之不開，下明欲本應僧，須在法地，不通自然。）欲是未緣，必憑僧起。界是作法，強故攝之。（舊記謬解『不勝欲羯磨』，故委示之。）」（二〇六頁上）扶桑記引會正釋「舊記謬解」：「羯磨即欲羯磨，僧祇云非羯磨地，不得受欲。」（七九頁上）簡正卷六：「寶云：自然地弱不勝，欲羯磨非謂白二、白四也。如傳欲時，詞句云『大德大（原注：『大』字疑剩。）僧聽』，今既是自然，不秉僧法，何得更有欲詞？故不勝也。何以得知？准羯磨疏，問曰：『前言受欲，入對首法所收，其對首約處通二界，今何不通自然？』答：『法有通塞，故曰楷摸。結界白二，局在自然，說欲對首，專唯作法。以初雖對首，且據因名，究竟以論，終成僧事，故自然不合。（上疏文。）』」（三七七頁上）鈔批卷七：「立明：欲本應羯磨，以自然地弱，但得秉二三人法，必不勝羯磨，何勞說欲！若是別人之法，又不勝羯磨也。故羯磨疏云：以欲之所在，必緣僧務，自然薄弱，力所不勝。有人言：結界白二，乃前開，欲是未緣，必憑僧起。界是作法，強

故攝之。」（四二一頁下）

〔一九〕令知界畔，護夏、別眾、護食、護衣等　鈔批卷七：「若開欲緣，終非委練，故羯磨疏云：界須制限，若結開欲，終不請委，故須通集。礪云：結界無欲，三義釋之。初一同鈔，可解。第二，云『自然地弱不勝羯磨』等者，謂未有界故，自然中作法弱，故不攝欲；餘羯磨憑界而作，強故攝欲。三、令識界分齊，不礙僧事，又無破夏、離衣之難也。策云：然此三意，並是人情，但知四分不開與欲，何勞推究！尋其所由，若准他部，結界亦有欲法，故隨機不同，不可和會。言護夏者，謂依界安居，須識限域也。言別眾者，不問法別眾、食別眾，皆約界內有別，外非犯。言護食者，常住僧食，不得出界。忽若藍大界小，將食還房，豈非犯盜？此義非理。如前賓已破訖，蓋是約界結淨地也。言護衣者，依界結攝衣界也。」（四二二頁上）

〔二〇〕十誦云　十誦卷四八：「又問：『若作羯磨比丘死，餘比丘不知界相，得捨界不？』佛言：『得捨。』又問：『比丘山上作僧坊，山下十拘盧舍得安居不？』佛言：『得。』（三四六頁下）又問：『何處與安居物？』佛言：『安居處應與。』」（三四七頁上）

〔二一〕餘人不知界處　資持卷上二：「若約同法，理合皆知；或容後忘，或是後來比丘未立牓示，致有斯緣。（結處起疑，此文更顯。）」（二〇六頁上）

　　二、正加聖法〔一〕

　　上座云：「僧今和合，何所作為〔二〕？」答云：「結大界羯磨〔三〕。」當白二結之。

　　文云：「大德僧聽：此住處比丘，唱四方大界相。若僧時到，僧忍聽。僧今於此四方相內結作大界〔四〕，同一住處，同一說戒。白如是。大德僧聽：此住處比丘，唱四方大界相。僧今於此四方相內結作大界，同一住處，同一說戒。誰諸長老忍『僧今於此四方相內結作大界，同一住處，同一說戒』者，默然。誰不忍者說。僧已忍『於此四方相內，同一住處，同一說戒，結大界』竟。僧忍默然故，是事如是持。」

【校釋】

〔一〕正加聖法　簡正卷六：「上既依標唱竟，今即加於羯磨白二之法。此法聖人所製，故云聖法。玄記對此略料簡，云：唱相人不得秉羯磨，羯磨人不得唱相。由秉法時，牒唱相人入法，雖不標名，且云『此住處比丘，為僧唱四方相』等，不可自牒己身耶。又唱相時，不得稱名，羯磨中，亦不牒名。表無別為，

莫非為僧。若五分律稱名，四、祇二律，總不稱名字。寶云：鈔中往往有唱人名，蓋出法耳。臨時除卻，不得執文。」（三七七頁上）鈔批卷七：「賓云：唱相人不得作羯磨，羯磨人不得唱相。由秉法時，牒唱相人，言『此住處比丘，為僧唱四方大界相』，豈可自牒己身？然唱相法，律文不制。三遍，今行事者為耳。素律師唯一遍。又，唱時令穿墻壁者，諸部無文，即是非制而制，須知。濟云：親問南山闍梨，云『不用三遍，恐唱者或不分明，故令三遍耳，據律只一徧即得。』又，唱相比丘不得稱名。又，羯磨結時，亦不得牒唱相人名者，表無別為故也。若稱人名，恐人生疑專為此人結也。然五分文則稱名作法，（四二二頁上）四分、僧祇皆不稱名。礪云：加法文中云『同一住處、同一說戒』者，即問稱事與欲，餘事不成。今此云說戒，類似稱事，應專得說戒。此問意，如說欲，若云其事與欲，則不通餘事而用，謂稱僧所秉事也。『今此結界，既稱同一說戒，亦是稱事結此界，應但得說戒，不通秉餘法耶？』答：『此先後不同，故使有成、不成。謂說欲稱事，欲法在前，作羯磨在後，故不成也。今稱事結界，先言於此四方相內結大界，後乃稱事，言同一說戒故也。』『今雖有此料簡，然是佛立法，一時不同，何可會也？宣問：結戒場中，何不言同一說戒者？』答：『戒場本為眾大集難，別開結也。說戒通制，本據住處，場非住處，故不云同一說戒也。』問：『說、恣二法，須戒場僧集，餘法不須集者？』答：『此二不攝僧法位居行淨之人，故制界之內外普同導故。羯磨餘法，所被多途，無局於時，多緣別務。若開通集，還復相勞，徒有前開，終無後益。故作法時，異界有人，不兩相集。」（四二二頁下）

〔二〕僧今和合，何所作為　簡正卷六：「謂唱相人，復本位了。問事宗依常行事。」（三七七頁上）

〔三〕結大界羯磨　資持卷上二：「結法唯一，無所簡故，不須更加白二之言。」（二〇六頁上）

〔四〕僧今於此四方相內結作大界　資持卷上二：「律中本無『作』字，隨機羯磨及古本寫鈔皆無，定是後人妄加。雖無巨害，終成參濫。」（二〇六頁上）

二、明戒場大界之法〔一〕者

先豎三重標相。

最內一重，戒場外相〔二〕，自然界內標。中間一重，自然界外，大界內相標。最外一重，大界外相標。即須周帀先唱內標一重已，作法結之。

　　但為三相難明，恐法不練，略引圖示〔三〕，後依圖唱相，使新學曉
迷。今行事漠落，誦文而已〔四〕。曾不委練，令依文讀，便即悶亂。定
知附事，作法不成，必須細心，方應遂事〔五〕。

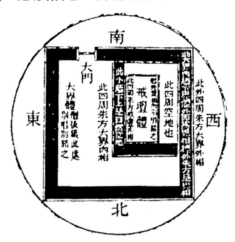

　　此外朱圓者，自然界相〔六〕。若先在戒壇內集僧者，亦四面集之〔七〕。
圖中所列，據結大界時自然集僧也。
　　其北朱圓，院外僧去中央結界僧，相去六十三步〔八〕；中僧去南圓
界外僧亦爾。南北二僧，相去百二十六步，各得成法，在內不成。乃至
餘方並準此〔九〕。若結作法已，隨相標遠近〔一〇〕。
　　且據聚落不可分別者為言〔一一〕。若可分別聚落，乃至道行、水界，
五相遠近、義類相別，並如前集僧中所述〔一二〕。
　　此之界圖，謂自然界寬於作法，標外周圓取界〔一三〕。必有別界，亦
隨斜曲也。
　　其內朱方，是戒場也〔一四〕。中間周匝，號曰「自然」〔一五〕。東、北
二邊，即用小牆下上為自然界體〔一六〕；南、西二邊，大界牆內〔一七〕，
則無別相者，應釘杙豎標，繩連相著。當於戒場東南角，去大界牆尺八
地旁小牆〔一八〕，施一杙；又於西南角，斜去大牆二尺許〔一九〕，下一杙；
又於西北角，至小牆南旁小牆，下一杙，正西令去大牆尺八許。釘三杙
已〔二〇〕，仍以繩連三標，則為自然界。南、西二邊，若作二法竟，若二
界各有法事，此中有人，不妨二處〔二一〕。其戒場外相：東、北二邊之相，
即以小牆內院為相；西、南二畔，即用繩標內邊為相。
　　其大界內相：東、北二面，以小牆外院為相；南、西二面，以大院

牆內為相。若明外相，必在院外唱之〔二二〕；若在牆內唱者，至西南角，戒場外自然界邊，則與內相俱合，則不分彼此之異。又，不得入大院牆唱之，由不見其相故〔二三〕。

上且略寄一緣，以為相貌〔二四〕。作法之時，未必如圖〔二五〕。若不依此解生，餘處亦準不得〔二六〕。

【校釋】

〔一〕明戒場大界之法　資持卷上二：「受隨等法，多行於中。疏云：似世諸場，莫非聚結異品，收拾勝利故也。然圖中標為戒壇者，謂於場中別更封土。若據初開，未必有壇，所以律中約通從本，但云場耳。」（二〇六頁上）簡正卷六：「此明結『有戒場大界』方法也。（三七七頁上）所言戒場者，先釋名字。羯磨疏云：戒者，通收正行。場者，簡擇精麤，似世諸場，莫非聚結。次，辨元典（【案】『典』疑『興』。下同。）者，鏡水大德引別傳云：佛在祇樹園中，樓至比丘，諸佛立壇，為結界受戒。佛許己，於祇桓創於三壇。佛院門東，名佛為比丘結戒壇；佛院門西，名佛為比丘尼結戒壇。外院東門南置僧為比丘尼受戒壇。其東壇是大梵天王造，西壇是魔王波旬造。（已上據西土壇場典由也。）若論東廈創立戒壇元者，梁僧傳云：宋元嘉七季（公元四三〇年），四剡賓（原注：「四剡」疑「罽」。）沙門求那跋摩於揚都南林寺立壇，令受戒者發（【案】『發』疑『登』。）壇而受。東晉汰法（【案】「汰法」疑為「法汰」。），又於瓦官寺立壇。梁朝僧祐立四壇：一、在雲居寺，二、栖霞寺，三、歸善寺，四、敬愛寺。已外，山東、河北、劍南等，通計三百餘所，至今遺風不墜，故使江表佛法相續不虧。三寶典隆，由戒場矣。（已上略依戒壇經錄之，廣文如彼。）」（三七七頁下）【案】「戒場大界之法」文分為二：初明豎標，二明結法。初又分二：初，「最內」下，示三標；二、「但為」下，以圖示。

〔二〕戒場外相　簡正卷六：「有人云：戒場若有內相，即要著『外』字簡之。今既無內，不合云『外』，但言戒場相即得。此委斥鈔文，未知本意，且請思之。」（三七七頁下）

〔三〕恐法不練，略引圖示　簡正卷六：「文中二意：初，顯圖示有益；二、舉非誡。初，如文，可委圖相。大德云：先且示四方，次辨外圓、中方、小方等，（三七七頁下）臨講略點示。」（三七八頁上）【案】「但為」下分四：一、「但為」下；二、引圖；三、「此未朱」下；四、「上且」下。

〔四〕今行事漠落，誦文而已　資持卷上二：「『今』下，斥世。上二句，通斥愚暗。

漠落，喻不明也。」（二〇六頁上）

〔五〕**必須細心，方應遂事**　鈔批卷七：「夫欲結戒場大界，要須三重豎標。若以疎
遺，（四二二頁下）於中秉法不成，致使受戒不得。故上文云：但為三相難明，
恐法不練，略引圖示。然依圖唱相，使雜（【案】『雜』疑『後』。）學曉迷，
即其義也。言細心者，簡麤心也。遂事者，諸事如法也。從此已下，正引圖，
示學眾也。」（四二三頁上）資持卷上二：「『必』下，誡慎觀。夫祖訓極明，
人誰不讀？及乎臨事，還溺此迷。豈非妄習積深，良醫莫治？今略引示，幸宜
改之。謂主法者，一月已前自錄界相，令他暗誦唱者，未嘗目睹，同住都無曉
知。而乃對眾執文，號為證相；秉燈數字，不使差訛；側耳尋聲，莫知方詣。
況自然分齊，曾不觀量，作相集僧，寧思足別。白告則巧莊對偶，（二〇六頁
上）不異伶倫；秉結則引弄音聲，便同歌伎。唯念明晨散席，坐位高低，更憂
請主相酬，施利多少。」（二〇六頁中）扶桑記：「伶倫，古樂師，世掌樂官而
善焉。」（七九頁下）

〔六〕**此外朱圓者，自然界相**　簡正卷六：「注文辨集遠近。問：『前已有集僧篇，今
何更明？』寶云：『蓋為繁文，以顯事用也。』又問：『何不長行書，而作注文
耶？』宛陵云：『貴省繁故，亦無別理。』云『此外』至『也』者。此外朱圓，
自然界相者，指外圓圓如月暈者，此是結大界時，自然六十三步也。」（三七
八頁上）資持卷上二：「圖相正意為分三：標，令唱法易見；二、復示前無場
唱法；三、明穿牆之相；四、明自然體圓；五、明相望作法，自然遠近；六、
明循門出入離過；七、大小二牆，絣、繩、釘、杙，為顯一標兩相；八、復示
標通大小，不必一肘；九、明中隔自然，隨物可分；十、明大牆外唱，不相錯
涉。略求十意，餘更尋之。注中，初明自然者，以結場時，更出西南，別取步
量。圖中不可雙示，故持點之。」（二〇六頁中）【案】此注文明法，分三：初，
「此外」下；二、「其北朱」；三、「且據聚」下。

〔七〕**若先在戒壇內集僧者，亦四面集之**　簡正卷六：「謂指圖中小朱方戒場體處，
初結場時，先於此處集僧，亦是六十三步，與大界集僧不別也。即令更畫一個
圓圓之相。『今何故不見有耶？』可引文答云『圖中所列』等，（云云。）謂隱
戒場，集增自然界也。問：『准前文中，戒壇容二十一人，或依外宗四十一人。
今時諸方結戒場置皆如此，既云先於此中四面集僧，或有兩百人集，來場內
坐不足，如何處判？』答：『有兩釋。一、依汝州闍梨云：所集之僧若多，坐
既不足，且令他出六十三步外，即免別眾。二、依淮南闍梨云：且隨多少盡

坐，若結法但隨小唱，已外諸僧，縱在場外，六十三步內，不犯別眾，莫不總為集故來。法寶云：兩解各有理。設今行事，准於初釋，亦不可抑奪。』」（三七八頁上）

〔八〕其北朱圓，院外僧，去中央結界僧相去六十三步　鈔科卷上二：「『其』下，明遠近。」（一八頁下）簡正卷六：「此圖，伽藍狹、自然界寬。今師謂不可分別聚落，（三七八頁上）藍小自然。准祇，六十三步集僧，藍寬自然，用祇避難之文，盡標集也。其北朱院外僧者，正約異眾相頭（【案】『頭』疑『顯』。次同。），以釋中僧，頭其南北各六十三步；南北日中，有百二十六步。文列三眾，共之一圖，縱廣百二十六也。」（三七八頁下）

〔九〕乃至餘方並準此　鈔批卷七：「謂且據南北為言。其東西四維，亦須准此也。」（四二三頁上）

〔一〇〕若結作法已，隨相標遠近　簡正卷六：「約作法了，說隨其界相之標遠近集之，不用依初結時自然也。」（三七八頁下）鈔批卷七：「謂結界已，各有法事，隨作法標相集之，不須依自然朱（原注：『朱』疑『成』。）方也。」（四二三頁上）

〔一一〕且據聚落不可分別者為言　鈔科卷上二：「『且』下，指餘界。」（一八頁下）

〔一二〕若可分別聚落，乃至道行、水界，五相遠近、義類相別，並如前集僧中所述　資持卷上二：「餘界中，點示同別，唯可分聚，一向為別。餘之四種，廣狹雖別，周圓則同。問：『前定自然，各半減取，唯約不可分別聚落，餘五如何？』答：『疏云：此一既爾，餘之自然，大小乃殊，例有通局，皆半約之。（異界已分，共論為通，各半名局。）然可分聚落，唯局不通。以僧在外，既非同聚，自有別界。餘皆同處，各半可知。』」（二〇六頁中）鈔批卷七：「謂今且舉不可分別聚落明之。餘有可分別聚落：有難、無難、蘭若、道行、水界，五種之相，例此法也。」（四二三頁上）

〔一三〕此之界圖，謂自然界寬於作法，標外周圓取界　簡正卷六：「謂作法僧界、水界等，齊彼便止，亦耶（【案】『耶』疑『邪』。）曲不定。今且據四面，總無別界，各盡得六十三步，所以界體圓圓而已也。」（三七八頁下）資持卷上二：「自然界相，不必定圓，示知別相。」（二〇六頁中）【案】「此之」下文分為三：初，「此之」下；二、「其內」下；三、「其大」下。

〔一四〕其內朱方，是戒場也　簡正卷六：「鈔文從『其內朱方』至『號曰自然』已來，且通指示自然也。『東、北二邊』乃至『自然界』已來，有六行鈔文，辨自然

相也。」（三七八頁下）【案】「其內」下明戒場，分三：初，示場體；二、「中間周」下，明東、北，二南、西；三、「其戒場」下，示場外。

〔一五〕中間周帀，號曰「自然」　資持卷上二：「『中』下，二、明中隔自然。」（二〇六頁中）【案】下分為二，一明東、北兩邊，二明南、西兩邊。

〔一六〕東、北二邊，即用小牆下上，為自然界體　資持卷上二：「『東』下，先示東北。言『下上』者，下即牆際，上謂地面。」（二〇六頁中）簡正卷六：「謂當小牆子下，及地面向上，並是自然也。有解云：小牆下及牆頭上，故云下上者。非說也。」（三七八頁下）【案】「二」，底本缺下橫，此據文義及大正藏本。

〔一七〕南、西二邊，大界牆內　資持卷上二：「明西、南。初，示豎標。云尺八者不必。」（二〇六頁中）

〔一八〕去大界牆尺八地旁小牆　資持卷上二：「後『南、西』下，明結已作法。若論說、恣，即須通集其戒場。」（二〇六頁中）

〔一九〕斜去大牆二尺許　簡正卷六：「法寶云：二尺二寸二分。依筭法定之，故著『許』字，即餘也。」（三七八頁下）

〔二〇〕釘三杙已　簡正卷六：「謂適來戒場，東南角一杙，西南角一杙，西北角一杙，此都計之，故云打三杙已。有人云：正西今去大牆尺八，許自打三杙。（三七八頁下）（且清細意尋抄，莫輒臆說行時。）」（三七九頁上）

〔二一〕若二界各有法事，此中有人，不妨二處　鈔批卷七：「謂若結戒場及大界二種羯磨竟，後二處有僧，互不相妨也。」（四二三頁上）簡正卷六：「戒場為一，大界為二也。玄云：謂此南、西二邊，大界牆內、戒場繩外，中間尺八許地。自然空地有僧，不妨大界及戒場中兩處事，故云不妨二處。」（三七九頁上）

〔二二〕若明外相，必在院外唱之　資持卷上二：「『若』下，明外相。此圖不通內唱，特示西、南相涉，令識過相。」（二〇六頁中）鈔批卷七：「謂既有戒塲帖（原注：『帖』字原本不明，疑『垣』。）牆，今唱大界外相，要須從牆外唱。若從內唱，則與大界內相合，是以不得。」（四二三頁上）【案】大界相分二：初內相，次外相。

〔二三〕不得入大院牆唱之，由不見其相故　資持卷上二：「『又』下，恐避參涉，而穿牆心唱，故此遮之。」（二〇六頁中）鈔批卷七：「立云：如土牆，或闊五尺、六尺等，謂唱牆下中央為相，故言不見。濟同此說。」（四二三頁上）簡正卷六：「此約土牆極闊，或六七尺已上等，恐人巧情。若在牆內，即與內相相合。『今牆既厚，穿從中心過，應得不？』鈔文奪（【案】『奪』疑『答』。）云『以

— 561 —

不見相』。故凡言相者，須有表彰。今既在牆中間，如何得見？良不可也。」
（三七九頁上）

〔二四〕上且略寄一緣，以為相貌　簡正卷六：「界（【案】『界』疑『略』。）者，約略
　　　　未盡之詞。寄，托也。四處、六相至多，今且舉不可分別。西南角，結界場一
　　　　緣也。」（三七九頁上）資持卷上二：「一緣者，通指圖相。」（二〇六頁中）
　　　　【案】本句為對「初示三標」意思的結語。

〔二五〕作法之時，未必如圖　資持卷上二：「『作』下，示不定。」（二〇六頁中）簡
　　　　正卷六：「未必戒場定在西南；未必東、北二面，有小牆子，西、南二邊打杙
　　　　等。或如今時結講堂、佛殿等，在寺中央，一切臨時制度。今且出法，令人解
　　　　生。」（三七九頁上）

〔二六〕若不依此解生，餘處亦準不得　資持卷上二：「『若』下，明須立。」（二〇六
　　　　頁中）鈔批卷七：「謂若不解此圖，於餘別處准行，亦不得也。」（四二三頁
　　　　上）簡正卷六：「若不依此，推求餘處，亦不明練也。」（三七九頁上）

今明結法〔一〕

分三。

初，緣前後〔二〕者

五分云：應先結戒場，後結大界〔三〕；若先結大界者，當捨已，更前
結之，然後唱相結大界〔四〕。毘尼母、善見，亦同此說〔五〕。今猶有人先
結大界〔六〕者，此不讀聖教〔七〕，唯信意言。問：「先結大界者，戒場成
不〔八〕？」答：「五分所明，應捨已更結，故知成也〔九〕；但不成後法，
故須解之〔一〇〕。五百問云：後結戒場者，於中受戒，恐無所獲〔一一〕；
又云：不知同於未制，賴有此路，則通僥倖〔一二〕。」

今時結者，多有非法〔一三〕：或將五六人，徑往戒場中，界內不集
〔一四〕，總唱三相已，具加二種羯磨〔一五〕者；或有界內，通唱三相已，
隨界加法〔一六〕者；或於大界內遙結〔一七〕者；或先結戒場已，但唱大界
外相、不唱內相〔一八〕而加法者。此等諸濫，結並不成〔一九〕。故須當界，
各唱各結，方得成就〔二〇〕。

二、明唱相〔二一〕

先於自然界內集僧已。一比丘具修威儀，唱云：「大德僧聽：我比丘
為僧唱四方小界場相。從此處東南角標內旁繩西下，至西南角標。從此
旁繩內北下，至西北角標。即旁小牆內東下，至小牆東北內角。從此旁

牆內南下，至東南角標。此是戒場外相一周訖。」三說已。

羯磨者言：「何所作為？」答云：「結戒場羯磨。大德僧聽：此住處比丘，稱四方小界相。若僧時到，僧忍聽。僧今於此四方小界相內，結作戒場。白如是。大德僧聽：此住處比丘，稱四方小界相。僧今於此四方小界相內結戒場。誰諸長老忍『僧今於此四方小界相內結戒場』者默然。誰不忍者說。僧已忍『於此四方相內結戒場』竟。僧忍默故，是事如是持。」

結已，餘僧且坐。應將四五人知法、相者〔二二〕，入大界內，安坐定已。集界無人，方乃作法。

次，結大界法

先明唱相，有二不同〔二三〕。言別唱〔二四〕者，先唱內相三周已，次唱外相三周，後總結合。二者，總牒內外一徧相已，隨徧合之。

文明總法。應令一人具儀唱云：「大德僧聽：我比丘為僧唱大界四方內外相。」前唱內相：「從小牆東南角外角，穿小牆西出。旁大牆內，至西南角內角。從此旁牆北下，穿小牆西頭過，至小牆西北角外角。從此旁小牆東下，至小牆東北角外角。從此南出，還至小牆東南角外角。此是大界內相一周訖。」

次唱外相：「從寺院外牆東南角外角，直西至南門東頰外土棱。隨屈曲北入至門限裏棱西下，至門西頰限頭。隨限屈曲南出，至門西頰外土棱。從此西下，至西南角外角。從此北下，至西北角外角。從此東下，至東北角外角。從此南下，還至東南角外角。此是大界外相一周已。彼為內相，此為外相。此是大界內，外相一周。」如是三徧已，告僧云：「已唱大界內外相訖。」

眾僧作羯磨。唱者復座已，上座如常，依前作之。羯磨大同前無戒場結者。唯足「內」之一字〔二五〕，云「僧今於此四方內外相內結作大界」。若據律文，亦不加字〔二六〕，但云「於此四方相內結大界〔二七〕」，於理亦得。隨意所存，大途無妨。結此界已，如上榜示顯處。

【校釋】

〔一〕今明結法　簡正卷六：「謂正明結戒場大界之法，有三：先後為一、唱相為二、秉法為三也。」（三七九頁上）

〔二〕緣前後　簡正卷六：「戒場最初結，然後大界也。」（三七九頁下）資持卷上

二：「初明前後，以昔相傳，後結戒場，人猶執舊，（二○六頁中）故須決破。」
（二○六頁下）【案】「前後」文分二：初，「五分」下；二、「今時結」下。

〔三〕**應先結戒場，後結大界**　鈔批卷七：「直疏云：謂彼律中，先於界外結場。後因
賊難，故還僧坊結之。即須先結於戒場，彼（原注：『彼』疑『後』。）結大界也。」
（四二三頁下）簡正卷六：「彼律受戒法云，比丘故（【案】『故』疑『於』。）
界內別眾受戒，佛言非法。自今後，聽向界外，結小界受，即戒場也。後因諸
比丘將受者往彼，路逢劫賊奪衣鉢等，佛言聽於僧坊內作之。」（三七九頁下）
【案】「五分」下分三：初，「五分」；二、「今猶」下；三、「問」下。

〔四〕**若先結大界者，當捨已更前結之，然後唱相結大界**　資持卷上二：「『若』下，
明倒結。先結大界者，示忘誤也。當捨者，解二界也。更前結者，即戒場也。
『更』字，去呼，望前重也；亦可平呼，改前倒也。『然後』下，即大界也。」
（二○六頁下）鈔批卷七：「可捨已後結場竟，更結大界。據此文意，同鈔所
執。然與鈔中問答之意不同。此五分文，令捨大界已結場。鈔中即云應『捨已
更結』，即道是捨戒場已更結，豈非錯耶！礪云：令先結大界，後結戒場。以
大界內，令安場故。然此義亦合通成，以結大界，還留戒場及空地故。今鈔不
許者，當部雖無文，五分、母論皆先結，後結大界。今須依彼。」（四二三
頁上）簡正卷六：「『若僧坊中，先結大界竟，別無自然地結戒場如何？』鈔引
律云：『若先結大界者，當捨已更前結之，然後唱相結大界』。法寶云：當捨已
者，謂解卻舊時大界，即並是自然之地。更前結之者，謂前結戒場也。先教一
比丘唱戒場相，一比丘結次，即唱大界內外相。一比丘白二結，但恐向舊日本
界體上結戒場，即成重結，故制令解之。責在於自然地上結之，免有重結之過
耳。（諸家解此段，總錯也。）」（三七九頁下）

〔五〕**毘尼母、善見，亦同此說**　簡正卷六：「『毗尼』等者，彼第二『結界法』中，
亦令先小後大。」（三七九頁下）資持卷上二：「母論第一云：結界法，先結小
界，後結大界。又云：若忘結淨地，解已次第結等。（彼宗大界，不開淨地，
故別結小界，以為淨廚，而結解次第，與今頗同。）善見尋文未獲。後解界
中，引五百問（【案】『間』疑『問』。），文亦同此。」（二○六頁下）鈔批卷
七：「濟云：母論應先結攝食界，次結戒場，後結大界，最後結攝衣界。若欲
解時，先解衣界，次解大界，次解戒場，後解食界。」（四二三頁上）扶桑記
釋「尋文未獲」：「撰兩記時所覽本，有具闕異。」（八○頁上）【案】毘尼母卷
二，八○九頁下。

〔六〕**今猶有人先結大界** 鈔科卷上二：「『今』下，斥非法。」（一八頁下）資持卷上二：「即光師羯磨，彼執緣起，立結次第。故疏云：律文雖有先後，由緣起故，不即因此明結法式。理如五分，不可依人。又壇經云：若先結大界，後結戒場，約何法制，以分兩界？雖預開空域，終是無法之地。鈔中直破，云『不讀』等。」（二〇六頁下）鈔批卷七：「濟云：即礪律師也。亦是相承古人之執也。古人據律文次第，（四二三頁下）文云：以大界內安戒場故。以律中先時未開戒場，先結大界，復有緣開結戒場。戒場（【案】『塲』疑『場』。）之文，乃在於後，古人即謂場是大界之後，不究義意也。緣起雖令大界內安場，蓋是據後結大界遶場，故場居大界內也。若據緣執事者，如飲酒戒，娑伽陀醉臥道上，為俗所『誡』（原注：『誡』疑『譏』。），以為緣起。亦可今房中自飲，應不結提。又如須提那故二為緣，今時起者，豈論新舊？又古人執受日，要先受七日，次半月、後一月者，亦據律文次第。今時約緣來即受，何得論斯次第也？賓云：疏意令先結大界，後方結場，謂作三重標已。先唱大界外相，次唱內相，謂留場及空地等。羯磨結大界已，方集場中結場，非謂遍結大竟，於上結場也。」（四二四頁上）簡正卷六：「斥古之非也。古古：此律無正文，今結時但先大後小，必得。所以爾者，謂佛聽大界內安戒場。又，結戒場文中云此住處故。又，戒場是故開故，具茲三義，故界先場後也。」（三七九頁下）【案】資持釋文中「壇經」，指道宣所撰戒壇圖經。

〔七〕**不讀聖教** 簡正卷六：「今師斥破也。若言律無正文等，此未曾讀五分、母論之文，彼佛制先小後大故。又，詞句中云『住處』者，約為四儀一時之住，（三七九頁下）非開先有大界了，而言此住處也。」（三八〇頁上）

〔八〕**先結大界者，戒場成不** 鈔科卷上二：「『問』下，決成否。」（一八頁下）資持卷上二：「前雖略斥，未定成否，猶恐妄執，須更明示。」（二〇六頁下）簡正卷六：「反問上文，設使今時新結界處，依他古來先結大界，後結場得成不？」（三七九頁下）

〔九〕**五分所明，應捨已更結，故知成也** 資持卷上二：「答文為二。初，明先結得成。文既令捨，即顯結成。所以爾者，唱結無乖故。」（二〇六頁下）簡正卷六：「謂五分文中癈界外戒場，令移歸界內結時，豈不制令捨卻舊日大界，向自然地上，先結壇場，後以大界圍遶？但本意只恐有重結之失。適來古人結界之法，行事之時，先豫留自然地，待結大界了，卻結界場。雖前後有乖，且是自然地上而結，不犯重結之過。下句遂即定（【案】『定』疑『答』。）云『故

知成』也。謂約無重結邊，故得成也。『若爾，何故前來斥古，唯信意言耶？』
下即奪（【案】『奪』疑『答』。）云『但不成後法』等。法寶云：以是違教結
處非法於上受懺等，恐不成就，故須解也。准此，呼受懺，以為後法躕跡，」
（三八〇頁上）

〔一〇〕**但不成後法，故須解之** 資持卷上二：「『但』下，二、明後法不成。所以然者，
違制法故。」（二〇六頁下）鈔批卷七：「立明：『後法』謂有人於中受戒，懺
罪不成也。」（四二四頁上）

〔一一〕**後結戒場者，於中受戒，恐無所獲** 資持卷上二：「『五』下，引證。復二。初，
明故違不成。」（二〇六頁下）簡正卷六：「引五百問論證之。既云恐無所
獲，『恐』者，不定之詞，疑恐不獲。獲，由得也。且戒場是作法之本，既結
時違教，於上作法，疑恐不成。」（三八〇頁上）【案】五百問卷上，九八五
頁下。

〔一二〕**不知同於未制，賴有此路，則通僥倖** 資持卷上二：「『又』下，明不知許成。
言『不知』者，謂秉結之人未闕教故，於後纔知，即不成法。然是愚教，須加
二罪，或可後行受者，不知元結，失於次第，約心許成。『賴』下，示曲開之
意。僥倖者，疏云：非分遇福也。」（二〇六頁下）簡正卷六：「『又云』下，
重釋『得成』。五分雖制先小後大，今但見四分，先結大界，後方開結戒場。
不知五分後制，今可同於未制，先小後大之時，於此場上作法，應得成就？僥
倖者，非分遇福也。五分已制，（三八〇頁上）今若故心違結，即應不成。若
實不知，同於未制之前，於此場上，作法必得。（已上正義了。）若准云記
（原注：『云』疑『玄』。）：將五分律為後法謂不成，五分先小後大，次第之
法也。或依京中瑞聖所解，將戒場為後法。彼釋云：問詞即問戒場，答中將大
界反，答前文云『故知成』也。引（【案】『引』疑『此』。）即定（【案】『定』
疑『答』。）大界得成，但不成後法，戒場不就，舉例由如捨戒。法附中，問
尼何不許再來，答中卻將大僧來一反答，此亦如然。鏡水大德云：『已上兩解
俱不正也。若將戒場及五分為後法者，下行五百問論一段之文，全成無用。』」
（三八〇頁上）鈔批卷七：「羯磨疏云：非分遇福，故曰也。有云：僥者，遇
也；倖者，慶也。應師云：僥倖者，謂非其所當而得之也。小疋云：非分而得，
謂之倖也。欲明先結大界，後結戒場，於中受戒不得。若不知是先結大界後結
場者，事同佛未制前，開得戒也。賴有此不知之路，而開得戒，故曰也。」（四
二四頁上）

〔一三〕**今時結者，多有非法**　鈔科卷上二：「『今』下，總示非法。」（一八頁中）簡
　　　正卷六：「廣列非也。云科為四：初，不集總唱其加非；二、界內通唱非；三、
　　　大界上遙唱戒場非；四、不唱大界內相非也。」（三八〇頁下）

〔一四〕**或將五六人，徑往戒場中，界內不集**　資持卷上二：「『或』下，別示。次列四
　　　種。」（二〇六頁下）鈔批卷七：「即不盡自然集也。」（四二四頁上）簡正卷
　　　四：「謂戒場中，不盡自然六十三步集人。人非也。」（三八〇頁下）

〔一五〕**總唱三相已，具加二種羯磨**　簡正卷六：「事非也。具加大界、戒場二種羯磨，
　　　法非也。總唱三相者，謂將五六人往場中，約其大界、戒場，猶如大界內外相
　　　總一時唱，名總唱也。先唱戒場外相一遍，次唱大界內相一遍，又唱大界外相
　　　一遍。然後總令：此是戒場外相，（三八〇頁下）彼是大界內、外（【案】『外』
　　　後疑脫『相』字。）。一周訖，此是總唱三相也。」（三八一頁上）鈔批卷七：
　　　「立謂：有師行法，便於場中具唱三重相，即結戒場。併於戒場中，即遙結大
　　　大（【案】次『大』疑剩。）界也，故曰具加二重羯磨。」（四二四頁上）

〔一六〕**或有界內，通唱三相已，隨界加法**　資持卷上二：「『界內』即大界，不合通
　　　唱。及下二種，並是事非。」（二〇六頁下）鈔批卷七：「謂有人行法則，時
　　　（原注：『則，時』疑倒。）一時唱三相，是非法也。應須先唱戒場外一相，
　　　即須加其法結之。言隨界加法者，加法雖如，唱相非也，此是自然界內唱也。
　　　立云：其大界還得成，但戒場不成耳。」（四二四頁上）簡正卷六：「界內者，
　　　不同前不集，隨界加法異前也。具如通唱者，先唱戒場三遍訖，次唱大界內
　　　相三遍，後唱大界外相三遍，名為通唱。此即法如，人、事非也。」（三八一
　　　頁上）

〔一七〕**或於大界內遙結**　資持卷上二：「即就場中遙結大界，謂事非也。」（二〇六頁
　　　下）鈔批卷七：「謂有師於大界內，唱三相已，即遙結場也。」（四二四頁下）
　　　簡正卷六：「謂先結大界，於大界內，便遙結戒場了。後於大界內，唱大界時，
　　　唯唱外相，不唱內相。不留空地，即兩界相接也。」（三八一頁上）

〔一八〕**不唱內相**　資持卷上二：「即兩界錯涉也。」（二〇六頁下）

〔一九〕**此等諸濫，結並不成**　資持卷上二：「『此』下，總結。上二句示非。『」（二〇
　　　六頁下）簡正卷六：「『此等』已下，今師都結不成，隨界唱結，方為如法。」
　　　（三八一頁上）鈔批卷七：「以界別故，同結不成。」（四二四頁下）

〔二〇〕**故須當界，各唱各結，方得成就**　資持卷上二：「『『故』下，明是。當界者，
　　　大界、戒場，各自局故。」（二〇六頁下）

〔二一〕明唱相　鈔科卷上二：「『二』下，結戒場。」（一八頁上）資持卷上二：「相及羯磨，皆云小界者。對外大界，在中名小，（二〇六頁下）與下『三小』，名同相別。」（二〇七頁上）【案】「唱相」文分為三：初，「先於」下唱相；二、「羯磨」下；三、「結已」下。

〔二二〕結已，餘僧且坐，應將四五人知法、相者　鈔科卷上二：「『結』下，結已法。」（一八頁中）資持卷上二：「一往且示兩處，界別各不相妨。若準不開說欲，要知界相，理須盡往。」（二〇七頁上）鈔批卷七：「立謂：恐繁勞大眾，故將四五人往結也。若盡往者，彌善。」（四二四頁下）【案】「知法、相」即知法、知相。

〔二三〕先明唱相，有二不同　鈔科卷上二：「初，通示總別。」（一八頁中～下）鈔批卷七：「初謂先唱內相三周，次唱外相三周，後乃總結；二謂別唱內外一周已，隨遍結之。」（四二四頁下）資持卷上二：「『別』即內、外各唱，『總』謂逐遍合唱。若行別唱者，先三唱內相竟，結云：『此是大界內相三周訖』；復次三唱外相竟，結云：『此是大界外相三周訖』；然後通結云：『此是大界內、外相，各三周訖』。不須同下，云『彼此』等，以是別唱無相濫故。雖文出總法，而別唱便易，今宜從別。」（二〇七頁上）【案】「結大界法」，文分為二：初，「先明」下；二、「眾僧」下。

〔二四〕別唱　簡正卷六：「前別唱中，應云：『此為內相，彼為外相，此是大界內外相。』『三周訖』，即總結合。」（三八一頁下）

〔二五〕唯足「內」之一字　資持卷上二：「明加『內、外』二字，而言足一字者，未詳所以。有云：『外』字義通本有，則非加也。」（二〇七頁上）簡正卷六：「問：『據文足『內、外』兩字，何言但足『內』之一字？』一解云：『足』內一字，自簡得『外』字。（不正。）次依玄解云：准光律師，羯磨全牒唱相為緣。若結無場大界時，唱相云『此是大界外相一周訖』。羯磨文中云『僧今於此四方外相內結大界』，至第二結有戒場大界，羯磨亦牒唱相為緣，唱云『此是大界內外相一周』。羯磨文中云『僧今於此內外相內結大界』等。（三八一頁上）今以後雖（【案】『雖』疑『顯』。）前，可不是但足之一字耶？必若但依律文，羯磨理實添兩字也。」（三八一頁下）

〔二六〕若據律文，亦不加字　資持卷上二：「『若據』下，示不須加。以體望相，並是外故。」（二〇七頁上）簡正卷六：「今師意云：但依律本，並不加添，理亦不失。今時有結戒場大界處也，羯磨文無『內』字，便呵者，此無知類也。問：

『前結無場大界中，便向唱相。後結云牒示顯處，恐人寫羯磨於桿上。此結有場大界中，何故作法後出此段耶？』『玄解云：此中無羯磨，後指如上。』或有難云：『雖云無大界羯磨，前來戒場，豈不是羯磨？』『今但製作，取便類前，可知。』」（三八一頁下）

〔二七〕於此四方相內結大界　鈔批卷八：「是義自通也。意云：四方相內引語通也。外相亦是四方之內，內相亦四方之內，是同直言四方相內，則兼二也。何須加『內』字耶？故魏末光律師明解律宗，時當僧望，每望講說，常有千人。後因結界，共他諍此足『內『字之義，諍猶未已。時有新學少年，便出言曰：『若以相望相，相有內外；以體望相，體必相內。』其□（原注：□疑𪗨。）結舌然久，答言：『亦應如此。』故知不用加字。」（四二五頁上）

結三小界法

三門分之〔一〕：

初，明集僧遠近〔二〕者

此由留難故起，不同大界集僧〔三〕，所以佛隨方便，曲開此教。如善見中「七盤陀量」，集僧應得〔四〕。故彼文中「不同意〔五〕」者，對此四分無異也。竝謂蘭若之中〔六〕。必在聚落，文中不開〔七〕。由蘭若迥露，來難易見〔八〕。

二、不豎方相〔九〕者

大界、戒場，義通久固，僧常居止，理須曉明〔一〇〕。此三小界，竝由事起〔一一〕。有難遮作〔一二〕，佛開暫結，更無有相。隨人多少，即為界體〔一三〕。

比人行事，若結小界受戒，多立院限〔一四〕；說戒直坐，自恣圓坐。此二無有外相〔一五〕。此未通知。準如律文，為遮惡比丘故。今猶坐外有界，終不免遮。此三小界，相同一法，竝指「僧集坐處為界內相」〔一六〕。故初云「僧一處集〔一七〕」，中云「爾許比丘集〔一八〕」，後云「諸比丘坐處已滿，齊如是比丘坐處，結小界〔一九〕」。文止在此〔二〇〕，更不言外相。若準僧祇〔二一〕，彼文云：欲捨衣者，至界外〔二二〕；無戒場者，結小界。文云〔二三〕：齊僧坐處外一尋已內，於中作羯磨。此則明文有開，但同戒場之法，非關小界〔二四〕。四分「戒場法」中〔二五〕，亦云「小界」，可即是小界立相也？

若作受戒之法，準律界外問難〔二六〕。若至乞受之時〔二七〕，十人叢

坐〔二八〕前結，足開一人之分〔二九〕。必半身〔三〇〕外界，亦準十誦、善見之文〔三一〕，足成僧數。此是定義〔三二〕。必依昔用〔三三〕，結界不成，作法非務，一生虛受，疑恒鎮心〔三四〕。所謂「無戒滿世」，此言驗矣。廣有廢立，如義鈔中〔三五〕。若論說戒，隨同師善友〔三六〕、下道〔三七〕並坐，令使相近〔三八〕，依法結之。若論自恣〔三九〕，五人已上，圓坐四面，五德在中，四面自恣。此人加用，未必如此，亦隨緣改張〔四〇〕。

次明結法。以事希寡〔四一〕，文存略也。

【校釋】

〔一〕三門分之　簡正卷六：「集僧為一，不豎方相為二，結法為三也。」（三八一頁下）

〔二〕明集僧遠近　資持卷上二：「敘緣彰異。」（二〇七頁上）

〔三〕不同大界集僧　鈔批卷八：「謂大界是無難，五里集僧；今此為難，齊七槃陀，故曰不同大界也。」（四二五頁上）

〔四〕七盤陀量，集僧應得　資持卷上二：「『如』下，二、正示遠近。七盤陀者，如集僧中有難，蘭若唯結三小，請無所疑。」（二〇七頁上）【案】善見卷一七，七九三頁中。

〔五〕不同意　資持卷上二：「『故』下，會同律、論，以明可取。論明『不同意』者，在七盤陀外，得作法事；律云『不同意』者，未出界，（謂在本界。）聽在界外疾疾一處集，結小界受戒。名相相符，故云無異。」（二〇七頁上）鈔批卷八：「立謂，善見論中云：蘭若有難者，齊七槃陀羅集僧。與（【案】『與』疑『對』。）四分但明有難，須結三小界。既有七槃陀之文，今依見論，七槃陀也。其文二，俱是難，故言無異。此解非。羯磨疏云：有人云，並由難事起，未須依界，隨集坐處，即以為定。故引文云『坐處已滿』等。〔此意師令齊坐處集，不用七靈（【案】『靈』疑『槃』。）〕又有師云：引非正量，不可依承，須依律文，不同意承（原注：『承』疑『未』。）出界，疾疾結之。明知恐同自然，故知以界為限。既云有難緣，不比常途，宜用見論七槃陀量集也。以彼文云『不同意』，與此四分一也。今言對四分無異者，善見文中云：蘭若有難分齊，極小方圓，七槃陀羅。（四二五頁上）一槃陀羅，二十八肘。若不同意者，於外得作法事。四分亦云『不同意未出界，疾疾結之』，故曰無異也。濟亦云：對此四分無異者，四分云『不同意』者，於外得作法事，故曰無異。通計七槃，有五十八步四尺八寸。宣問：『如拘睒彌國亦不同和，如何同處別說開

也？』答：『此不同彼。彼則事見兩乖，便非僧義，故開別說。引（【案】『引』
疑『此』。）見同事別，於事不知，得成呵別，故開別結也。』」（四二五頁下）
簡正卷六：「律『說戒法』云『不同意』者，未出本界。本界應同意者，出界
疾疾結之。彼見論云：不同意者，未入我七盤陀界故，二十八肘外，作法與此
不別，故云無異。法寶云：律據未出他本界，論約未入我界。既出入條別，不
合言同。今雖彼此俱是留難，故不異也。」（三八一頁下）【案】四分卷三四，
八一一頁上。

〔六〕竝謂蘭若之中　資持卷上二：「『並』下，三、示結處。」（二〇七頁上）鈔批
卷八：「立謂：聚落中不開難事結小界，謂聚落隱屏、墻壁蔭暎為難。比丘或
隱俗舍，在七槃之內則成別眾，惡比丘來，不得見也。蘭若迴露，未難易見，
故開也。」（四二五頁下）簡正卷六：「准律『受戒小界文』云『無村阿蘭若』，
『說戒小界文』云『無村曠野中』，『自恐小界文』（【案】『恐』疑『忩』。）云
『非村阿練若』，故知定是蘭若。」（三八一頁下）

〔七〕必在聚落，文中不開　簡正卷六：「謂墻壁隱暲故，惡比丘忽來不覺。」（三八
二頁上）

〔八〕由蘭若迴露，來難易見　資持卷上二：「上明開閉。『由』下，釋所以。迴，遠
也。迴故來難，露故易見。聚落反此，不開可會。」（二〇七頁上）簡正卷六：
「文中『難』字，一解作平聲呼，謂惡比丘從彼來極（【案】『極』疑『處』。）
是難，設來亦易見；二云『難』（去呼），不同意人來，為我作唱留難，既是迴
露波者來，時易見也。（兩解俱得。）」（三八二頁上）簡正卷六：「今蘭若無墻
院，隱覆空迴之間，來難易見也。」（三八二頁上）

〔九〕不豎方相　簡正卷六：「謂不豎立四方標相也。」（三八二頁上）資持卷上二：
「正義分二，先敘二界須相。」（二〇七頁上）【案】「不豎方相」，鈔科分文為
三：初，「大界」下；二、「比人」下；三、「若作戒」下。

〔一〇〕大界、戒場，義通久固，僧常居止，理須曉明　簡正卷六：「釋不立方相之理
也。大界及場是久固之法，大界即僧常居止，戒場即作諸受、懺等。要各知分
域，故立三重標相，顯示主客，令知此三小界等。由難曲開，暫時一篇，纔了
便解，何假立相？但隨人多少，即為界體。」（三八二頁上）

〔一一〕此三小界，竝由事起　資持卷上二：「『此』下，正明三小不立。初，約緣顯
無。」（二〇七頁上）

〔一二〕有難遮作　資持卷上二：「『有難』謂不同意，『遮作』即來呵止。」（二〇七頁上）

〔一三〕隨人多少，即為界體　資持卷上二：「『隨』下二句，剋定體量。」（二〇七頁上）鈔批卷八：「謂無標相，用坐處為體，即相即體也。」（四二五頁下）

〔一四〕比人行事，若結小界受戒，多立院限　鈔科卷上二：「『比』下，斥古非。」（一八頁中）資持卷上二：「古義中。彼謂受戒，出眾問難，入眾正受，必在界中，故須立相，餘二不爾，故但隨身。疏引古云：及作受戒相，如熨斗柄，是中問遮是也。」（二〇七頁上）鈔批卷八：「立謂，古師云：此三小界中，若受戒小界，須立院相；若說戒小界、自恣小界，此二不須立院相，須直齊坐處。引（【案】『引』疑『此』。）解並非，今則俱無院限也。濟云：并部舊來不識教者，至受戒時，為他師僧，多於俗人家結小界受戒。亦不齊身結，（四二五頁下）亦不立標，直將腕向前鈎，云齊爾許地結為界，時人呼為『腕鈎界戒』（原注：『戒』疑『界』。）。若新受戒人，來至晉州、同州、蒲州，多被人調弄云：『汝不從彼腕鈎界中而受戒耶？』」（四二六頁上）簡正卷六：「法願律師受戒立相。彼云：受戒，須問遮難，是以一邊立相，由如熨斗柄也；說戒，直坐，開無眾具，維那秉白總無。既不行事，但一直坐，坐外並無相；自恣，圓圓而坐，五德在中，取自恣故。若直坐及蔝坐等，行事不便也。」（三八二頁上）
【案】「比人」下分二：初，「比人」下；二、「此二」下。

〔一五〕此二無有外相　鈔科卷上二：「『此』下，申今破。」（一八頁中～下）【案】「此二」下今師破古，文分為三：初，「此二」下；二、「故初」下；三、「若準僧」下。

〔一六〕此三小界相同一法，並指僧集坐處，為界內相　資持卷上二：「『此』下，示同。明不當異。」（二〇七頁中）簡正卷六：「今師總破也。『既三種俱是約難曲開，何故受戒獨留相？若留相者，不免呵人也。』今師云：『並無外相，皆取僧坐處為界內相也。』」（三八二頁上）

〔一七〕僧一處集　資持卷上二：「引文即三種結法中牒緣文也。『初』即受戒中文。『一處』者，疏云：知無異外也。」（二〇七頁中）鈔批卷八：「即是難事受戒也。」（四二六頁上）

〔一八〕爾許比丘集　資持卷上二：「『中云』，即說戒文。『爾許集者』，疏云：知數人外無界也。」（二〇七頁中）簡正卷六：「證無外相也。……『爾許』，即知人數；臨時，即須言十人、二十人等出法，且道『爾許』也。」（三八二頁下）鈔批卷八：「即難事說戒也。」（四二六頁上）

〔一九〕諸比丘坐處已滿，齊如是比丘坐處，結小界　資持卷上二：「『後』即自恣文。

齊坐處者，疏云：知坐處外非界也。」（二○七頁中）鈔批卷八：「後云『諸比
丘坐處已滿』者，是自恣也。」（四二六頁上）

〔二○〕**文止在此**　資持卷上二：「『文』下，通示。止在此者，謂上三文皆約坐處也。」
（二○七頁中）

〔二一〕**準僧祇**　鈔科卷上二：「『若』下，遮彼濫引。」（一八頁下）資持卷上二：「以
僧祇文是彼所據，故須釋之。文出第八。彼明比丘犯長求懺，以大界難集，
或恐勞僧，故出界作。」（二○七頁中）簡正卷六：「祇第八云：若比丘有過
十日衣，當請諸比丘出界外，若無戒場，應結小界。羯磨文云『僧今於此齊
坐處外一尋內』。此則明文有開，同前戒場之法，非開小界。彼律據大界內集
僧難，故出外結戒場，喚作小界。此因惡比丘留難，出外不得。例他無難。
但為古人迷『小』之一字，錯認其名，致有斯失。今師云：若不信祇呼『場』
為『小界』者，即四分戒場法中，亦諸『戒場』為『小界』，不可是小界立相
耶？」（三八二頁下）鈔批卷八：「立謂是并部願律師，云『小界有標相』。彼
師引僧祇『齊坐處一尋外』作羯磨，據此明知有標相也。今鈔不同之。謂祇
『小界』者，彼律文中為捨懺事，大界僧難集，又無戒場故，開於大界外，別
結小界。事同攝僧大界、戒場之法，以所結小故，名為小界，便立標相結之。
坐外更開一尋，是名小界，不得同前『三小』。今願師濫執，謂是『三小』。
若據『小』名，將為『三小』者，亦可四分呼『戒場』為『小界』，豈即是其
『三小』耶？今斥古師，明不用立相也。」（四二六頁上）【案】僧祇卷八，二
九三頁下。

〔二二〕**至界外**　資持卷上二：「即指戒場以隔自然，故云外也。無場，方出界外別結。」
（二○七頁中）

〔二三〕**文云**　資持卷上二：「即彼結法。彼云：『大德僧聽，若僧時到僧忍聽，僧於此
地』，即接『齊僧』等三句。」（二○七頁中）【案】羯磨文見上注。

〔二四〕**此則明文有開，但同戒場之法，非關小界**　資持卷上二：「『此』下，決破。上
句是縱，下二句即奪。上句指類『戒場』，以名通故。下句顯非『三小』，由非
難故。」（二○七頁中）

〔二五〕**四分「戒場法」中**　資持卷上二：「『四分』下，質彼迷名。」（二○七頁中）

〔二六〕**若作受戒之法，準律界外問難**　鈔科卷上二：「『若』下，顯行事（二）：初，
明受戒；二、『若』下，明說恣。」（一八頁上～中）資持卷上二：「初，出正
義。界外問難，受法明文。」（二○七頁中）簡正卷六：「『適來古人受戒小界，

一邊立相，相內問難。今師癈不許之。未知作法時，今師何處問遮難？』鈔引律文云，准律界外問也。法寶云：雖然文中令界外間遮等，沙彌即在眾僧背後，是界外也。教授師不用出界外，但略迴身者，外喚沙彌近來即得，非謂一向離僧，並出外去。」（三八二頁下）【案】本自然段分二，初「若作受戒」下，次「若論說戒」下。初又分二：初「若作」下；次，「必依」下。

〔二七〕若至乞受之時　簡正卷六：「謂沙彌未入眾時，現在十人，且叢坐貴在面前，並無空地。（三八二頁下）若至乞戒、受戒之時，諸人一時斂膝，為開中間，令空足客（【案】『客』疑『容』。）得一人，禮拜蹴跪之分即得。故羯磨疏云：十人融通，開間納受。」（三八三頁上）

〔二八〕叢坐　資持卷上二：「前後兩邊身相連，及非謂環繞使中空也。」（二〇七頁中）

〔二九〕足開一人之分　鈔批卷八：「濟云：此是鈔家令如此也。謂結界已，師僧促（【案】『促』疑『但』。）勝劣容受者，半分即得。古人立法，亦有令小分齊坐處結。然別開少處，如熨斗柄，欲使受者，（四二六頁上）於中為受。今亦不可。忽有惡人上柄呵之，奈何！」（四二七頁下）資持卷上二：「足，可相容也。疏云：十人融通，開間納取。」（二〇七頁中）

〔三〇〕必半身　資持卷上二：「舉分況全也。」（二〇七頁中）

〔三一〕亦準十誦、善見之文　資持卷上二：「十誦：一比丘一處坐，足四處僧作法，證今半身即成同界。善見未詳何文。」（二〇七頁中）

〔三二〕此是定義　資持卷上二：「疏云：如斯行事，內準佛教，外約凡訶，僧有授法之功，前無虛受之願，可也。」（二〇七頁中）簡正卷六：「羯磨疏云：內准佛教，外約凡可（【案】『可』疑『訶』。），僧有授法之功，前無虛受之願，故是定義也。」（三八三頁上）

〔三三〕必依昔用　資持卷上二：「『必』下，二、斥非法。」（二〇七頁中）簡正卷六：「明古人行事留相者，當初結時便不成，更不論作非法是非也。」（三八三頁上）

〔三四〕鎮心　資持卷上二：「鎮，壓也。」（二〇七頁中）

〔三五〕如義鈔中　簡正卷六：「疏中廣有問答。非急要，不敘說也。」（三八三頁上）資持卷上二：「下指義鈔，文逸。今見業疏，破立頗詳。」（二〇七頁中）

〔三六〕隨同師善友　資持卷上二：「非不同意也。」（二〇七頁中）簡正卷六：「今師准律明也。」（三八三頁下）

〔三七〕**下道** 資持卷上二：「道路之下，即蘭若也。」（二〇七頁中）

〔三八〕**令使相近** 資持卷上二：「必有空間，非一界也。」（二〇七頁中）

〔三九〕**若論自恣** 簡正卷六：「自恣是古人之義也。」（三八三頁上）

〔四〇〕**此人加用，未必如此，亦隨緣改張** 資持卷上二：「『此』下，雙結。不可必固。」（二〇七頁中）簡正卷六：「今師云：自恣未必一定圓坐，說戒未必一向直坐，亦隨緣改張。或地多蕀刺，或處多泥濕，不可圓坐，但得直坐。或蘿坐說戒，亦准此一切臨事制儀，改張坐法等。靈山記云：說戒開無眾具，即臨時改張，得。若自恣直坐等，五德何處行事不可？既一例直坐人前，後總是界外，不可向界外取自恣。（三八三頁上）若面前留相，又不免呵，故須依古圓坐也。今衣不然，其二『五德』，相間而坐，行事之時，不須更起。但略迴身左右，遂近而取自恣，有何不得？」（三八三頁下）鈔批卷八：「謂難事自恣，要令圓坐者，此乃人語，未必須然。古師意言，故名『人加用』也。」（四二六頁下）扶桑記引朱熹注四書釋「必固」：「必，期必也；固，執滯也。」（八一頁下）

〔四一〕**以事希寡** 資持卷上二：「非鈔意也。今略引之。說戒文云：『大德僧聽，今有爾許比丘集，若僧時到僧忍聽，結小界，白如是。』羯磨準知。（餘二緣相，如前已引。）」（二〇七頁中）簡正卷六：「謂理今書羯磨文，但為時希故，恐繁桼墨，故削略也。白云：『大德僧聽，僧集此處結小界。若僧時到僧忍聽，結小界，白如是。』羯磨例解。（云云。）問：『結三小界，為直爾秉羯磨結成，為亦須唱相？』南山羯磨疏不見商量此事。若依相部，並須唱相。雖不別立四標，亦據比丘集處身外邊，依常唱之『東南為首』等。或依東塔云，不用但加法便結成也。天台所稟座主云：東塔為正律文。並不令唱相，羯磨文中，又不牒唱相，不合妄穿鑿。」（三八三頁下）【案】此句為「三、結三小界」之結語，與「二、不豎方相者」同一層級。

餘有三種界別〔一〕：

一、別說戒、別利養，欲同說戒、同利養〔二〕。二、別說戒、別利養，欲同說戒、別利養〔三〕。三、別說戒、別利養，欲同利養、別說戒〔四〕。

為守護住處故，此四方僧物唱和法〔五〕也。佛並開結。末代之中，此法殆盡〔六〕。必若合寺有緣濟乏〔七〕，並須白二和僧送之。不得直爾與他，以僧物不得出界〔八〕。

【校釋】

〔一〕**餘有三種界別**　簡正卷六：「餘，外也。除人、法二同界外，曰餘也。」（三八三頁下）鈔批卷八：「立謂：上來所明，唯是人、法二同之界，但是當界內自同耳。今此已下，更有三界，與上有異，今重明之，故曰『餘有』也。礪云，大界有四，或時稱三種者：一、是『人法二同界』，謂別說戒、別利養，但是當界內自同耳，今時常途者是。二者，『法食二同界』，謂先是二界：一有法無食，一有食無法，今各解共結，同說同利，或名合二法食同。三、『法同食別界』，謂先有二界，法食各別，今各解共結，同說別利，亦名合二唯法同。四、『食同法別』，亦謂『二界各別』，今則別說戒、同利養，亦名『二單食同』。此後一界，無結解之事，直謂守護住處，白二作法結之，使食通。彼羯磨文似如結界法。然不唱標相，亦不牒標相。准理而論，不合名界。但數為四者，以同是結法，故相從為界名；或時數大界唯三者，正不論此後者也。有人云：合前二，為取後足成三者，非釋也。」（四二六頁下）【案】「餘三種界」文分二：初，明三種界別；二、「為守」下，釋第三。

〔二〕**別說戒、別利養，欲同說戒、同利養**　資持卷上二：「初謂：一處有食無法，一處有法無食。（二〇七頁中）各解同結，自他相濟，名為『法食二同界』。」（二〇七頁下）簡正卷六：「法寶云，謂律緣中有二住處：一住處，但有法而無食；一住處，雖有食而無法。彼此互缺，有食處悕須於法濟神，有法處欲求食以濟身。佛言：各解自界，同集一處，白二結云（【案】『云』疑『之』。）不得傳欲先唱云相，（三八三頁下）後加法也。（已上律文。）疏文不更繁引也。玄記說義理不出，但空引疏文，如何令後會解？」（三八四頁上）鈔批卷八：「此名『法食二同界』，即上礪釋第二者是也。初既二別，後欲二同者，以法食缺互，今則互須，取法濟心之方，取食濟形之術，心形即道之具，機至何教不通？故佛聽之，各解同結。」（四二七頁上）【案】四分卷三五，八二〇頁上～下。

〔三〕**別說戒、別利養，欲同說戒、別利養**　資持卷上二：「二俱有食，一處有法，名法同食別界。（此二并上『人法二同』，即三種大界。）」（二〇七頁下）簡正卷六：「律中亦約二住處說：一住處法食俱有，一住處但有食無法。其無法處，欲同此界共說。佛言：各解，共白二結之。羯磨疏云：彼此一住無法，出家慧命修迎，法義成立，依因此也。（上疏文。）」（三八四頁上）鈔批卷八：「此『法同食別界』，即上礪釋第三者是也。由彼此利豐，一住無法。出家所為，

以法為先，慧命將近，法身成立，必因此也。故佛聽之。」（四二七頁上）

〔四〕別說戒、別利養，欲同利養、別說戒　資持卷上二：「二俱有法，一處無食，
　　名食同法別界。」（二○七頁下）簡正卷六：「律云：謂二住處，一即法食俱
　　有，一即有法無食。今欲須食資形，若法本界自有。佛言：聽白二結之，彼此
　　同食。有人云『引（【案】『引』疑『此』。）界亦須各解同結，號曰食同法別』
　　者，此釋猛浪。必計未曾尋究律文。律中，佛言『聽白二結』，不言『各解同
　　結』，亦不云『唱相』，但加白二，結二住處，何得妄解聖言？既二界各自攝
　　僧，別之說戒，不犯破羯磨僧及別眾之罪，唯食供共同，不得云各解本界，故
　　羯磨疏中名為『單食同』也。又，疏云：此僧制也，本非結界，因前同別，故
　　有事來。四方僧資，屬處已定，若作僧法，云聽用之。（上疏文。）鈔自釋云：
　　為守護住處，唱和法也。東塔與鈔、疏意不別。」（三八四頁上）鈔批卷八：
　　「此名『食同法別界』，即礪釋第四者是也。此無解法，但是和僧送食，給濟
　　他處。」（四二七頁上）

〔五〕為守護住處故，此四方僧物唱和法　資持卷上二：「『為』下，別釋第三。初，
　　示開意。言守護者，不令彼處僧散、寺廢故。四方唱和者，顯非結界。而前標
　　云『三種界』者，以利養相通，義同一界。下云開結，意亦同之。疏云：本非
　　結界，因前同別，故有事來。」（二○七頁下）

〔六〕末代之中，此法殆盡　簡正卷六：「『佛並』已下，結文也。殆，危也，鄭玄云
　　畿也。幾，由近也。」（三八四頁上）資持卷上二：「『末』下，傷今不行。殆，
　　將也。」（二○七頁下）鈔批卷八：「殆，由免也，滅也，將也。毛詩云殆也，
　　廣述云：殆者，敗也。」（四二七頁上）

〔七〕必若合寺有緣濟乏　資持卷上二：「『必』下，勸令遵奉。」（二○七頁下）簡
　　正卷六：「合寺者，合一寺徒眾。有濟乏緣，亦須作法，不得直爾。若不和，
　　輒與僧別，同是盜攝也。玄記更有一釋：合寺是前二也，有緣濟乏是後一。此
　　不及前。」（三八四頁下）

〔八〕以僧物不得出界　正源記卷三：「四方僧資，局處已定。不作僧法，理無輒分。
　　要須通和方得出界。」（二七六頁下）

次明解界法〔一〕

先解無戒場者。

僧集已，問欲取和已，解言：「大德僧聽：此住處比丘，同一住處，
同一說戒。若僧時到，僧忍聽，解界。白如是。大德僧聽：此住處比丘，

同一住處，同一說戒。今解界。誰諸長老忍『僧同一住處同一說戒解界』者默然。誰不忍者說。僧已忍，聽『同一住處〔二〕，同一說戒解界』竟。僧忍默然故，是事如是持。」

若有戒場者。

先解大界〔三〕。卻解戒場，此是常準。

上座問答，一一隨有單牒，不同「受戒」，一答得作多法〔四〕。彼由同界故得，此中不開。為中隔自然，兩界各別，作法不通。若作法，同前而解〔五〕。

次解戒場。應在相內，不得在大界遙解〔六〕。律無正法〔七〕。舊羯磨中，用「大界法」解之，唯稱「大」「小」為別〔八〕。今不同之。戒場不許說戒，何得牒解〔九〕？今準「難事界」，但翻「結」為「解」〔一〇〕，理通文順〔一一〕。文云：「大德僧聽：僧今在此處解戒場。若僧時到，僧忍聽。解戒場。白如是。大德僧聽：僧於此處解戒場。誰諸長老忍『僧集此處解戒場』者默然。誰不忍者說，僧已忍『解戒場』竟。僧忍默然故，是事如是持。」善見云：戒場上不得立房〔一二〕。縱使王立〔一三〕，有慚愧比丘剗壞〔一四〕，餘材草送住寺比丘〔一五〕；唯置佛殿及樹木〔一六〕也。外國戒場，多在露地，如世祭壇郊祀之所〔一七〕，故律中或名「戒壇」〔一八〕。五百問中〔一九〕：受戒值天雨，若移戒場屋下者，先解大界，更結戒場及結大界，方得。

解三小界，同前結法〔二〇〕。

【校釋】

〔一〕明解界法　簡正卷六：「謂前來辨四位緣成已知，然四位總有解法未委，故次辨也。明知前未（【案】『未』疑『末』。）開章處，鈔云『就中分二』，即就四位中分二：先明四位緣成，後說四位結解。今此豈非第二段解法耶？此是鈔文血脈不斷處，須如此委知。」（三八四頁下）【案】「解界法」分三，分「無場大界」、「有場大界」和「三小界」。

〔二〕聽同一住處　資持卷上二：「『聽』字或存或去，諍論紛紜。然非是綱，去之無在。比諸羯磨，並無此言，疑是律文傳寫之誤。」（二〇七頁下）

〔三〕先解大界　鈔批卷八：「立明：如著衣服，著則先內後外，此喻結時也。脫則先外後內，喻解界時也。」（四二七頁上）資持卷上二：「初示先後，反前結法。解大界中。初明問答，恐謂兩解妄行通答故。又，準注羯磨，結解二法，

不得通答，以解在法地、結依自然故。必依次解人、衣、食、界，理得通答。」
（二〇七頁下）【案】解「有場大界」，文分為二：初，「先解」下；二，「上
座」下。

〔四〕上座問答，一一隨有單牒，不同「受戒」，一答得作多法　鈔科卷上二：「『上』
下，明解法。初，解大界。」（一八頁中～一九頁中）簡正卷六：「以解大界戒
場，不得雙答，應一問答。待後向戒場中，更斬新問答。不同受戒，同一界
故，一法（【案】『法』鈔作『答』。）得作多法。」（三八四頁下）【案】「上座」
下分二：初，「上座」下；二，「次解」下。

〔五〕若作法，同前而解　資持卷上二：「『若』下，即指前解，無別法故。」（二〇
七頁下）簡正卷六：「作羯磨法，指同前來解無場大界文句一准也。」（三八四
頁下）

〔六〕應在相內，不得在大界遙解　資持卷上二：「示解處者，絕濫行故。」（二〇七
頁下）【案】「解戒場」文分為二：初，「應在」下；二、「律無」下。

〔七〕律無正法　鈔科卷上二：「『律』下，明解法。」（一八頁下）資持卷上二：「傳
譯脫漏故。」（二〇七頁下）【案】「律無」下分三：初「舊羯」下；次，「文云」
下；三、「善見」下。

〔八〕舊羯磨中，用「大界法」解之，唯稱「大」「小」為別　鈔科卷上二：「廢古
法。」（一八頁下）資持卷上二：「『舊』下引古疏，指光師。曇諦本亦然。」
（二〇七頁下）鈔批卷八：「此是光律師行事也。所以者，羯磨疏云：故光師
出羯磨文。子注云：此一羯磨，通解二界，隨其大小，更無偏局。」（四二七
頁上）扶桑記引資行釋「曇諦本亦然」：「今大藏中光本無，諦本有之。諦本注
云：解戒場唯除同說戒為異云云。『若爾，何難破乎？』」（八二頁上）答：『實
雖除二，同言以大界解羯磨解，故斥之歟！』」（八二頁下）

〔九〕戒場不許說戒，何得牒解　鈔批卷八：「此明古師用解大界之文將解戒場，（四
二七頁上）今不同此解。大界文中，同一住處，同一說戒。今戒場本不許說
戒，何得用彼文也？」（四二七頁下）

〔一〇〕今準「難事界」，但翻「結」為「解」　鈔批卷八：「謂三小界翻『結』為『解』。
今准此義，欲解戒場，但翻『結』為『解』，即得也。」（四二七頁下）資持卷
上二：「『今準』下，顯正。準難事者，即小界也。『若爾，與他師何異？』『彼
用解法之文，今準相翻之義，故不同也。』」（二〇七頁下）

〔一一〕理通文順　簡正卷六：「今師將『小界』翻『結』成界，今戒場准此，亦翻『結』

為界，故曰理通。又，無住處之詞，順於戒場之文，故云文順也。」（三八五頁上）鈔批卷八：「於理亦通，於律文亦不違也。」（四二七頁下）

〔一二〕戒場不得立房　鈔科卷上二：「『善』下，示雜相。」（一九頁下）資持卷上二：「善見前明非僧住處。」（二〇七頁下）簡正卷六：「謂證上來戒場，不許僧住也。」（三八五頁上）鈔批卷八：「撿彼論云：有勢力王於戒場上立房，名為難房，應令莫於此作，妨我布薩、自恣等。若三語不止者，有慚愧比丘，剗壞此房，唯置佛殿及菩提樹，壞已勿用。次第舉置，遣送與住比丘。（看彼文意，應是同於妨難起房。）」（四二七頁下）【案】善見卷八，七二八頁中

〔一三〕縱使王立　簡正卷六：「謂比丘是國王、門師所重者，東寺、西寺住王，與向場上造房院也。」（三八五頁上）

〔一四〕有慚愧比丘剗壞　資持卷上二：「剗，『他歷』反，解也。壞，音『怪』，毀也。」（二〇七頁下）簡正卷六：「『他歷』反，摘也。知比丘三諫不肯者，白王，王又不許，即別壞劫。」（三八五頁上）

〔一五〕餘材草送住寺比丘　簡正卷六：「法寶云：送比丘住寺，或東寺住，即返往彼西寺准同也，唯置佛殿等。」（三八五頁上）

〔一六〕唯置佛殿及樹木　簡正卷六：「大德引戒壇經云：此是法住之處，非之（【案】『之』疑『人』。）所居之宅，兩位別也。寶云：戒場合在大界內，適來何以約東西寺比丘，於上立房，剗壞了材草，返比丘所住之寺耶？可引鈔答云『外固（【案】「固」疑「國」。）戒場多在露地』等。（云云。）西天戒場多在野外露處，無屋字蓋之。」（三八五頁上）

〔一七〕外國戒場，多在露地，如世祭壇郊祀之所　資持卷上二：「『外』下，明立場處。如祭壇者，亦如宮觀醮壇。」（二〇七頁下）鈔批卷八：「立明：如國家有郊壇，在國南七里，於中祭祀天神，名曰郊壇。去城七里曰郊，二七里曰坰（『古螢』反），三七里曰林，四七里曰野。爾疋云：邑外謂之郊。周禮：以宅田任近郊之地。鄭玄曰，司馬法云：王國百里曰郊，二百里為州，三百里曰野。儒生曰：郊者，交也，謂小國諸候來躬（原注：『躬』疑『聘』。），則國中大臣出迎，至此交接也，去國百里。文解：南郊祭天，北郊祭地，以於中祭，與天交接也。」（四二八頁上）

〔一八〕律中或名「戒壇」　鈔批卷八：「西國有北天烏場國，亦曰烏纏國，立戒壇高一丈四尺，有三級，大如法也。對此可明。清官之壇，南山積香泥水際而上為之也。」（四二七頁下～四二八頁上）簡正卷六：「問：『壇與場何別？』寶云：

『平坦曰場。如戰場、毬場之類；高曰壇，於地面上築基漫上，如今時宮觀內道流作法處相似也。』」（三八五頁上）

〔一九〕五百問中　簡正卷六：「五百問論等，證上戒場多在露地。因便相從，明結前後。』」（三八五頁上）

〔二〇〕解三小界，同前結法　鈔批卷八：「翻『結』為『解』也。」（四二八頁上）資持卷上二：「言同前者，亦事希也。今略出之。文云：今有爾許比丘集解此處小界。」（二〇七頁下）

三、明法起有無〔一〕

有言：「法起由作善法〔二〕，即發『善無作』，屬『善行陰〔三〕』攝。」此「善法」與「處」相應，徧標相內，皆有法起〔四〕。非謂「善法」與「無記地」連〔五〕，非不相及〔六〕。

善見云：依相結已，後失界相〔七〕；若人掘地至水際〔八〕，亦不失界；乃至於上起三重屋〔九〕，皆同一界。若有石山，上廣下狹，於上結界〔一〇〕，山巖下僧，不妨上法〔一一〕。以界是色法，隨處廣狹〔一二〕，下入地也。故文云〔一三〕：若結已，水蕩成坑，雖有水流，於中豎閣，在上作法者，皆得〔一四〕。準此多文，法起何疑！

昔云：「無有法起〔一五〕。」文云〔一六〕：云何界現前？作羯磨唱制限者是〔一七〕。此謂加法之所，不論法起有無〔一八〕。薩婆多云：以界威力故，善神所護〔一九〕。如前五分所明〔二〇〕。小法滅盡經云〔二一〕：劫火起時〔二二〕，曾作伽藍所，不為火焚，乃至金剛界為土臺〔二三〕也。

【校釋】

〔一〕法起有無　資持卷上二：「古有異說，準教詳定，故取前解。」（二〇七頁下）簡正卷六：「『法』謂不思議善無表也。起者，生起。未審唱結竟，有其無表法，生起現行不？若生起即有，不生起即無。兩師解說不定。今且標起，故云法起有無也。」（三八五頁下）【案】「法起有無」文分為二：初，「有言」下；二、「昔云」下。

〔二〕法起由作善法　鈔科卷上二：「初，取有法解。」（一九頁下）資持卷上二：「初師。立理中。前明法起所以。（二〇七頁下）『作』及『無作』，二法相待，安得有『作』而無『無作』耶？」（二〇八頁上）簡正卷六：「首律師解也。今師宗他。由作善法者，正釋也。謂秉宣白二之法，故云善法。即發『善無作』者，謂從眾僧心中發得『善無作』。問：『心有於四種，今發善無作，何心攝

耶？』文中釋云：『屬行陰攝也，即善行心，有造作義故。』」（三八五頁下）
鈔批卷八：「立云：若作惡事，發『惡無作』，今結界是作善法，故發『善無
作』也。」（四二八頁上）

〔三〕善行陰　鈔批卷八：「立明：五陰之中，前三無記，至行心是有記，能成善惡
業因。今此結界之法，是善業也，是善行心。由善行心故，發得無記之地，有
善法起也。問：『地是無記，何得發於有記之善？』答：『地雖無記，不知善
惡，由心有記，加其善法，被無記之地，能令此地有善法起。』」（四二八頁
上）資持卷上二：「五陰攝法，此既造作，故屬行陰；行通三性，此屬善性，
行即是心，心動成業。故疏云：然初結處，非心不起，地是依報，何得不從？
隨心業力，有法依地等。」（二〇八頁上）

〔四〕徧標相內，皆有法起　資持卷上二：「『此』下，明遍處。」（二〇八頁上）簡
正卷六：「謂眾僧起能緣善行心，緣他標相，處所緣境。眾心緣彼標相，唱人
口中，一一分明，牒唱心中。又，乃遍緣秉法竟時，遍標內並有善無表生起
也。問：『准論說，無表法須依有情表業引起。今地是非情，何得有無表依此
生起？』法寶釋云：『人是有情，秉法專意，只為加此非情。其處雖是非情，
良由我有情心上引起。如法持衣，（三八五頁下）衣亦是非情。比丘加法成
就，只為此三衣。從對首之後，一生已來，此衣上恒有善無表法，後得相續。
此亦如然，豈非高例？』外難曰：『且持衣之法，人死衣法亦無。今結界法，
既與彼是同結界，比丘若命終，其界法亦應須謝不？』答：『不然。持衣但為
自己。己身既謝，其法不在。結界為僧，僧遍法界，而無有盡。作法之人雖
滅，為僧之義不無，所以法在。搜玄諸記，並意同也。』『雖有此釋，未免有
妨，只如劫火起時，壞有情世間。此時法界內既已盡，其結界處，無表謝不？
若言法謝，即違後文；若言不謝，即乖前義？』有人救云：『此界雖則無人，
他方聖人遙任（【案】『任』疑『住』。）持故不失。（此解未有理也。）今云：
原結界時，標心為僧，僧通現未，至於劫大壞盡，雖見在無僧相續，然未來僧
義不無。既不作法及與捨心，其法冥然不謝。思之。受隨為宗，（有漸頓失；）
三、光師，止惡為宗，（結有心惡，莫有止善否；）四、遠師，教行為宗，（有
濫餘二藏故；）五、首師，因果為宗，（亦相違故；）六、通師，並不立宗，
（無所歸故；）七、礪師，戒學為宗；八、南山，以戒為宗；九、素師，戒行
為宗。』問：『前來既云善法與處相應，遍標相內有法起者，且地是無記，（三
八六頁上）即善法元來與無記地相連可引也？』（三八六頁上）答：『釋云：非

謂善法與無記他（【案】『他』疑『地』。）連，如**斷**去其土，界法儼然，即知不與無記地連也。』更難：『若不相連，此法與地應不相及？』鈔答云：『非不相及，如卻填土即界也。大德舉喻，如明孔中月，影在地面上。若人掘連掘除土時，其法便失。若言不及地填了，不合更存。故知不可尅定也。』」（三八六頁下）

〔五〕非謂「善法」與「無記地」連　資持卷上二：「『非』下，示法體不與。地連者，色及非色、記與無記，性不合故。」（二〇八頁上）鈔批卷八：「羯磨疏云：何是無記？非情所收。然結界處，非心不起，地是依報。濟云：眾生感報此而住，謂地是眾生所依之處。如善心招淨國，惡業感穢土，豈非地是依報耶？乃至衣食利養，皆依報所攝，何得隨心業力，有法依地？故遍標內，皆有業力。即如五分、多論：以界威力故，善神所護也。」（四二八頁上）

〔六〕非不相及　資持卷上二：「界是色法，業依色起故。」（二〇八頁上）鈔批卷八：「有云明相及也。立謂：舉喻如水波，離水無波，離破（【案】『破』疑『波』。）無水。水以濕為性，波以動為性。其性雖別，終要相依。亦如『報色』與『方便色』，不一不離。鼓動之時，名方便色，異熟之身，名為報色。方便不自起，依報色而動，名『方便色』；報無別體，還是身口所運動者，說為『報色』。既相依而立，不可說為二也。然方便通三性，『報色』唯無記，故不可說為一也，終要相依相藉。然今善法要必依地，地雖非記，但由僧善作法故，齊標內有善法起。離此標外，則無善法。其由波性與水性，二性雖不同，乃得相合。我亦地性，雖無記，何妨與有記之善共合？故曰非不相及。」（四二八頁下）

〔七〕依相結已，後失界相　資持卷上二：「此引前後二段。前段又二：初至『一界』來，證上不與地連，以掘去本土，亦不失故。於上起屋，別加外物，亦同界故。」（二〇八頁上）簡正卷六：「依相者，依標相也。失相者，不知分齊處所也。如古往結界處，今人不知，無桿牓記錄等。其相雖失，法不壞也；掘至水際亦不失。於上起三重屋，雖是樓臺，並同一作法界。」（三八六頁下）

〔八〕水際　資持卷上二：「土輪下是金輪，金下水輪，水下風輪，風外即是虛空。法極金輪，故言水際。以界依堅處，水相浮蕩，非本期故。」（二〇八頁上）扶桑記：「濟緣：『水相虛浮，界須際畔，要期結地，金屬地收，水非所期，故法不到。』又云：『巖下比丘，由非同界，故不相妨。』」（八二頁下）

〔九〕三重屋　簡正卷六：「且言三重，據理而論，不限多少，總是一界故。」（三八

六頁下）資持卷上二：「且舉一相，多層亦然。彼文正作起三層樓，變其語耳。」
（二〇八頁上）

〔一〇〕若有石山，上廣下狹，於上結界　資持卷上二：「『若』下，證上非不相及。
初，是論文。」（二〇八頁上）簡正卷六：「此是山巖界也。諸釋不同，今且
依法寶申於正解。上廣下狹者，如上面廣五丈，下狹但二丈，今僧在山上面廣
處作法界者，一切臨時制量。上面廣處，總要結取五丈亦得，或但結三丈並
得。若下二丈狹處，即須依准，不得咸（【案】『咸』疑『減』。）之。」（三八
六頁下）

〔一一〕山巖下僧，不妨上法　簡正卷六：「謂上面雖廣，下有比丘不妨，無別眾過，
是界外也。」（三八六頁下）

〔一二〕以界是色法，隨處廣狹　簡正卷六：「界是色法，隨處廣狹者，恐人疑云：山
既廣五丈，其相如出生盤，下狹二丈，（三八六頁下）由似生臺之柱。今比丘
既在山下，上面既闊，覆於地下，應有別眾。是以釋云：界是色法，隨彼形質，
不是從上懸空而下，何得別眾？下入地者，下狹二丈，隨下狹處，直入地際二
丈，總是有法之地也。法體（【案】『體』疑『寶』。）又引義鈔問云：『如巖身
裏空，或比丘在中，別眾不？』答：『是別非足。』更問：『或雖在內運，通在
空中，別眾不？』答：『亦成別。』（已上正解，因便問答。）或依淮南記：約
三面懸、一面連，山上廣三丈。依上三丈，下漸漸小，亦依下小處入地也。（此
解亦得。）乾素闍梨云：上廣三丈、下二丈，縱是上廣處，亦只尅取二丈已下
面齊等。若依上面廣處者，界法不可懸空而下。若隨山下者，至地應大地也。
大德云：據此說，恐未審得文意。夫唱法隨人心所，巡歷處大小一切，隨心緣
持，何處至地？總遍大地，無此道理。」（三八七頁上）資持卷上二：「『以』
下，即鈔家釋意。上句示界體，標相限域，為眼所對，故互不相通，是障礙故。
界具二義，故云色法。（有將『法』字在下讀，反成破句。）」（二〇八頁上）

〔一三〕故文云　資持卷上二：「『故』下，次引後段。亦明處毀法存，證成有法。」（二
〇八頁下）簡正卷六：「『故云』等者，通證法起也。若無法起，空中豎閣，閣
上作法，應不合得耶。（云云。）」（三八七頁上）

〔一四〕雖有水流，於中豎閣，在上作法者，皆得　資持卷上二：「『水流』字下，略知
其處所一句。論本具之，則顯不知不可作法。」（二〇八頁上）

〔一五〕無有法起　鈔科卷上二：「『昔』下，貶無法解。」（一九頁下）資持卷上二：
「貶無法中，分三。初，出彼計。業疏引云：謂『能作』是情，『所為』非情。

何有法起，誰領繫者？故知但是約界集處，仍引文據，如鈔所示。」（二○八頁上）簡正卷六：「古師云：結界了，標相內地上無善起故。」（三八七頁上）鈔批卷八：「即羯磨疏中『有人言』是礪律師也，立云願律師也。撿礪羯磨疏云：昔解准善見論，似有法起，今釋不然。如行者造業，發生無作，與行者心俱，謂於心邊有得可得，故有業也。『今此結界，非別所為，能作是情，所為非情，何有法起？誰領繫者？』賓述此意云：『凡言無表，是身語業，豈得無情成就無表？』『若爾，善見如何會釋？』答：『此是制限之內，非謂法起，但是約界集處，即引律文滅諍犍度中。』」（四二八頁下）

〔一六〕文云　簡正卷六：「『文云』下，古師自引證無也。」（三八七頁下）資持卷上二：「此即滅諍中五『現前文』。彼云：云何法現前？所持法滅諍者是；云何毘尼現前？所持毘尼滅諍者是；云何人現前？言議往返者是；云何僧現前？應來者來等是。」（二○八頁上）【案】四分卷四七，九一七頁上。

〔一七〕云何界現前，作羯磨唱制限者是　簡正卷六：「滅諍犍度云：何名界現前？謂在內作羯磨唱制限是也。（三八七頁上）意道但是秉法唱，此以為制限處，有何法依地起耶？」（三八七頁下）鈔批卷八：「謂是作法之處，簡異自然，無別法起，如是類知衣藥等界。但是曾經作法，得無罪累，非是有法起。此舉衣、藥、鉢等者，賓云：物體之上，雖無無表，其作法人身中，亦起持戒無表。結界亦爾。所結之地，雖無無表，其作法人身中，亦起結界功德無表色也。」（四二九頁上）

〔一八〕此謂加法之所，不論法起有無　資持卷上二：「『此』下，點彼誤解。」（二○八頁上）簡正卷六：「今師云：適來引文律（【案】『文律』疑『律文』。）為據，即云無法起者，自是未達文二日（【案】『二日』疑『意』。）耳。此律文中，且說加法之所，未論量法起有無，不可引此為證。」（三八七頁下）

〔一九〕以界威力故，善神所護　資持卷上二：「『薩』下，引文質非。婆論、五分，並明界功。非人不惱，豈非有法？前料簡中備引，故略指之。」（二○八頁上）簡正卷六：「引薩婆多意，亦是證有法起。若言無善神，亦無所護也。」（三八七頁下）

〔二○〕如前五分所明　鈔批卷八：「謂如前結大界中，多論及五分結取村，善神所護。引此文證，知有法起。若無法起，善神那護？」（四二九頁上）簡正卷六：「指前文白衣新作堂舍，請僧布薩，或為非人惱等。上為證有法也。」（三八七頁下）

〔二一〕小法滅盡經云　簡正卷六:「玄云在疑偽收。大德云不然,若是疑偽,鈔主不引也。」(三八七頁下)

〔二二〕劫火起時　鈔批卷八:「深云:此鈔明不為劫火燒者,此明小劫也。若大劫時,天地洞然,此非言限。今此且明小劫火也。一大劫中,有八十小劫:謂二十小劫成,二十小劫住,二十小劫壞,二十小劫空。」(四二九頁上)

〔二三〕金剛界為土臺　資持卷上二:「土臺者,謂無作業相,(二〇八頁上)天眼所見。壇經云:結界之地,隨其限域至金剛輪,雖經劫壞,終焉莫毀等。」(二〇八頁中)鈔批卷八:「立明:地行夜叉鬼,行於地中,猶鳥飛空。若至曾結界處,不能得進。由結界竟,至金剛輪際,有善法起故也。至此可引感通傳中明戒場力事。」(四二九頁上)簡正卷六:「或有斥云:小法滅盡,天地未然,大劫壞時,天地皆盡,何有土臺?玄記通云:經名小劫,說大劫事。縱大火起,天地洞然,結界之地不焚。何恠?若依淮南,約由漸說:金剛界若未壞,土臺可存;若壞金剛,土臺亦壞。設土臺壞,無表在空,不可言壞故。戒壇經:天竺印土咸有聖蹤,並經多劫,于今現在。」(三八七頁下)【案】資持釋文中「壇經」,指戒壇圖經。

　　四、明結處非法、失不〔一〕之相

　　初中所明,前已具述,恐有迷忘〔二〕:謂兩界相接,中無自然,共相錯涉〔三〕;隔水無橋;或不捨本界而重結之。及界不盡集;羯磨不成;方相不練〔四〕。竝非結法。五分云:不唱方相,不成結界〔五〕。

　　言失不者。

　　一、謂決意棄捨〔六〕

　　十誦云:諸比丘捨僧坊去,作念不還,是名捨界〔七〕。智論云:一宿棄捨,則無有界〔八〕。

　　問:「前善見中,竝言『不失』〔九〕者?」答:「彼不作永捨心,故不失〔一〇〕也。此云『失』者,作不還意,有捨界心,故失〔一一〕。文中〔一二〕皆言『棄捨』故也。四分中,『治故伽藍,不失淨地〔一三〕』,又云『若疑,應解已更結』。故知界在〔一四〕。」

　　若作法捨,衣、食、人界,三種俱捨〔一五〕。

　　二、明不失

　　略述五種〔一六〕:一、非法惡心,解者不失;律云:惡心解淨地不成〔一七〕。例準〔一八〕。二、僧尼互結〔一九〕,善見云:比丘於尼界上結界,

不失；尼同得成。三、<u>中</u>、<u>邊</u>不相解語，亦互重結〔二〇〕。四、失界相，如善見中〔二一〕。五、空本處〔二二〕。

　　五百問云：大僧與尼通結，得，不得相叉〔二三〕。

【校釋】

〔一〕失不　簡正卷六：「『失』謂失法，『不』即不失。」（三八八頁上）【案】「失不」，即「失」與「不失」。下文「失否」，亦同此意。「結處非法」文分為二：初，「初中」下，明非法；二、「言失不」下。

〔二〕初中所明，前已具述，恐有迷忘　簡正卷六：「『初中』二字，且於『結處非法』中也。餘非相外說，具在前文。今更重舉，不更廣說，略談便是。」（三八八頁上）

〔三〕兩界相接，中無自然，共相錯涉　鈔科卷上二：「初，結處非法。」（一九頁中）資持卷上二：「『謂』下，列非相。初至『結之』，有三非，如前料簡問答已明。」（二〇八頁中）【案】資持釋文中「如前料簡」，見前「二、明依位別解」。

〔四〕及界不盡集，羯磨不成，方相不練　資持卷上二：「『及』下，三非。不集、羯磨，如前結戒場中；方相，如前唱法。故云前具述也。」（二〇八頁中）

〔五〕不唱方相，不成結界　資持卷上二：「『五』下，別證。總束諸非，不出四種：錯涉、隔水、方相，三並事非；『重結』即處非；『不集』謂人非；『羯磨』是法非。」（二〇八頁中）

〔六〕謂決意棄捨　資持卷上二：「棄捨失中，必約作意捨去，後更不還，無一人住，方名失界。疏云：雖非作法，僧義絕故。又引文殊問經云，下至有一優婆塞宿，是名不失。」（二〇八頁中）【案】「失」分「棄捨失」和「作法失」。如下所明。「棄捨失」分二：初，「十誦」下；二、「問前」下。

〔七〕諸比丘捨僧坊去，作念不還，是名捨界　資持卷上二：「引十誦明須作念，故知不作則不失也。」（二〇八頁中）簡正卷六：「十誦三十七，波離問佛：諸比丘捨僧坊去，作念不復還，名捨界不？佛言：是名捨界，然須於界內起心。若界外作念，遙捨不得。猶似白二，捨界外亦不得。例知。」（三八八頁上）鈔批卷八：「立明：於寺內作念不還，出門即失。若出寺方作者，則不制捨，以界外遙捨不成故。」（四二九頁上～下）

〔八〕一宿棄捨，則無有界　簡正卷六：「智論二十六：舍利弗與五百比丘，遊行至空寺宿，說戒日不知內外界分。白佛。佛言：一宿棄捨，則無也。大德云：前

律文雖標心捨，若當日還，由未失，須依此論，經宿明相出捨也。准此，具三緣：一、有捨心；二、在界體上念；三、明相出。鈔意引論共明，方得周足也。」（三八八頁上）

〔九〕前善見中，竝言「不失」　鈔批卷八：「此問意，前善見云，上起三重屋，乃至掘至水際不失。何故今則一宿不還便失？」（四二九頁下）簡正卷六：「前善見證法起，兼四分、小法經，故言『並』也。掘至水際，水蕩成坑，金剛土臺等總無，比丘尚乃不失，今但一宿暫空便失，何以相違？」（三八八頁上）

〔一〇〕彼不作永捨心，故不失　資持卷上二：「初約捨心有無，和會無違。」（二〇八頁中）

〔一一〕有捨界心，故失　鈔批卷八：「此釋通上智論文也，謂若作不捨心，則同上善見不失也。若作永捨心，則同上智論、十誦也。」（四二九頁下）

〔一二〕文中　資持卷上二：「即上十誦、智論。」（二〇八頁中）

〔一三〕治故伽藍，不失淨地　資持卷上二：「『四分』下，證前不失，無捨心故。文出藥揵度。故伽藍者，顯是荒廢之處。不失淨地者，明知大界猶存。」（二〇八頁中）鈔批卷八：「此言證前所作捨心，則不失也。案藥揵度中文云：時諸比丘，不知何處是淨地。佛言：『應結』。若疑先有淨地，應解，然後結。』爾時，治故僧伽藍，不知為作淨地不？佛言：『得作。』（述曰：）既言不知何處是淨地，明知此處曾已絕人足，顯故藍也。又下句『故藍』之中，比丘不知得作淨不，但直判云『得作淨地』，明知古伽藍界法不失，先以憑界上結淨故。淨既由在，界定不無。」（四二九頁下）【案】四分卷四三，八七四頁下。

〔一四〕故知界在　資持卷上二：「『故』下一句，結顯二文。（解疑之文，本出藥法。）」（二〇八頁中）

〔一五〕若作法捨，衣、食、人界，三種俱捨　資持卷上二：「若約法儀，必須次（【案】『次』下疑脫『第』字。）捨，先食，次衣，後捨人界。若論失法，但捨人界，三種頓失。疏云：雖本失末亡，而非正則，亂倫獲罪。今云俱捨，語通漸頓。若準行事，須依漸法。」（二〇八頁中）簡正卷六：「衣、食二界，依人界起。根本不存，枝條安在。」（三八八頁下）鈔批卷八：「此明衣、食二界，依大界結。今若解其大界，『所依』既謝，『能依』冥然自失。此論其本，攝僧之界，故曰人界也。上明失義也。」（四二九頁下）

〔一六〕五種　簡正卷六：「羯磨疏中，加『異見互結』『邪正互結』，合此四、五，成一六。此無被二，開四成五。」（三八八頁下）鈔批卷八：「羯磨疏中有六種不

失，合此第四失界相、第五空本處，兩處為一，便有異見，互結不失。由見異

故，兩無別眾，同界別說，佛判得成。又有邪正互結不失，并此惡心僧尼，中、

邊為六也。」（四三〇頁上）

〔一七〕**惡心解淨地不成**　資持卷上二：「惡心者，律因比丘欲令餘人得不淨食，故解

淨地，佛判不成。」（二〇八頁上）鈔批卷八：「立明：引此言證上文惡心捨界

不失也。亦如比丘惡心觸僧食，（四二九頁下）佛言不成觸，但觸者得罪。」

（四三〇頁上）【案】四分卷四三，八七五頁中～八七六頁下。「解」，律中為

「觸」。

〔一八〕**例準**　資持卷上二：「大界無文，故云例準。」（二〇八頁上）

〔一九〕**僧尼互結**　資持卷上二：「文出善見。彼但明結，今準『結』類『解』。『結』

既兩成，『解』亦不失，故疏標云『僧尼互解』。（古記云結必先解者，謬矣。）」

（二〇八頁中）簡正卷六：「准見論十七云：若比丘結界，於比丘尼非界，比

丘尼於比丘上（【案】『上』疑剩。）界上，得結界等。問：『尼於僧界上結界，

何妨而言不失？』『若尼欲結時，先解界。尼雖解，但解他自界，僧界不解。」

（三八八頁下）【案】善見卷一七，七九三頁中。

〔二〇〕**中、邊不相解語，亦互重結**　資持卷上二：「準捨戒，兩不相足，故通互結。

解亦不成。」（二〇八頁下）

〔二一〕**失界相，如善見中**　簡正卷六：「如善見中，掘至水際，亦不失界。」（三八八

頁下）鈔批卷八：「謂同善見論『水蕩成坑』等，不失也。」（四三〇頁上）

【案】善見卷一七，七九三頁上。

〔二二〕**空本處**　資持卷上二：「如四分治故伽藍。若準業疏，則列六種：初二同鈔；

三、異見互結；四、邪正互結；五、是中、邊；六、即合今四、五兩種。」（二

〇八頁下）鈔批卷八：「立謂：不作捨意，故非失限。首疏解云：空本處者，

掘地令空也。」（四三〇頁上）

〔二三〕**大僧與尼通結，得，不得相叉**　鈔科卷上二：「『五』下，別證第二。」（一九

頁下）簡正卷六：「許重結之相，不淨□涉，恐出僧界外，不成同法義，謂尼

受懺，須二部中。若雖界叉，互恐受者，在僧界不在尼界，不名二部故。有人

云：如今時僧戒場上尼來，亦須結戒場，還依僧更結大界，唱內外相，法事即

成。若僧戒場上尼來，但結大界者，不得。此是相叉也。（無知也。思之）。（三

八八頁下）鈔中『叉』字，謂記中總約『差』互解，即令作此『差』字。相承

如此，別應無理也。」（三八九頁上）鈔批卷八：「景云：謂無敬讓，故不許也。

立有兩解。初云，不得相街，名相叉也。如尼於僧界上結，須稱僧界而結，不得一半在僧界上，一半在自然。僧於尼界上結，亦須稱尼界而結也。濟云：南山羯磨疏云『不得相叉』，恐出僧外，非成同法義故。此意明尼若於僧界上結者，要可僧界而結也。若尼界大於僧界，尼坐之時，容有在僧界外之義為本法。尼受具之時，則二眾不相攝，非成與僧同法之相。若尼結小於僧界者，則僧坐時，容有在尼界之外，亦非二眾同法之相。由斯義故，故須相可。又云：僧不為尼結，尼不為僧結，故云相叉，謂是『互』也。若如後解，字不相應，應作『差』字。（四三○頁上）然五百問法，元不可依明法法則，乖宗結罪，罪頓輕重。故語云：卑摩鄙語，慧觀裁錄，都人擅寫，紙貴如玉。」（四三○頁下）資持卷上二：「然與論文小異，今具引之。彼前問云：『二眾結界，得互相叉結否？』答：『得叉，（謂不共行法故。）得共結，（謂受戒出罪，僧尼同法，鈔變其語，故云不得相叉。）』後問云：『大僧得與尼通結界否？』答：『得。今鈔所引，上二句即後問答，下一句即是前答。疏云不相叉者，恐出僧外非成同法故。』」（二○八頁下）

僧網大綱〔一〕篇第七

一方行化，立法須通〔二〕，處眾斷量，必憑律教〔三〕。令遠域異邦，翹心有所〔四〕，界中行者，安神進業〔五〕。若斯御眾，何事不行〔六〕？既行正法，何人不奉〔七〕？豈止僧徒清肅，息俗歸真〔八〕，方能扶疏道樹，光揚慧日〔九〕。

若法出恒情〔一○〕，言無所據〔一一〕，科罰同於鄙俗〔一二〕，教網唯事重黷〔一三〕。能施已是於非，所被固多誼亂〔一四〕。故律云〔一五〕：非制而制，是制便斷。如是能令正法速滅，不值佛世，生地獄，如箭射〔一六〕。三千威儀云〔一七〕：眾中無知法人者，百人、千人不得同住〔一八〕。故知同住，必遵聖法〔一九〕。

今欲刪其繁惡，補其遺漏〔二○〕，使「制」與「教」而相應〔二一〕，「義」共「時」而並合〔二二〕。故律云：非制不制，是制便行，如是漸漸令法久住〔二三〕。若出其病患，明其損減〔二四〕，如下廣明。

【題解】

簡正卷七上：「今當『所為事』中，都有篇六：初三約人，次一約法，次一約界對人，後一約法就人。今且約人中。」（三八九頁上）鈔批卷八：「上篇明界是僧所依

之處。托處既立，復須興建正法，攝御時眾。夫照彰裔葉，住持運往，必須依憑教行，方能光遠大法，故有此篇來也。」（四三〇頁下）簡正卷七上：「上篇所明結界，托處已知。然約人秉御之功，必須眾生，眾生處斷憑教以明，前所未論，故次列也。」（三八九頁上）

【校釋】

〔一〕**僧網大綱**　簡正卷七上：「僧者，遵法之人。綱者，御僧之法，唯持宗要，故曰大綱，能調難調如惡馬之轡，能伏難伏類狂夢之釣，控彼膚生，安茲妙眾。欲所百川同會一味，齊均斷惑業之三根，漸真常之四德。（三八九頁上）……若准搜玄，將七、九法（【案】『七、九法』即下文所言七種和九種調伏法。）為大綱，似局。今依鏡水大德，取此篇所列五門為大綱，攝義盡也。」（三八九頁下）資持卷上二：「僧宗事多如網，此篇五門如綱。用此五者，如提其綱，則餘網目無有不正。從喻為題，以彰正要。住持攝眾，舍此何為？」（二〇八頁下）鈔批卷八：「借喻世網之綱，能正其網目。今此一篇，是僧家法網之綱紀也。住持之大要曰綱，細行之儀軌是網，亦得云僧眾網目之綱領，故曰也。說文云：持網大繩曰綱也。僧法若乖，紊亂失緒，舉此一篇，無法不整。故上序云『紉（【案】『紉』鈔序作『紐』。）既絕之玄綱』，即斯義也。遷云：今言眾主三綱，亦取僧網。網，由綱也。網，即眾僧也。以眾主能持於僧故，如綱能持其網也。」（四三〇頁下）【案】本篇文分為二：初，「一方」下；二、「就中」下，又分三。

〔二〕**一方行化，立法須通**　鈔科卷上二：「敘如法之益。」（一九頁中）資持卷上二：「初文四段。前四句，明凡為眾主，必遵於教。一方者，通語遠近傳弘之處。立法通者，舉事依教，餘方共遵，曲任私情不流於外故也。上二句，明立制軌物。」（二〇八頁下）簡正卷七上：「一方者，一別住也。立法者，依教立制。由君子千里同風曰通也。」（三八九頁下）鈔批卷八：「深云：就此序中，文分三段：從初至『光揚慧日』來，明依教任持，使三寶建立；二、從『若法出恒情』下至『必遵聖法』來，明違教滅法，自招苦報；三、從『今欲』下訖序文來（【案】『來』疑『末』。），明欲集法匡時，則發揚聖教，重光道化也。三段不同，今即是初。一方行化，立法須通者，立明：一方方（原注：『方』字疑剩。）住持，依教立制，須通聖教。若立制不應聖教，名為塞也。由三藏教法，十方普同，若依而行之，處處通也，故云立法須通。」（四三〇頁下）

〔三〕**處眾斷量，必憑律教** 資持卷上二：「下二句，明臨事處斷。」（二〇八頁下）簡正卷七上：「『處眾』等者：處者，居也；『斷』謂斷割；『量』為裁量。非經論之所能故，故曰必憑律教。」（三八九頁下）鈔批卷八：「立明：『處』是居也。明其居眾主綱維，斷割是非，要須憑附律教。由教有楷式，法則軌定，義無乖越故也。」（四三一頁上）

〔四〕**令遠域異邦，翹心有所** 資持卷上二：「『令』下四句，二、明近益。遠域、異邦，語重事一。或可『遠域』近指郡縣，『異邦』遠指他國。如祖師聲飛五竺之例。上二句，明外化景慕。」（二〇八頁下）簡正卷七上：「邊壃謂之遠域，隣郡為之異邦。舉意仰於此方，故曰翹心有所。」（三八九頁下）鈔批卷八：「說文云：域者，邦也。廣疋云：邦域，國名也。言翹心有所者，明一方住處，若依毗尼弘建者，能令他方遠度，處（【案】『度處』疑『處度』。）誠欽仰，由如日月，故云翹心有所也。」（四三一頁上）

〔五〕**界中行者，安神進業** 資持卷上二：「下二句，明內化日益。『翹』謂舉踵而望，『神』即是心，『業』即是行。無相觸撓，心神故安；境勝緣靜，行業乃進。」（二〇八頁下）簡正卷七上：「不憂非法之科罰，遂獲安神。三學曰新，名為進業。」（三八九頁下）鈔批卷八：「由眾主立制，行化於時，與教相應，能蔭覆後生，安心進道業也。若不依教立儀，使諍論紛紜，何能安神、進修佛道也？」（四三一頁上）

〔六〕**若斯御眾，何事不行** 資持卷上二：「『若』下，三、明眾必從化。上二句，明事皆可舉。」（二〇八頁下）簡正卷七上：「如風之靡草，無令不行。『既行』等者，若繩墨之治邪，無人違逆，止則勸行，下則令奉。」（三八九頁下）鈔批卷八：「『若斯』謂如此也，結其上文耳。御者，治也。欲明上之化下，如風靡艸。今若上座依教法而行，下座豈有不依？皆從風靡之化也。」（四三一頁上）

〔七〕**既行正法，何人不奉** 資持卷上二：「下二句，明人無敢違。」（二〇八頁下）鈔批卷八：「欲明能依教而行，道俗貴賤，誰不瞻奉加敬也。」（四三一頁上）

〔八〕**豈止僧徒清肅，息俗歸真** 資持卷上二：「『豈』下，四、示遠益。上二句，躡前近益，發起下文，故云豈止也。肅，靜也。」（二〇八頁下）簡正卷七上：「謂更有多益，可止如斯，故云豈上（【案】「上」疑「止」。）。安神進律，行嚴凝（【案】『凝』後疑脫一字。），是僧徒清肅之貌也。不行鄙俗罰錢、伽禁之制，名為息俗。唯憑律教，故曰歸真。」（三八九頁下）鈔批卷八：「若此依

教立法，何但僧中徒眾濟濟可觀，亦使息世俗之緣，歸趣菩提之理也！」（四三一頁上）

〔九〕**方能扶疏道樹，光揚慧日**　資持卷上二：「下二句，正示遠益。『道』與『慧』並佛正法。道能生長，故喻如樹。慧能破暗，故喻如日。扶疏，豐茂之貌。方，猶將也。」（二〇八頁下）鈔批卷八：「謂非直內自息俗歸真，復能外揚輝慧日也。（四三一頁上）前云『深崇護法，何患佛日不再耀、法輪不再轉』是也？（【案】見標宗篇序。）『道樹』喻佛法能蔭覆眾生，離煩惱鬱蒸之熱也。扶疏者，說文云：木枝柯四布之貌也。」（四三一頁上）簡正卷七上：「方，則也。則更能開敷覺意之華，乃是扶疏道樹。此是增於定學也。光揚慧日者：掃蕩心中煩惱，慧日自然光揚。此則斷惑之原，增慧學。」（三八九頁下）

〔一〇〕**若法出恒情**　鈔科卷上二：「『若』下，彰任情之損。」（一九頁中）資持卷上二：「反前四義。（二〇八頁下）初四句，反前初義。出怛（【案】『怛』疑『恒』。）情者，明自任也。」（二〇九頁上）簡正卷七上：「謂習俗生常，師心制法，是法出恒情。」（三八九頁下）鈔批卷八：「從此已下，第二明違教法滅，自招苦報義也。若法出恒情等者，立謂：習俗生常，不依聖教，唯信胸臆，師心制法，故曰法出恒情。」（四三一頁下）

〔一一〕**言無所據**　資持卷上二：「明非教也。」（二〇九頁）簡正卷七上：「言不開於典教，故無據也。」（三九〇頁上）

〔一二〕**科罰同於鄙俗**　資持卷上二：「『科罰』下，明行事俗惡。如下第二門中所列。」（二〇九頁上）簡正卷七上：「鄙俗者，愛財貪（原注：『貧』疑『貪』。）著也。今有過者罰物，即是同此鄙惡凡俗。」（三九〇頁上）鈔批卷八：「立謂：罰錢及米，名科罰同鄙俗也。濟云：好俗人亦不作此立教，但是鄙俗，故有此教也。」（四三一頁下）

〔一三〕**教網唯事重罳**　鈔批卷八：「行杖鞭撻，罳枷大棒，恣意譴罰，是教網重罳也。」（四三一頁下）簡正卷七上：「或更有犯，即枷杖之類，即是重庶（【案】『庶』疑『罳』。）也。」（三九〇頁上）

〔一四〕**能施已是於非，所被固多諠亂**　簡正卷七上：「所立條制之人，既出常情，不依典據，本分成非。『所被』等者，有犯被罰物者，心意不甘，致有諍起，豈非喧亂攝也！」（三九〇頁上）資持卷上二：「『能』下二句，反上餘三。『能施非』者，必兼人法，人即眾主，法即非制。諠亂之言，總含三過：一、人不從化，二、無近益，三、無遠益。」（二〇九頁上）鈔批卷八：「立謂：能立制既

是非法，所被之人，不從順者，遂喧亂也。加之教非法，橫治他人，人則不伏，互相怨訟，是喧亂也。」（四三一頁下）扶桑記：「詎，或曰詎，應是詎。今謂資行作喧，則知寫誤。案津刊會本已作詎。」（九一頁下）

〔一五〕故律云　簡正卷七上：「是律增三文也。律文都有四句：第一句云，若比丘舉非法人也；第二句云，非制而制、說邪乖正也；第三句云，是制便斷，彰邪礙正；第四句，如是以下。（云云。）喻似鑽鉾離手，必至於地。此人亦然，必墮地獄，如箭之速。鈔文除卻『若比丘』字，但引下三句也。」（三九〇頁上）【案】四分卷五七，九九〇頁下。

〔一六〕生地獄，如箭射　鈔批卷八：「濟云：猶如讚鉾離手，必至於地。此人亦爾，命亦斷時，必墮地獄。」（四三一頁下）資持卷上二：「如箭射者，言其疾也。」（二〇九頁上）

〔一七〕三千威儀云　資持卷上二：「既闕良導，是為愚聚。」（二〇九頁上）簡正卷七上：「謂無知法之人，恐愚聚無益。如俗中云『不與愚者同生』，亦恐不長益也。」（三九〇頁上）

〔一八〕百人、千人不得同住　鈔批卷八：「立明：然僧住處，要以法食二同，今既無法，理不得住。故下文：師畜弟子，若無法食相攝，不問晝夜須去。義可知也。」（四三一頁下）【案】三千威儀卷上，九一三頁下。

〔一九〕故知同住，必遵聖法　資持卷上二：「『故』下，準文示意。」（二〇九頁上）簡正卷七上：「『故知』已下，今師戒勸，印定上語，云故知也。前來引法也，恆情不依教典之人，不可同住，須是遵於聖法之者。」（三九〇頁上）

〔二〇〕今欲刪其繁惡，補其遺漏　鈔科卷上二：「『今』下，示立篇之意。」（一九頁中）資持卷上二：「初，明去非。此中『刪補』，不同章疏廣解之繁，但是世人妄行非制名為繁惡；隱其正制名為遺漏」（二〇九頁上）簡正卷七上：「刪古人罰錢及卡（【案】『卡』疑『杖』。）枷禁之制，此制實為惡也。取大集、十輪，補其闕少之遺漏。」（三九〇頁上）

〔二一〕使「制」與「教」而相應　資持卷上二：「『使』下，顯是。言『制』者，即下五門所立之法。並稽於教，故曰相應。『義』謂事之用與皆適於時，故云並合。此用律中如來制戒知『時』『義』合之語。」（二〇九頁上）簡正卷七上：「法寶云：今立制限，與律教相應。如下五門，立制皆引聖言，即之（【案】『之』疑『云』。）不違於教。」（三九〇頁上）鈔批卷八：「從此已下，第三正明重光道化也。使『制』與『教』而相應等者，明今欲立僧制，須與三藏聖教相

應。（四三一頁下）如下文七羯磨治人，是與教相應也。」（四三二頁上）

〔二二〕「義」共「時」而並合　資持卷上二：「簡正卷七上：「文中立義，與時相合。如下俗人求食，應問能齊與食不能者，示語因果，勿使怨增（原注：『增』疑『憎』。），是『義』與『時』合也。若准玄記，作廣略二釋，未免繁亂。思之。」（三九〇頁下）鈔批卷八：「欲明立制，要必知。如呵責等，亦須知時。舉非亦須知時，不乖其道理，故曰也。有云：謂今所立制，亦合時宜，亦合義理。（此解好。）」（四三二頁上）

〔二三〕非制不制，是制便行，如是漸漸令法久住　鈔批卷八：「非制不制者，謂非法之制不立也。是制便行者，明如法之制今（原注：『今』疑『令』。）行也。」（四三二頁上）簡正卷七上：「五百結集文非制如罰錢等。今既刪除，即不制之。是制者，七、九等法，今即行之。不損佛法，是久住義。」（三九〇頁下）資持卷上二：「言漸漸者，翻非為是，不可頓革。」（二〇九頁上）

〔二四〕若出其病患，明其損減　資持卷上二：「『若』下，指略。『病患』即非法之過，能使法滅，故言損減。即下五門，皆出非相是也。」（二〇九頁上）簡正卷七上：「若出病患者，倒說四事等是。明損減者，俗人不信，退他淨心，奪眾生眼，斷三寶種等是。如下五門中說之。」（三九〇頁下）

就中分五：一、約化制二教，明相不同；二、約僧制、眾食，以論通塞；三、約法、就時，對人以明；四、約處，就用以明；五、眾主教授之相。

初中

分二。

且明化教，教通道俗〔一〕。

大集云〔二〕：若末世中，有我弟子，多財多力，王等不治，則為斷三寶種，奪眾生眼〔三〕；雖無量世，修戒施惠，則為滅失〔四〕。廣如第二十九卷護法品說〔五〕。又云〔六〕：若犯過比丘應須治者，一月、兩月苦使〔七〕；或不與語，不與共坐，不與共住〔八〕；或擯令出，或出一國，乃至四國，有佛法處〔九〕。治如是等惡比丘已，諸善比丘安樂受法，故使佛法久住不滅。

十輪經云〔一〇〕：若有鈍根眾生，為欲發起善根因緣〔一一〕，懈怠少智，忘失正念，貪著住處、衣服、飲食四事供養，遠離一切諸善知識〔一二〕。如此眾生，教令勸化，料理僧事〔一三〕，及以佛、法、和尚、闍

梨，是為安置營事福處。若聲聞弟子，心不恭敬，不堅持戒，為法久住，而調伏之〔一四〕。若起心念，教令心悔〔一五〕。又須言語而謫罰者，驅令下意，終不與語〔一六〕。亦於僧中，謫令禮拜，訶詰嫌責，不同僧利〔一七〕；或在僧前，四體布地，自歸伏罪〔一八〕；或時驅出，不得共住。我知眾生心所趣向〔一九〕，為利彼故，廣說諸經地獄等苦，為欲調伏破戒眾生。若諸比丘，護持戒者，天人供養，不應謫罰〔二〇〕。除其多聞及持戒〔二一〕者，若有破戒而出家者，能示天龍八部珍寶伏藏〔二二〕，應作十種勝想〔二三〕：佛想；施心；若有破戒，作惡威儀，當共奰語，乃至禮足；後生豪貴，得入涅槃；是以依我出家，持戒、破戒，不聽輪王、宰相謫罰，況餘輕犯〔二四〕。破戒比丘，雖是死人，是戒餘力，猶如牛黃〔二五〕、麝香〔二六〕、眼藥〔二七〕、燒香〔二八〕等喻。破戒比丘，為不信所燒，自墮惡道，能令眾生增長善根〔二九〕。以是因緣，一切白衣，皆應守護，不聽謫罰；四方僧眾布薩、自恣，三世僧物、飲食、敷具，皆不預分〔三〇〕。優波離白佛：「若非法器，云何驅遣〔三一〕？」佛言：「我不聽俗人譏訶，比丘得作〔三二〕。復有十種非法，即得大罪〔三三〕：若僧不和〔三四〕，於國王前、王眷屬前、大臣前訶，白衣、婦女、小兒中、僧淨人前〔三五〕，比丘尼中、本怨嫌人前。如是等，假使舉得少罪，亦不應受〔三六〕。」下具出舉法，如律法中〔三七〕。

　　涅槃中，種種示相已〔三八〕，云：於毀法者，與七羯磨〔三九〕，為欲示諸行惡行者有果報故。當知如來即是施惡眾生無恐畏者，以現在治罰，息將來大怖故。若善比丘〔四〇〕，置不訶責，當知是人佛法中怨；若能驅遣、舉處、治罰，是我弟子真聲聞也。

【校釋】

〔一〕且明化教，教通道俗　簡正卷七上：「對下制教未（【案】『未』疑『而』。）說，故云『且』也。教通道俗者，『教』謂化教，能詮之文。出家人為道，王臣為俗。」（三九〇頁下）資持卷上二：「略示化義，顯下制教唯局道也。下引三經。初引大集，通道俗治；次十輪中，唯聽道治，不許俗治；後引涅槃，且明道治。下更引文，亦通二眾。決通同異，並在下明。」（二〇九頁上）

〔二〕大集云　簡正卷七上：「彼經佛問頻婆娑羅王言：『若未來世，有我弟子，饒財多寶，有大勢力。所言財者，有二：一、內財，謂眾生數；二、外財，謂非眾生數，金、帛等是。力者，王所親愛，一切大眾，不敢殯（【案】『殯』疑『擯』。）

棄。如是等人，汝等當治。剎利、婆羅門、毗舍、首陀，若不治者，如是四性，即為斷我三寶種性，能滅法炬，破壞法船，奪眾生眼。譬如一人奪一切眼，是罪多不甚多？』『世尊，不可稱計。』佛言：『若有四姓，有大勢力，見我法滅，（三九〇頁下）捨不守護，亦復如是。雖無量世，修戒施慧，則為戒失。』乃至王聞是語，非泣嗚咽，收淚而言：『我值如來，猶故不能紹三寶種。』如是，諸王長夜常行於三惡道時，王發願護持。佛言：『若能建立此事，即為供養三世諸佛，功德無量。』如護法品說。」（三九一頁上）【案】大集卷二四，一七二頁下～一七三頁上。

〔三〕**為斷三寶種，奪眾生眼** 資持卷上二：「初，明國王縱彼造惡，『則』下顯過。斷三寶者，翳障正法也。奪眾生眼者，損他正見也。」（二〇九頁上）

〔四〕**雖無量世，修戒施惠，則為滅失** 資持卷上二：「戒施、滅失者，損自功德也。言無量世者，舉遠多以況近少，則滅失可知。修戒施惠，略舉『六度』初、二也。」（二〇九頁上）鈔批卷八：「佛告大王：『若有國主，於無量世修戒施慧，見我法滅，捨不擁護。如是，所種無量善根，悉皆滅失。其國當有三不祥事：一、穀貴，二、兵革，三、疫病。一切善神，悉捨離之；其王教令，人不隨從；常為隣國之所侵嬈；風雨不時；內外親信，咸共謀叛；（四三二頁上）其王不久，當遇重病，死後生地獄中。若宿善追及，還得人身，無量世中，當（原注：『當』疑『常』。）盲無目；貧窮乞匃；常生惡心，因此惡心，復墮地獄。頻婆娑羅耳聞是語，悲泣嗚噎，收淚而言：『我值如來，猶故不能如法治國，況未來世放逸諸王？不能持戒、修行、精進，治惡比丘，護持佛法，不能紹繼三寶種姓。如是諸王，長夜常行於三惡道。』爾時，諸王及一切人，發願護法。佛言：『汝等若能建立此事，則為供養三世諸佛，功德無量。』」（四三二頁下）

〔五〕**廣如第二十九卷護法品說** 資持卷二上：「『廣』下，指文見二十八，分卷之異。彼云：寧護如法比丘一人，不護無量諸惡比丘。乃至云：若能護持法者，當知是人乃是十方諸佛世尊大檀越也。」（二〇九頁上）【案】大集卷三一，二一六頁上。

〔六〕**又云** 資持卷上二：「『又』下，明道眾自治。文中五法。」（二〇九頁上）【案】大集卷二四，一七二頁下。

〔七〕**一月、兩月苦使** 簡正卷七上：「約時辨也，過此非法。」（三九一頁上）

〔八〕**不與共住** 資持卷上二：「或不同財法，或不同住處。」（二〇九頁中）

〔九〕**或擯令出，或出一國，乃至四國，有佛法處**　資持卷上二：「擯出者，約異國而論。以西土多諸小國，此間州郡，可以同之。有法處者，使同類見聞，令生慚恥，改過從善故。」（二〇九頁中）簡正卷七上：「一國乃至四國者，約處辨也，過此非法。有佛法處者，約法也。若無佛法處，轉增放恣故。餘文可委。」（三九一頁上）鈔批卷八：「佛問頻婆娑羅王：『大王國法，何名大罪？』王言：『我之國法，有四重罪：一、斷他命根；二、偷至五錢；三、婬他婦女；四、為五錢故，大眾中作妄語。如是四罪，犯者不活。』佛言：『我今亦為未來弟子制是四重。』王復言曰：『如我國法，有作罪者，必死不疑，或打或罵，閉繫輸物，擯出國界。如來法中，其義如何？』佛言：『我之法亦復如是。有犯罪者，或令苦使一月、二月，或不與語共坐、共食，或不共住，或擯令出，或出一國，或至四國有佛法處。治如是等惡比丘已，諸善比丘安樂受法，故使佛法久住不滅。』」（四三二頁下）

〔一〇〕**十輪經云**　鈔科卷上二：「十輪經（四）：初，攝鈍根法；二、『若』下治破戒法；三、『若』下，不許俗治；四、『優』下，不對俗治。」（一九頁下）簡正卷七上：「鈍根不肯游方學問，故勸料理等，即是福罸也。」（三九一頁上）資持卷上二：「唯聽道治，不許俗治。（二〇九頁上）……十輪四段，前二出第二，後二出第三。又，前後各出，非相連續。」（二〇九頁中）【案】十輪卷二，六八九頁中。

〔一一〕**若有鈍根眾生，為欲發起善根因緣**　資持卷上二：「示能教者，不遺於物。」（二〇九頁中）

〔一二〕**懈怠少智，忘失正念，貪著住處、衣服、飲食四事供養，遠離一切諸善知識**　資持卷上二：「『懈怠』下，示鈍根相。有四：初句，二種過；次句，不攝念過。『貪』下三句，不知足過。四事中，『住處』攝臥具，『飲食』收醫藥。『遠離』下，明縱逸過。」（二〇九頁中）

〔一三〕**如此眾生，教令勸化，料理僧事**　資持卷上二：「『如此』下，正明發起。出家學道，本須修智。鈍劣不堪，以事漸誘，且令營福。勸化者，令彼化導於他。下列三寶二師，生福勝境故。」（二〇九頁中）鈔批卷八：「觀彼經意，明不修正業之人，恐其沉溺。既是鈍根，又著住處，不肯遊方學問，故勸料理福業也。（如十輪抄云云。）」（四三三頁上）

〔一四〕**為法久住，而調伏之**　資持卷上二：「『為』下二句，明能治之心。」（二〇九頁中）

〔一五〕若起心念，教令心悔　資持卷上二：「『若』下，列治罰相。初，明密誠，禁微過也。」（二〇九頁中）

〔一六〕又須言語而謫罰者，驅令下意，終不與語　資持卷上二：「『又』下，明屏罰。治輕過也。初罰須語，正罰不與語，故云終也。」（二〇九頁中）

〔一七〕亦於僧中，謫令禮拜，訶詰嫌責，不同僧利　資持卷上二：「『亦』下，明對眾罰。治重過也。治法有五：上三句，三法治次重過。」（二〇九頁中）

〔一八〕或在僧前，四體布地，自歸伏罪　資持卷上二：「『或』下，二法治極重過。四體布地，異上禮拜，謂身面伏地，折辱令恥。」（二〇九頁中）

〔一九〕我知眾生心所趣向　資持卷上二：「『我』下，如來自陳設教之意。」（二〇九頁中）簡正卷七上：「佛知此人應以此呵責之緣，得改惡從善。今為利故，乃說此事而調伏之。」（三九一頁上）鈔批卷八：「彼十輪云：我知眾生種種體性，心所趣向，能生信解；為利彼故，除其黑暗，乾竭駛流，得涅槃樂，為欲調伏破戒眾生地獄等苦。」（四三三頁上）【案】十輪卷二，六八九頁下。

〔二〇〕若諸比丘，護持戒者，天人供養，不應謫罰　簡正卷七上：「此諸比丘但護持戒，而於王制，或可有違，兼是少聞，蹤有問難，不能通釋。如是等人，不得謫罰。」（三九一頁上）

〔二一〕除其多聞及持戒　資持卷上二：「『除』下，明破戒。大分為二：初至『謫罰』，勸俗敬護；『四方』下，二、明財法兩亡。初文，又二：前約報勸；『破戒』下，次約喻勸。初中，上二句，揀除如法。」（二〇九頁中）鈔批卷八：「立有二解：初，謂多聞、持戒二人，為世所重，能說法化人，亦開不須治也。又解，今欲治罰前人者，要是多聞、持戒，方能治他也。」（四三三頁上）簡正卷七上：「玄云：『多聞』兼『持戒』，非此所明，故云除也。即反顯上但持戒非多聞。（此義為正，不可亂釋。）亦有對此四句簡之：一、多聞復持戒，非此所說；二、持戒不多聞，（三九一頁上）亦一向不許謫罰；三、多聞不持戒，道眾得罰；四、無聞又破戒，通道俗治罰。」（三九一頁下）

〔二二〕若有破戒而出家者，能示天龍八部，珍寶伏藏　資持卷上二：「『若』下，明破者功能。此明破戒，必約犯重。『天龍』下，彼具列夜叉乃至人非人等，今文束之。」（二〇九頁下）鈔批卷八：「撿十輪云，佛言：『若有依我法出家，造作惡行，如是比丘盲無所觀，此非沙門自稱沙門，此非梵行自稱梵行，為諸煩惱之所敗壞。如此之人，猶能開示一切天龍、夜叉、乾達婆乃至人、非人等，一切善法功德伏藏，為善知識。由剃除鬚髮，披著法服，能為眾生增長善根故

也。』」（四三三頁下）簡正卷七上：「天龍八部者，天龍、夜叉乃至摩睺羅伽等為八也。珍寶伏藏者，謂涅槃之果，隱而不明，稱伏藏之。又，三乘等總是伏藏，今此能示之。」（三九一頁下）【案】見十輪經卷三，六九四頁上。

〔二三〕**應作十種勝想** 資持卷上二：「『『應』下，勸俗恭敬。」（二〇九頁下）鈔批卷八：「十種勝想者，若新翻經，名『十種殊勝思惟』，舊翻經，名『十種勝想』：一者，破戒比丘作真佛想；二、觀破戒比丘作持戒想；三、慳貪比丘作布施想；四、多嗔比丘作忍辱想；（四三三頁上）五、諂曲比丘作質直想；六、懈怠比丘作精進想；七、聚落比丘作蘭若想；八、散亂比丘作禪定想；九、愚痴比丘作智慧想；十、生死比丘作涅槃想。束為頌曰：破佛破持慳貪施，嗔忍諂質懈怠精，聚落蘭若散亂禪，愚痴智慧生死涅。言佛想施心者，立明：略舉十種中二事也，謂是於破戒者作真佛想，慳者作施想故曰也。」（四三三頁下）【案】見十輪經卷三，六九四頁上。

〔二四〕**不聽輪王、宰相謫罰，況餘輕犯** 簡正卷七上：「『謂上破戒人，雖違佛戒，然初受戒之時，依佛語持戒，莫非是佛弟子。是故，不聽俗人治之，況復小小輕犯？」（三九一頁下）鈔批卷八：「言罸者，折伏也。言況餘輕犯者，故十輪云：依我出家，若持戒、若破戒，我悉不聽轉輪聖王、大臣、宰相，不得謫罸繫閇，加諸鞭杖，截其手足乃至斷命。況復餘輕犯小威儀也。」（四三三頁下）

〔二五〕**牛黃** 簡正卷七上：「牛角中黃也。大德云：此須是黃牛羣中，或三五百中稀遇一頭有黃，未必盡有。」（三九二頁上）鈔批卷八：「十輪云，佛言：破戒比丘，雖是死人，是戒餘力，猶如牛黃，是牛雖死，人故取之。亦如麝香，死後有用，能大利益一切眾生。」（四三三頁下）【案】十輪卷三，六九四頁中。

〔二六〕**麝香** 簡正卷七上：「香者，獸臍中出也，今呼為麝香等。」（三九二頁上）

〔二七〕**眼藥** 簡正卷七上：「經云喻如估客，入於大海，斷無量眾生之命，挑出眼目，持阿摩那菓，禱節和合，成其寶藥。若有眾生，生盲無目，以藥塗之，病得除愈，其眼明淨。如膽蔔華，無量眾生雖死，而能治服也。」（三九二頁上）標釋卷二八：「律云：眼藥者，陀婆闍那（善見云陀婆闍那者，陸地生。又云：陀婆闍者，是煙藥。）耆羅闍那（善見云耆羅闍那。者者，此是赤石也；又云：耆羅闍那者，水中生也。）律攝云：若患眼者，醫教用五安膳那注眼者，無犯。（但是眼藥，咸名安膳那也。）一華安膳那，二汁安膳那，三末安膳那，四丸安膳那，五騷毗羅安膳那。毗尼母經云，佛教作三種眼藥：一、羊

膽，二、其蘭禪，三、蘇毗蘭禪。石上細磨之，用塗眼。十誦云：畢陵伽婆蹉
眼痛。醫教和藥作丸，著火上燒，服煙。不知用何物作藥。佛言：但除青木香
藥和合，餘一切香著火，以筒接煙而咽之。（安膳那。舊言安禪那）。」（八二
六頁上）

〔二八〕燒香　鈔批卷八：「香體雖壞，熏他令香。破戒比丘亦復如是，自墮惡道，能
令眾生增長善根。一切羯磨，說戒律處，悉皆驅出，不得在眾。而悉不聽王及
大臣，加其鞭杖。」（四三四頁上）簡正卷七上：「香體雖遇氣，且能薰一切
物。」（三九二頁上）

〔二九〕破戒比丘，為不信所燒，自墮惡道，能令眾生增長善根　資持卷上二：「『破』
下，合法。上三句，合牛、麝、人死及香體壞。『能』下，合香藥有用，香氣
熏他。」（二〇九頁下）鈔批卷八：「立明：此合前燒香之喻。香體雖壞，能熏
外物。破戒者亦然，雖復為他信心供養所燒，猶能增他善根，示人天聖道。慈
有二解：一云，破戒之人由不信因果，遂破淨戒，長夜受苦，故曰也。又解，
為信施所燒，同前立解。故唐三藏新翻此經云：信施所燒也。（四三四頁上）
又云：若有比丘於性重罪中，若犯一罪者，雖犯重罪，和合僧作羯磨治之。
其本受之戒，猶有餘勢，譬如妙香，雖無香質，餘分芬馥，不可輕蔑。破戒比
丘亦復如是。無戒白衣，不應輕慢。雖非法器，於賢聖毗尼中退沒墮落，不
得受用四方僧物，由本受得戒，餘不犯者，其戒香氣多有勢力，是故不聽白衣
譏罰。況餘堅持禁戒、清淨行者耶？」（四三四頁下）【案】十輪卷三，七三七
頁上。

〔三〇〕三世僧物、飲食、敷具，皆不預分　鈔批卷八：「房舍臥具，事通三世：過去
修治，得今受用，今復修補，用通未來。其惡比丘，三世僧物，飲食敷具，皆
不聽用。以其破戒，非是僧故，不合得分，故云皆不預分也。」（四三四頁下）
【案】十輪卷三，四九四頁中。

〔三一〕若非法器，云何驅遣　資持卷上二：「經云：善男子善學四根本，持戒、毀
戒，是法器、非法器，諦自觀察，不識彼短等。因是波離起問，如鈔所引。」
（二〇九頁下）鈔批卷八：「十輪經中，波離從座起問佛：『若世尊作如是言：
是法器及非法器，悉不譏訶，他未來時，作諸惡行。如是比丘，非沙門而作
沙門、非梵行而作梵行。今當云何呵責其心，驅遣令出？』佛言：『我悉不聽
俗人譏訶。若有比丘，造作惡行，共僧中住，其有清淨比丘，威儀具足，成
就五法，（應是『五德』。）語惡比丘言：我今欲舉汝罪是實不虛，是時不非

時。慈心頓語，為使佛法久得安住，為欲熾然一切佛法。若聽我說，（四三四頁下）我當如是舉汝；若不聽者，當依毗尼中滅諍法治之。』」（四三五頁上）【案】此處所言「十種非法」詳見十輪卷三，六九六頁上。鈔中闕引第二、第九、第十。

〔三二〕我不聽俗人譏訶，比丘得作　資持卷上二：「初二句，遮俗許道。」（二〇九頁下）鈔批卷八：「立問：『大集令王治，十輪不許治，如何會通？』解云：『大集令治，據比丘作惡外彰；十輪不許治，據比丘內缺其行，外猶生善，說法化人，故不聽治也。』」（四三五頁上）

〔三三〕復有十種非法，即得大罪　資持卷上二：「『復』下，制道離過。」（二〇九頁下）簡正卷七上：「一、僧不和合，於國王前而呵，是名非法。下向（【案】『下向』疑『向下』）並准此作。二、於婆羅門中；三、於王眷屬、大臣前；四、白衣中；五、婦女、小兒中；六、僧淨人前；七、比丘尼中；八、本怨嫌人前；九、以嗔心而相譏呵；十、即具非法不應譏呵。此中十句，鈔闕第二、第九、第十。所以闕者，謂此無婆羅門。九嗔恚者是總相，謂皆為有嗔心故，是以於此十種人前呵。第十，具非法不應呵，鈔意云亦是總相，便開婦女、小兒及本怨嫌為十也。（三九二頁上）『小兒』是未有所知人也，『本怨嫌人』是前犯過比丘。」（三九二頁下）

〔三四〕若僧不和　資持卷上二：「『此句，準經一一貫下。十中缺二。『國王』下有婆羅門；『前怨嫌人』下有嗔恚心訶；中間白衣為第五，婦女、小兒第六，九種對人明非，第十即自己非。又，九中，前七是俗眾，尼即道眾，本怨嫌人，則通道俗。」（二〇九頁下）

〔三五〕前　【案】底本無「前」，據大正藏本及十輪經卷三文義加。

〔三六〕如是等，假使舉得少罪，亦不應受　資持卷上二：「『如是』下，明能舉。既非犯者，宜拒。」（二〇九頁下）

〔三七〕下具出舉法，如律法中　鈔批卷八：「立云：即遮法中明也。」（四三五頁上）

〔三八〕涅槃中，種種示相已　資持卷上二：「彼第三云：毀謗正法，及一闡提或有殺生乃至邪見，及故犯禁等。」（二〇九頁下）簡正卷七上：「文有三意。初，明惡行，報以七法；二、顯持得益；三、讚毀能治損益。」（三九二頁下）【案】涅槃卷三，三八一頁上。

〔三九〕於毀法者，與七羯磨　資持卷上二：「『於毀』下，明立治意。七羯磨，同下制教。」（二〇九頁下）

〔四〇〕若善比丘　資持卷上二：「『若善』下，敕依行。」（二〇九頁下）簡正卷七上：
　　「若不治罸，令此比丘增長惡法，餘人相效，而煞法身慧命，損減佛法，由置
　　不治之人。今顯此人，是佛法怨也。」（三九二頁下）

　二、就制教以明者

　僧令懺悔，改跡便止〔一〕。上品之徒，見影依道〔二〕，下流之類〔三〕，
拒逆僧命，不肯從順，無慚無愧，破戒犯失，續作不止。自非治罰，何
由可息？如似遲驢，必加楚罰〔四〕。則有七種調伏，及惡馬治、默擯不
與語等〔五〕。

　比佛法東流，多不行此〔六〕。若聞正說，反生輕笑，薄濫佛法，自穢
淨心〔七〕。有過之徒〔八〕，實當此罰，反用俗法，非理折伏。相雖調順，
心未悛革〔九〕，致使聖網，日就衰弱〔一〇〕。文云：非制而制，速滅正法。
斯言允矣！今舉彼微言，重光像運，有力住持眾主，準而行之〔一一〕。

　四分中：凡欲治罰舉人者，自具兩種「五德」〔一二〕。如自恣法。又
須三根具了，徒眾上下，同心共秉，犯者聽可，然後舉之。具如律本遮
法中說。若違上法，舉不知時，反生鬥諍〔一三〕。故文云〔一四〕：汝等莫
數數舉他罪，以恐壞正法故。必具上法，縱而不治，亦滅正法。

【校釋】

〔一〕僧令懺悔，改跡便止　鈔科卷上二：「初，敘根立法。」（二〇頁上）資持卷上
　　二：「初，明從諫不治。改跡，『跡』謂罪狀。」（二〇九頁下）【案】「就制教
　　以明」，文分為二：初「僧令」下；次，「今明治」下。「僧令懺悔」敘來意，
　　分三：初，「僧令」下；二、「比佛法」下；三、「四分」下。

〔二〕上品之徒，見影依道　資持卷上二：「上品者，明智能遷善，不勞治法。……
　　然人分三品，但敘上、下者，以中人之性，（二〇九頁下）隨流不定，可上則
　　亦能依道，隨下必加治罰，攝屬二根，故不明也。見影者，謂如良馬見鞭影，
　　即喻從諫如流。」（二一〇頁上）鈔批卷八：「和上云：上根之人，猶如快馬，
　　舉鞭見影即走；遲驢楚毒，而不肯行，此喻下根人也。首疏云：佛法中有三種
　　人，謂上、中、下。上品之人，專精不犯，堅守禁戒。如鴦珠、草繫，理須恭
　　敬，不得治罸；如轉輪王神寶之馬，一日之中，周四天下，不勞加罸。中品，
　　犯已自悔，深生慚愧，如好良馬見鞭影便行，不須加罸。下品之人，無慚無
　　愧，破戒犯罪，續作不止，自非治罸，寧容肯息？如似鈍驢，不加鞭杖，無由
　　取路。准此文中，約犯過者，取第二人為上品。慈云：見影者，取教為影也。

以見教中治罰之人，即改過故也。又智論第二十六卷云：佛有時苦切誡諸比丘云『汝狂愚人』者，此苦切語，為憐愍眾生故，無有垢心嗔罵也。自有眾生，奭語善教，不入道撿，要須苦切麤教，乃得入法。如良馬見鞭影去，鈍驢得痛乃行。復有四種良馬喻，如雜含經抄可尋。」（四三五頁下）簡正卷七上：「上品者，專精不犯，如草、海、珠之類，如輪王寶馬，一日之中，周四天下，不勞加罰。中品者，犯已能悔，如好良馬覩鞭影而依道，亦不必加罰。下品者，無慚無愧，犯而不改，自非治罰，何可息耶？如彼遲驢，不加痛杖，無由依路。今抄取後二，將中為上。不取上者，既無有犯，何必更論？所以除也。見彰者，取教為彰，覩教能改也。」（三九二頁下）

〔三〕**下流之類**　資持卷上二：「『下』下，明愚不受教，生起立治。故知此法，唯被下愚。」（二〇九頁下）

〔四〕**如似遲驢，必加楚罰**　資持卷上二：「遲驢，謂策之不進，喻縱治不悔。雜含云，佛告比丘，有四種馬：一者，見鞭影即便驚悚，隨御者意；（此喻上根。）二者，觸毛便能如上；（中人可上。）三者，觸肉然後乃驚；（中人可下。）四者，徹骨然後方覺。（即喻下流。）」（二一〇頁上）

〔五〕**則有七種調伏，及惡馬治、默擯不與語等**　資持卷上二：「『七種』如後所列。『及』下二種，足七成九。『不與語』即是『默擯』，助名令顯。」（二一〇頁上）

〔六〕**比佛法東流，多不行此**　鈔科卷上二：「『比』下，斥濫勸行。」（二〇頁上）資持卷上二：「初二句，傷時不行。」（二一〇頁上）

〔七〕**若聞正說，反生輕笑，薄濫佛法，自穢淨心**　資持卷上二：「『若』下，二、斥輕陵正教。『薄』謂輕人，『濫』即罔教。薄、濫二心，結業熏積，更增迷暗，故云自穢等。」（二一〇頁上）

〔八〕**有過之徒**　資持卷上二：「『有』下，明妄行非法。」（二一〇頁上）

〔九〕**心未悛革**　鈔批卷八：「悛，（『七緣』反。）改也。見字書。案，意有所改革謂之悛。（四三五頁下）又，謹敬貌也。言革者，說文云：獸去毛曰革。革，更也。」（四三六頁上）簡正卷七上：「兩字並訓『改』也。」（三九二頁下）

〔一〇〕**致使聖網，日就衰弱**　資持卷上二：「『致』下，彰損。『網』即教網。」（二一〇頁上）

〔一一〕**今舉彼微言，重光像運，有力住持眾主，準而行之**　資持卷上二：「『今』下，三、示意勸行。『微言』即治法，並佛誡教。隱而復顯，故曰重光。『有力』謂

德可歸人，非雄豪附勢而已。『住持』謂志存荷教，非僭竊住處而已。嗟今講者，學非經遠，行乃塵庸，媚世趨時，為師據位，豐華四事，盛聚來徒，馳逐五邪，多求利養。誰念弘揚三寶，但知虛飾一身！未善律儀，安能軌眾？率由臆度，妄立條章，故有罰米、贖香、燒衣、行杖，遂使僧宗濫濁，佛化塵埃！道在人弘，誰當斯寄？嗚呼！」（二一〇頁上）簡正卷七上：「初，標用教意；二、『四分』下，引教解；三、『必具』下，結。」（三九三頁下）扶桑記釋「贖香」：「贖，納金免罪也；準今謂納香免罪也乎。」（八五頁下）【案】本處分段，資持、鈔科與簡正不同，今從鈔科。

〔一二〕凡欲治罰舉人者，自具兩種「五德」　鈔科卷上二：「『四』下，示知可否。」（二〇頁上）簡正卷七上：「兩種五德者：不愛、不悉、不怖、不痴、知舉罪，是初五德；次，又知時不以非時、如實不以虛妄、利益不以損減、柔耎不以麤獷、慈心不以瞋恚，此是三（【案】『三』疑『二』。）五德也。引（【案】『引』疑『此』。）『二五』中，前五通一切遮法，鈔引律文正是也。鈔略律廣故。」（三九三頁上）鈔批卷八：「『律文即遮揵度中明也。時有六群比丘作如是念：『世尊無數方便教諸比丘，展轉相教，更相受語』，便舉清淨無罪比丘。佛言：『聽先求聽。能舉之人須具五德，乃至窮問：為見聞疑、何處見、見何罪、犯戒見、犯威儀耶，問答一一如法，犯者臣已，乃可依斷。』律文中，盡論此意。」（四三六頁上）【案】四分卷四六，九〇六頁上。

〔一三〕若違上法，舉不知時，反生鬪諍　資持卷上二：「『若』下，明兩違俱損。故知必在眾主用捨適時，方能免過。」（二一〇頁上）

〔一四〕文云　【案】四分卷五九，一〇〇七頁中～下。四分卷六〇、五分卷六等也有類似說法。

今明治法，七種、九種〔一〕。

言七法者：一謂訶責，二謂擯出，三者依止，四者遮不至白衣家，五者不見罪，六者不懺罪，七者說欲不障道。加惡馬、默擯二法，則為九也。

【校釋】

〔一〕七種、九種　資持卷上二：「總列九種，所以後二在七外者，以前七藥病，互不相通，後之二藥，該前七病，即訶責羯磨云『當更增罪治』是也。」（二一〇頁上）簡正卷七上：「此列名中有九，釋中更加『減殯』（【案】『殯』疑『擯』。），治開為十。」（三九三頁上）

一、言訶責〔一〕者

先出其過，後明正治。

言過多種，四分等律，總處明之〔二〕。

若對僧、比丘前〔三〕，倒說四事〔四〕，謂：破戒者，破前三聚〔五〕；破見者，謂六十二見〔六〕；破威儀者，下四聚〔七〕等；破正命者，謂非法乞求、邪意活命，則有五種、四種〔八〕。言「五邪〔九〕」者：一、謂為求利養，改常威儀，詐現異相〔一〇〕；二、謂說己功德〔一一〕；三者，高聲現威〔一二〕；四者，說己所得利養，激動令施〔一三〕；五者，為求利故，強占他吉凶〔一四〕。言「四邪〔一五〕」者：一、方邪者，通使四方，為求衣食〔一六〕；二、仰邪者，謂上觀星象盈虛之相〔一七〕；三者，下邪，即耕田種殖〔一八〕，種種下業；四者，四維口食，習小小呪術〔一九〕，以邀利活命。此智論解〔二〇〕也。律中：非法說法，法說非法〔二一〕。雖有前過，三根明委，問答有差，不得舉他〔二二〕。文云：若無根破戒、見、威儀、正命，與作訶責，是名「非法羯磨」〔二三〕。反上如法。然此治法，不必大罪〔二四〕。但令聖所制學，愚闇自纏，皆得加罰〔二五〕。文云：若不知、不見五犯聚〔二六〕，謂波羅夷乃至吉羅，與作訶責。

五分有九種〔二七〕：一、自鬪諍〔二八〕，二、鬪亂他〔二九〕，三、前後非一鬪諍〔三〇〕，四、親近惡友，五、與惡人為伴〔三一〕，六、樂自為惡〔三二〕，七破戒〔三三〕，八破見〔三四〕，九、親近白衣〔三五〕。

僧祇五種：一、身、口習近住〔三六〕。身習住者，與黃門、男子、童子、弟子共床坐，同眠，共器食，迭互著衣，共出共入〔三七〕；口習近者，迭互染心共語；身、口俱者，兩業竝為。又與尼、女伸手內坐，以香、華、果、蓏相授〔三八〕，為其走使。餘如前說〔三九〕。二者，數犯五眾〔四〇〕戒。三者，太早入聚落，太暝出〔四一〕；與惡人為友，偷人、劫賊、摴蒲等人〔四二〕；行在寡婦〔四三〕、大童女、淫女、黃門、惡名比丘尼、沙彌尼處。四、好諍訟相言，有五〔四四〕：一、自高〔四五〕；二、齷齪此性〔四六〕；三、無義語〔四七〕；四、非時語〔四八〕；五、不親附善人〔四九〕；五、恭敬少年諸比丘〔五〇〕，度少年弟子，供給如弟子供給師法〔五一〕。如上五種，一一諸比丘屏處三諫不止。僧作白四，訶責折伏〔五二〕。

明了論：比丘心高，不敬計他〔五三〕，輕慢大眾〔五四〕，為作「怖畏羯磨〔五五〕」，猶是「訶責」異名。

上來明過〔五六〕。對僧、比丘〔五七〕前者,皆入「訶責」治之〔五八〕。

二、加法

有四:一、明立治,二、明奪行,三、明順從,四、僧為解。

初中,立治。

此法與餘羯磨有異,故先明之〔五九〕。緣起十種,如上具七法已〔六〇〕。八、陳意中。此心違故,須僧證正其罪,得伏方與〔六一〕。應召來入眾,當前為舉〔六二〕;謂僧中德人,舉告僧言〔六三〕:「比丘某甲犯罪。」舉已,為作憶念〔六四〕,謂在某處、某時,共某人作某罪。令其伏首,自言陳已,應與罪〔六五〕。謂「汝犯某事,應作訶責治」。上座應準遮法,具問能舉徒眾上下及所舉人已,聽許舉之〔六六〕。如上作已,索欲問和,便作羯磨〔六七〕。

律文舉鬪諍事〔六八〕。及論當時,未必如文,隨其有犯,準改牒用〔六九〕。應言〔七〇〕:「大德僧聽:此某甲、某甲比丘喜相鬪諍,互求長短,令僧未有諍事而有諍事,已有諍事而不除滅。若僧時到,僧忍聽。僧為某甲、某甲比丘作訶責羯磨〔七一〕。若後更鬪諍、共相罵詈〔七二〕者,眾僧當更增罪治。謂作「惡馬治」,驅出眾。白如是:大德僧聽:此某甲、某甲二比丘喜相鬪諍,互求長短,令僧未有諍事而有諍事,已有諍事而不除滅。僧今為某甲、某甲二比丘作訶責羯磨。誰諸長老忍『僧為某甲、某甲二比丘作訶責羯磨,若後更鬪諍〔七三〕者,僧更增罪治』者默然,誰不忍者說。此是初羯磨〔七四〕。三說已。僧已忍『為某甲、某甲二比丘作訶責羯磨』竟。僧忍默然故,是事如是持。」

若明不成者〔七五〕,律云:若不舉,不作憶念,不伏首罪〔七六〕;或無犯〔七七〕,犯不應懺罪〔七八〕,若犯罪已懺竟;而不現前〔七九〕,及人法二非〔八〇〕。竝作法不成,得罪〔八一〕。

二、明奪行〔八二〕。

與作法已,告言〔八三〕:「已為汝作訶責已。今奪三十五事,盡形不得作〔八四〕。必能隨順〔八五〕、無有違逆者,僧當量處。」

何者三十五?有七種不同。

初五,奪其眷屬〔八六〕:一、不應授人大戒〔八七〕;二、不應受人依止;三、不應畜沙彌;四、不應受僧差教授比丘尼;五、若僧差不應往。

二五,奪其智能:一、不應說戒〔八八〕;二、若僧中問答毘尼義,不應答〔八九〕;三、若僧差作羯磨,不應作;四、若僧中簡集智慧者共評論

眾事，不在其例〔九〇〕；五、若僧差作信命，不應作。

三五，奪其順從〔九一〕：一、不得早入聚落；二、不得偪暮還〔九二〕；三、親近比丘〔九三〕；四、不應近白衣、外道〔九四〕；五、應順從諸比丘教，不應作異語〔九五〕。

四五，奪其相續後犯：一、不應更犯此罪〔九六〕，餘亦不應犯，謂為殘作訶責，指下篇為「餘」〔九七〕也；二、若相似，若從此生〔九八〕，「相似〔九九〕」謂同一篇罪也。「從此生〔一〇〇〕」者，謂為摩觸訶責，而與女屏坐；三、若復重於此〔一〇一〕，謂犯提被治，後更犯殘等〔一〇二〕；四、不應嫌羯磨；五、不應訶羯磨人〔一〇三〕。

五五，奪其供給〔一〇四〕：一、若善比丘為敷坐具供養，不應受；二、不應受他洗足；三、不應受他安洗足物；四、不應受他拭革屣；五、不應受他揩摩身。

六五，制其恭敬：一、不應受善比丘禮拜、合掌、問訊、迎逆、持衣缽等。

七五，奪其證正他事〔一〇五〕：一、不應舉善比丘，為作憶念，作自言；二、不應證他事〔一〇六〕；三、不應遮布薩〔一〇七〕；四、不應遮自恣；五、不應共善比丘諍〔一〇八〕。

三、明順從〔一〇九〕者

應於上七「五事」中，一一順從〔一一〇〕，無有違者。於僧小食上〔一一一〕、後食上，若說法，若布薩時，應正衣服，脫革屣，在一面立，互跪合掌，白言：「大德僧受我懺悔！自今已去，自責心，止不復作。」僧當量審，然後受之〔一一二〕。

四、明解法〔一一三〕

律云〔一一四〕：應來僧中，偏露右肩，脫革屣，禮僧足，右膝著地，合掌乞言：「大德僧聽：我比丘某甲，僧為作訶責羯磨。我今隨順眾僧，無有違逆。從僧乞解訶責羯磨，願僧為我解訶責羯磨，慈愍故。」三乞已。彼二比丘亦爾〔一一五〕。

上座如上欲和，解言〔一一六〕：「大德僧聽：比丘某甲、某甲，僧為作訶責羯磨，彼比丘隨順眾僧，無所違逆，今從僧乞解訶責羯磨。若僧時到，僧忍聽。解某甲、某甲二比丘訶責羯磨。白如是。大德僧聽：此某甲、某甲比丘，僧為作訶責羯磨。彼二比丘隨順眾僧，無所違逆。今從

僧乞解訶責羯磨。誰諸長老忍『僧為某甲、某甲解訶責羯磨』者默然，誰不忍者說。三說已。僧已忍『與某甲、某甲解訶責羯磨』竟。僧忍默然故，是事如是持。」

　　其行法中，威儀坐處，未明所在〔一七〕。準僧殘中，下行坐〔一八〕也。若有一人、三人，隨名牒用〔一九〕，不得至四〔二〇〕。如上已明〔二一〕，至時量之〔二二〕。

【校釋】

〔一〕**訶責**　鈔批卷八：「礪云：此人輕蔑僧眾，情存鬥亂，破壞彼此，故以苦言切勒，名呵責。祇律名『折伏羯磨』，涅槃名『呵責羯磨』，十誦名『切勒羯磨』。二門不同，今即是初。」（四三六頁上）簡正卷七上：「羯磨疏云：戒、見、命三，理須順奉，今乃倒說，塵坌僧倫，故呵令從教。今律文初緣，即約智慧、盧醯那二人共相鬥爭，口如刀劍，僧以苦言切勒，故云呵責。」（三九三頁上）【案】此下明四羯磨：訶責、擯出、依止、遮不至白衣家。「訶責」文分為二：初出過；二、正治。「訶責法」緣起，見四分律卷四四，八八九頁上～中。

〔二〕**四分等律，總處明之**　資持卷上二：「總處明者，即下四部，前後示相，多少參涉，至文須簡。四分中，若準緣起，止因鬥諍，文明四事，本出遮法耳。」（二一〇頁上）鈔批卷八：「謂等取諸部十、祇、五律。此中合諸部，共明立治之法。」（四三六頁上）簡正卷七上：「此明呵責之過。總取四分、五分、僧祇等，令呵責過者，總來此一處明云。」（三九三頁上）【案】「出過」文分為三：初，「先出」下；二、「若對僧」下；三、「上來明」下。

〔三〕**若對僧、比丘前**　鈔科卷上二：「出過示相（二）。初，總列四事。」（二〇頁下）鈔批卷八：「僧者，四人已上；比丘者，據一人、二人等也。」（四三六頁上）簡正卷七上：「玄云：僧謂四人已上，比丘據三、二、一人也。」（三九三頁上）資持卷上二：「初二句標，簡須對道眾。又但口說，未必身行，故加此罰。」（二一〇頁中）【案】「若對僧、比丘前」至「與作訶責」文分為三：初，「若對」下；二、「雖有前」下；三、「然此治」下。初又分二：初，「若對」下；二、「言五邪」下。

〔四〕**倒說四事**　鈔批卷八：「戒、見、威儀、邪命，為四事也。倒者，犯言不犯，不犯言犯，邪言不邪，不邪言邪也。羯磨疏云：戒、見、儀、命，理須順奉，四反倒說，壞亂俗心，即斯義也。」（四三六頁上）

〔五〕**破戒者，破前三聚**　資持卷上二：「『謂』下，列示，戒、見、儀、命。佛法大

綱，修行要務，四皆名正，俱離偏邪：正戒是入道之基，正見乃絕縛之慧，正儀則攝物之相，正命為成道之緣。今皆反倒，惑亂時心，約過驗情，宜加若（【案】『若』疑『責』。）罰：一、令犯者改跡；二、使外化清正。設教之意，於斯明矣。戒、儀二事，七聚分配。且約麤細，從別以論。若就通明，七皆名戒，亦總名儀。」（二一〇頁中）簡正卷七上：「前三聚者，夷、殘等。」（三九三頁上）

〔六〕六十二見　資持卷上二：「且約五蘊，逐蘊生計，則有四句：一、即色是我；二、離色是我；三、我大色、小色在我中，四色大我、小我在色中。餘四例此，一蘊有四，四五二十，復歷三世為六十，更加斷、常，則六十二。邪意者，專為求利，致使身口變見無窮。且據喜為，何止四五！」（二一〇頁中）鈔批卷八：「將此六十二見，破其正見，故言破見。濟云：引是舉『能破』，以解『所破』也。謂是將斷常邊邪等以破其正見，故曰也。言六十二者，礪疏云，且明五見：一身見，亦名我見。見身為我，從其所取，故名身見；計身為我，從其所取，故名身見；計身為我，從其所在，故名我見。二邊見，斷常乖中（【案】『中』即『中道』。），說為邊見。三邪見，謗無因果，乖違法理，故名邪見。四戒取，執牛狗戒等，以為真道。從其所執，故名戒見。五見取，取上諸見，等以為正，故言取。因是五見，生六十二見。一云因五見之中『身、邊兩見』生六十二見。何者？因『身見』生五十六見，欲界五陰各有『即離』四見，成二十。言約『即離』成四句者，一、即色是我；二、離色是我；三、亦即亦離是我；四、非即非離是我。餘『受』、『想』、『行』、『識』亦然。色界亦二十；無色無色陰，唯有十六。總成五十六也。因邊見生六見，謂三界各有斷、常，成六見。六配前五十六，成六十二也。又云：只因五見中一个『邊見』生六十二見也。現在有常、無常四見，約五陰為二十，未來邊無邊，又成二十；過去如去、不如去，復成二十。俱不離斷常，為六十二見也。（四三六頁下）解云：一、常，二、無常，三、亦常亦無常，四、非常非無常，此四屬現在；一、有邊，二、無邊，三、亦有邊亦無邊，四、非有邊非無邊，此四句屬未來；一、如去，二、不如去，三、亦如去亦不如去，四、非如去非不如去，此四句屬過去。『五陰』為言，一陰有四句，五陰成二十，三世成六十。此妄計，皆以斷常為本，故成六十二。言常、無常等者，外道計身是常，或言是無常，或云半常半無常等，故曰也。濟云：三災起時，欲界人皆生初禪。初禪下界有梵天，即色界初天也，知三災欲起，即下來人中教化修初禪。一切人民學

初禪故，皆捨命生初禪，未（原注：『未』上疑脫「為初禪」三字。）免火災故。梵天又為諸天眾說法，令修二禪，其人皆修二禪，死後並生二禪，得免火災。以二禪未免水災故，更教修三禪。雖生三禪，猶未免風災，諸天為說四禪，眾生即修四禪，得免風災。初，梵天教人修禪時，皆發遣人生上界去盡，然後自捨命，生彼上界。如是生二禪、三禪、四禪，皆是最後而生。至風災即散，梵天前下生三禪，眾人後生，見梵天在，謂言本來不死，計之為常。至水災退時，梵天又前生二禪，眾人後生，見之謂言本在不死，（四三七頁上）計以為常。至火災退時，梵天從二禪下，前生初禪中，眾人後生，見梵天在本不滅，計以為常，後欲世界成立，梵天亦先下人中。諸梵天眾尋後復生，見本梵天，謂言是常，以去時在後，來時在前，眾生不知，謂言是常。則計梵天是常，餘皆無常，故言亦常亦無常也。言邊無邊等者，有計四方有邊、或云無邊，或言上方有邊、東方無邊，或言盡無邊、盡有邊等，故曰也。言如去等者，疏云：如從前來去向後世，亦如前來改名如去也。不如去者，有人宣說，身死永滅，不如前來，向後世去，名不如去也。亦如去、亦不如去者，有人宣說，身與神異，身死神在，如從前來，向後世去，名如去也；身則永滅，不如前來，向後世去，名不如去也。非如去非不去者，有人宣說，神如虛空，不可說去及以不去，名非如去、非不如去也。依南山闍梨，於『五陰』上明，先將『色』為窟宅，『受』居其中；二、『色』為窟宅，『想』居其中；三、『色』為窟宅，『行』居其中；四、『色』為窟宅，『識』居其中。次將『受』作頭，亦得四句，『想』、『行』、『識』等例爾，各為四句。四五便成二十，三世則成六十，并根本斷、常，為六十二見也。」（四三七頁下）簡正卷七上：「『六十二，如何配之？』經論及天台宗解判，各各不同，今不脩緣。且准南山羯磨疏約五蘊說。如『色蘊』為頭，作四句：一也，『色』為窟宅，『受』居其中；二、『色』為窟宅，『想』居其中；三、『色』為窟宅，『行』居其中；四、『色』為窟宅，『識』居其中。次將『受』、『想』、『行』、『識』互為『頭』，各為四句，四五二十；次配三世，過去二十，未來、現在亦爾，都成六十。更并本斷、常二見，豈非六十二耶。」（三九三頁下）

〔七〕四聚　鈔批卷八：「一、波逸提，二、提舍尼，三、惡作，四、惡說也。」（四三八頁上）

〔八〕邪意活命，則有五種、四種　資持卷上二：「初，引智論釋。前五，人所常行，實德未免；後四，治生活業，賤劣所為。辨相歷然，無勞曲解，剖文長說，未

是精窮，省己離邪，方名善達。」（二一〇頁中）

〔九〕五邪　資持卷上二：「初是身惡，餘皆口惡。」（二一〇頁中）簡正卷七上：「論中，一一有為『利養』字，抄存略也。」（三九三頁下）

〔一〇〕詐現異相　鈔批卷八：「謂寒著夏衣，夏披寒服，詐作貧相，心悕他物也。」（四三八頁上）

〔一一〕說己功德　鈔批卷八：「謂我是律師，坐禪持經，頭陀知僧事，令他信故。」（四三八頁上）簡正卷七上：「自云我是頭陀上行，我念經行道、不曾睡眠等。」（三九三頁下）

〔一二〕高聲現威　鈔批卷八：「謂高聲叱吒，示現威嚴，令他畏難；謂有勢力，彼當思惟，後必能為我作損益，便持物施。入手並入邪命攝也。」（四三八頁上）簡正卷七上：「現威者，呵吒小師、童子之類。圖云『此人有威德』也。」（三九三頁下）

〔一三〕說己所得利養，激動令施　鈔批卷八：「立謂：說己所得之利，意令他施。說云：『昨日張家得一疋絹，今朝王家復送一疋紬』，悕求人施，故名激動。應師云：激者，發也。說文云：水急疾曰激也。」（四三八頁上）簡正卷七上：「激發攪動。向張人前說云：『王某甲昨日得物與我』，意在張人効王人，亦得物。」（三九三頁下）

〔一四〕為求利故，強占他吉凶　簡正卷七上：「若據理，沙門不合占吉凶，羅漢射事尚不著。或為旁行，佛法亦通。故經云：工巧諸枝（【案】『枝』疑『技』。）藝，方（【案】『方』後疑有『便』字。）饒益眾生等。今若不為利，前人殷重求，應不犯。文中既云強占相，即據他人不請，白聞（【案】『聞』疑『問』。）前人甲子之類，（三九三頁下）作求利之端由也。」（三九四頁上）【案】簡正釋文「經云」為泛引，如在唐譯華嚴（卷七五）等經中都有類似說法。

〔一五〕四邪　資持卷上二：「前三是身，後一即口。準論，四皆名口者，並謂求口食故。」（二一〇頁中）

〔一六〕通使四方，為求衣食　鈔批卷八：「立謂：今有比丘諂曲，為官人家作使往來等是也。」（四三八頁上）簡正卷七上：「客與人勾當事，或將官人書題，往外處乞求等，總是方邪也。」（三九四頁上）

〔一七〕上觀星象，盈虛之相　資持卷上二：「盈虛，謂日月虧盈、星辰纏度。」（二一〇頁中）鈔批卷八：「立謂：象謂日月；星，星辰也。故易曰：玄象莫大於日月也。謂觀五星二十八宿星，即象也。觀天文星宿，若觀了了，曰盈；不了了，

是虛。」（四三八頁上）簡正卷七上：「風、雲、氣、伬雷、電等，便言今年豐熟、飢饉、軍兵、疾病等，總是仰邪也。」（三九四頁上）

〔一八〕耕田種植　鈔批卷八：「此名下邪，亦名下口食也。今時多有犯者，謂言我不負信施，是我自力所得。不思犯邪命之罪。」（四三八頁上）簡正卷七上：「下子曰種，移栽曰殖。草木殖土而生根等，是下邪也」（三九四頁上）

〔一九〕四維口食，習小小呪術　資持卷上二：「四維者，喻不正也。」（二一〇頁中）簡正卷七上：「小小呪術者，唾腫治顛狂等，殖等是四維攝，四維乃是不正義也。」（三九四頁上）資持卷下四：「唾腫，即今方捉噀水，以收腫毒故。」（四一六頁中）行事鈔瞻病送終篇：「若病不得服氣唾腫，同外道故。」（一四八頁中）

〔二〇〕智論解　簡正卷七上：「彼第三卷云：比丘名為乞士，謂清淨活命，乞求自濟，號乞士也。是時身子入城，乞食得已，向壁坐食時，有梵志女名曰淨目，來見身子。食次。彼問曰：『沙門汝食邪？』身子云：『我食。』梵志女云：『莫是方口食不？』身子云：『我無。』彼又云：『莫是仰口不？』答：『我非仰口。』乃至向云：『莫是四維口食不？』一一答『無』。淨目又問云：『我適來雖如是問，然未知其間義理，請為解說。』爾時，身子一一為淨目解之。如前所列便是也。」（三九四頁上）【案】智論卷三，一四四頁中。

〔二一〕非法說法，法說非法　資持卷上二：「即盜戒中，賊心取物、倒亂說法、妄悅求財，即是邪命。故此引之。」（二一〇頁中）簡正卷七上：「謂雖有前過，須三根彰露，方得舉他。若犯彼罪，答云此罪，即名即（【案】『即』疑剩。）有差。與作呵作，卻是非法羯磨也。若犯此罪，答云此罪等如法，即反上非法成如法也。」（三九四頁上）【案】四分卷六〇，一〇一二頁下。

〔二二〕雖有前過，三根明委，問答有差，不得舉他　鈔科卷上二：「『雖』下，舉法如非。」（二〇頁下）資持卷上二：「初，示非。問答差者，或罪事不同，或人處有異，見聞雖實，還即無根，引證可解。下句顯是，一一反上。」（二一〇頁中）

〔二三〕若無根破戒、見、威儀、正命，與作訶責，是名「非法羯磨」　鈔批卷八：「立謂：雖破戒、見、威儀，以三根未現，不得治也。若與呵責羯磨，名為非法。」（四三八頁上）

〔二四〕然此治法，不必大罪　鈔科卷上二：「『然』下，示合治之相。」（二〇頁下）

〔二五〕但令聖所制學，愚闇自纏，皆得加罰　資持卷上二：「『但』下，略舉無知示

相。聖制學者，不出教行。『教』謂律藏，『行』謂對治，即可學境也。愚暗纏者，謂可學迷也。」（二一○頁中）

〔二六〕**若不知、不見五犯聚** 資持卷上二：「『不知』謂素所未聞，『不見』謂聞而不識。未必須犯，但不知、見，即合加治。」（二一○頁中）簡正卷七上：「此道解罪也。（三九四頁上）此人不識不知此罪相，惑（【案】『惑』疑『或』。）犯夷，或犯吉，故曰不知不見，須作呵責（原注：『貴』疑『責』。）法也。」（三九四頁下）鈔批卷八：「五犯聚，即五篇名也。立明：此人不識不知此罪相，或犯夷、殘，謂言是提；或犯吉，謂言是殘。故曰不知不見，須作呵責法也。又須一事，若犯夷不得作此法，即依作滅擯法也。故下文作『二十非』中，廣明是也。至如今懈怠，不學聖教者，亦合此治。」（四三八頁下）【案】四分卷五九，一○○四頁下。

〔二七〕**五分有九種** 資持卷上二：「『破戒』須除初篇，通（二一○頁中）收餘聚，『破見』同四分。」（二一○頁下）【案】五分卷二四，一六三頁上。

〔二八〕**自鬪諍** 簡正卷七上：「玄云：事不遂心，常自嗔罵，猶如鬪諍。（且一解。）完陵（【案】『完』疑『宛』。）云：自鬪諍，謂據自己與前人交言也。」（三九四頁下）

〔二九〕**鬪亂他** 簡正卷七上：「即自不交言，但兩頭互說，令他二人成怨，故云鬪亂他。若依玄釋前句，此中方約與他人諍，名鬪亂他。恐道理稍劣，依後解好。」（三九四頁下）

〔三○〕**前後非一鬪諍** 簡正卷七上：「數數為之，不是一度也。」（三九四頁下）

〔三一〕**與惡人為伴** 簡正卷七上：「不長善法，與上義同。但惡友即約暫時；以言為伴，即久永說也。」（三九四頁下）

〔三二〕**樂自為惡** 簡正卷七上：「鄙性念念欲作惡也。」（三九四頁下）

〔三三〕**破戒** 簡正卷七上：「『破戒』為前三。」（三九四頁下）

〔三四〕**破見** 簡正卷七上：「『破見』謂起六十二邪見，破一正見也。」（三九四頁下）

〔三五〕**親近白衣** 鈔批卷八：「即與俗人交往結義等也。故偈云『出家莫近俗，近俗使心迷，時時長煩惱，日日損菩提』，即其義也。」（四三八頁下）簡正卷七上：「『白衣』即在家人，不令數相親近，恐染習惡法也。」（三九四頁下）

〔三六〕**身、口習近住** 資持卷上二：「『身』下，別釋為二。前明男子，離合三種。」（二一○頁下）簡正卷七上：「習近者，染習親近也。」（三九四頁下）【案】僧祇中多處言及身口習近住之事。資持釋文中「別釋為二」之第二為尼、女。僧

祇卷三七中言，佛住舍衛城時，有二比丘尼真檀、鬱多羅身口習近住之事。

〔三七〕迭互著衣，共出共入　簡正卷七上：「是口習近。二種總為，是身、口俱也。」（三九四頁下）

〔三八〕又與尼、女伸手內坐，以香、華、果、蓏相授　資持卷上二：「『又』下，次，約尼女。但明身習，略示共坐。」（二一〇頁下）鈔批卷八：「樹生曰果，蔓生曰蓏也。」（四三八頁下）

〔三九〕餘如前說　資持卷上二：「『餘』下，指上同眠、共器等。計亦有三，例上可解。」（二一〇頁下）鈔批卷八：「與尼、女，身口習近，與黃門等同上。」（四三八頁下）

〔四〇〕五眾　簡正卷七上：「祇喚『五篇』為『五眾』也。」（三九四頁下）資持卷上二：「『五眾』即是『五篇』。且舉全數，準『奪行』中，止明下四。若犯初篇，不入此治。」（二一〇頁下）

〔四一〕太早入聚落，太暝出　資持卷上二：「有三別，初，謂出入非時。」（二一〇頁下）【案】「暝」，底本為「瞑」，據大正藏本、弘一校注改。

〔四二〕與惡人為友，偷人、劫賊、摴蒲等人　資持卷上二：「『與』下，二、謂親近不善。偷人，謂私竊者。摴蒲，謂博弈。」（二一〇頁下）鈔批卷八：「『同志』為友也。言樗蒲者，（『勑奴』反，又『他奴』反。），謂收擲也。博物志云：老子作之用卜，今人擲之為戲。廣如重輕儀記釋也。（云云。）」（四三八頁下）簡正卷七上：「偷人者，小小竊盜之者，畏主總名偷人。劫賊者，公白對面奪去也。樗蒲者，老子作之為卜，今日擲之為戲也。」（三九四頁下）

〔四三〕行在寡婦　資持卷上二：「『行在』下，三、即遊履非處。」（二一〇頁下）

〔四四〕好諍訟相言，有五　資持卷上二：「由好諍訟，復生五過。上二心過，中二口過，第五身過。」（二一〇頁下）簡正卷七上：「因上來第四諍訟，相言更四，（三九四頁下）有此五也。」（三九五頁上）扶桑記：「相言：行宗二上『謂詣官詞訟』。」（八六頁下）

〔四五〕自高　簡正卷七上：「自高者，不顧物也。」（四九五頁上）

〔四六〕戾弊此性　資持卷上二：「『此性』即指鬥訟。」（二一〇頁下）簡正卷七上：「此性者，兇性也。」（三九五頁上）

〔四七〕無義語　簡正卷七上：「非法語也。」（三九五頁上）

〔四八〕非時語　簡正卷七上：「縱是法語，不知時限，以隨衰惱，號非法也。」（三九五頁上）

〔四九〕**不親附善人** 鈔批卷八:「謂不近善知識也。如阿難白佛言:『善知識者,是半梵行。』佛言:『阿難,善知識者,是全梵行。如我昔日值善知識,遇定光如來受記等是也。』上來明過,對比丘前,比入呵責。若對俗作四事者,即與擯出依止,遮不至白衣家法治之。對僧犯既爾,(四三八頁下)對一比丘犯亦然。類例而然,故言比入也。」(四三九頁上)

〔五〇〕**恭敬少年諸比丘** 資持卷上二:「反敬。近世多然,有識宜誡。」(二一〇頁下)簡正卷七上:「謂本合得他恭敬,今卻支(【案】『支』疑『反』。)敬他。」(三九五頁上)

〔五一〕**如弟子供給師法** 簡正卷七上:「謂理合得伊恭敬侍。今卻恭敬於彼,是顛倒也。」(三九五頁上)

〔五二〕**僧作白四,訶責折伏** 簡正卷七上:「別諫不受,秉法治之。」(三九五頁上)

〔五三〕**不敬計他** 簡正卷七上:「謂恃己為勝,將他不計為人數也。」(三九五頁上)

〔五四〕**輕慢大眾** 簡正卷七上:「輕陵侮漫,於僧旁若無人等。(此中多見破鈔句也。)」(三九五頁上)資持卷上二:「了論中,本無『輕慢』二字。故知,止是不敬大眾。然計他語隱,故加助釋。」(二一〇頁下)

〔五五〕**怖畏羯磨** 簡正卷七上:「大德云:『怖畏』即約『果』上立名;呵責即從『因』立號。由因此呵責,息當來地獄之畏也。」(三五四頁上)

〔五六〕**上來明過** 鈔科卷上二:「『上』下,簡濫。」(二〇頁中)資持卷上二:「簡下擯出對白衣說。」(二一〇頁下)

〔五七〕**對僧、比丘** 簡正卷七上:「對僧者,四人已上也。比丘者,一人已上也。」(三九五頁下)

〔五八〕**皆入「訶責」治之** 簡正卷七上:「皆者,俱也、盡也,俱入呵責中治也。有記中作『比』字釋,比類初緣智慧、盧醯鬥爭與呵責為緣起。今不唯此一之過。凡是前來諸列者,比於初緣,總得入呵責治罰。(三九五頁上)大德云:鈔本錯書為『比』字,但依前,『皆』字為正。」(三九五頁下)【案】智慧、盧醯為二比之事,見四分律卷四四,八八九頁上～中。

〔五九〕**此法與餘羯磨有異,故先明之** 鈔科卷上二:「初,明具緣。」(二〇頁下)鈔批卷八:「立云:此『呵責羯磨』與下六種羯磨不同。其下六者,或時犯過於俗,此一呵責法,犯過對僧,故曰有異也。勝云:明此治法,是違情立治,須僧證正其犯、五德舉告,為作憶念,令其伏首,方作羯磨。故出一番,以例下六也。餘有作法順情者,不須證正,故曰也。」(四三九頁上)簡正卷七上:

「<u>江西後堂記</u>云:『欲辨此文,應先問曰:此七種總是治罰白四之法,何故呵責羯磨最前明之?』便引鈔答云『此與餘有異』等。(云云。)此法者,指『呵責法』也。餘者,外也。除此呵責,外更有六,羯磨為餘也。有異者,下之六番,每法但對一事,如『殯出』(【案】『殯』疑『擯』。)但對污家惡行事,『遮不至白衣家』但對罵謗事等。今『呵責』不但一種,凡一切非法,俱入此羯磨治之。如前文云『過有多種』等。此既過有多少,多者最在初明,故曰前明也。准此解,似生起『呵責羯磨』來意,乍觀有理。然拋卻向下五行,鈔文便成孤起也。思之。今依<u>玄記</u>云:『此法』者,此七羯磨法也。餘羯磨者,受戒、懺罪、受日等也。有異者,此是違情羯磨,當世少行,餘是順情羯磨,當代盛行。既是違情,作法之時,須僧證正其罪也。又須前舉,復作憶念與罪。又,准遮法具問,同舉徒眾等。此則與受、懺等順情之法全異故。前明之意,在今行事者,了別也。(三九五頁下)此解不違鈔文、順羯磨疏,幸請詳察。<u>宛凌</u>(【案】『凌』疑『陵』。)引<u>律</u>作四句簡異,對此略明:一、是治法,非滅罪法,即此七種、九種,治取、治卻等是;二、是滅罪法,非治,如白四,方僧懺罪是;三、亦是治法,亦滅罪法,出殘罪是;四、俱非如受日是。」(三九六頁上)<u>扶桑記</u>:「異說紛紜,今依<u>玄記</u>。」(八六頁下)【案】「加法」即以法對治。正治之法有四,下文按序釋之。

〔六〇〕**緣起十種,如上具七法已** <u>鈔批</u>卷八:「謂上羯磨篇中,凡秉法前,具十緣,此舉罪證,正當其第八陳本意也。」(四三九頁上)<u>資持</u>卷上二:「十中,前七及九並同,唯八及十,諸法皆別。但舉治勘覈,法事特難,故云異耳。『如』下,示相。初指前七,問答在後,止明第八。」(二一〇頁下)

〔六一〕**此心違故,須僧證正其罪,得伏方與** <u>簡正</u>卷七上:「一切法事,總有陳意。如結、說、受、秉、白、唱相、乞戒等是,今即不然。鈔云(【案】『云』疑『文』。)自釋云『此違心故』,謂違彼犯人之心,如何更令陳意?須僧證正其罪也。得伏方典(【案】『典』疑『與』。)者,得前犯人臣伏,方與法也。」(三九六頁上)<u>資持</u>卷上二:「示舉意。『證』即證明,『正』謂罪實。」(二一〇頁下)

〔六二〕**應召來入眾,當前為舉** <u>資持</u>卷上二:「『應』下,明舉法有三。初,舉罪中,通云犯罪,且使眾知。」(二一〇頁下)

〔六三〕**僧中德人,舉告僧言** <u>鈔批</u>卷八:「即舉罪五德也。此『呵責羯磨』,律緣是<u>智慧比丘、盧醯那比丘</u>二人,喜相鬥諍,口出刀劍,互求長短等。」(四三九頁

-617-

上）簡正卷七上：「遮法文云：『若比丘舉他者，內有五法。』如前說之。」（三九六頁上）【案】四分律四十六，九〇七頁中。

〔六四〕舉已，為作憶念　資持卷上二：「用時、處、人、罪四種勘覈令憶，無拒為取自言。」（二一〇頁下）

〔六五〕應與罪　資持卷上二：「的示犯科，令受責罰。（訶責具明，餘六例解。）」（二一〇頁下）

〔六六〕上座應準遮法，具問能舉徒眾上下及所舉人已，聽許舉之　資持卷上二：「『上』下，明和眾。初，明問聽。合在舉前，恐慮謬故。和（【案】『和』疑『問』。）上下者，恐情乖故；問所舉者，恐違拒故。律名（【案】『名』疑『各』。）求聽，求彼聽可，然後方舉，是謂五德知時合宜。」（二一〇頁下）簡正卷七上：「准遮法，具問者，彼至上座前云：『我欲遮某比丘，聽當見聽。』上座應問：『汝內有五法不？』若言『無』，教言『莫放逸』；若言『具』，應問『何者是』。若能答，又問云：『汝問中座比丘未？』若未，應教問；若云『問了』。又云：『問下座比丘未？』亦准上法，故著『具』字也。能舉徒眾上下者，謂當時同舉上座、中下座，同心已不。所舉人者，犯過比丘也。一一如法，方為法事也。」（三九六頁下）【案】四分卷四六，依次問上、中、下座，九〇七頁下。

〔六七〕索欲問和，便作羯磨　資持卷上二：「『索』下，問和。此含問答二緣，足上為十。」（二一〇頁下）

〔六八〕律文舉鬥諍事　鈔科卷上二：「『律』下，正加法。」（二〇頁下）簡正卷七上：「一期出法也。今時隨事，不得一向執文。」（三九六頁下）

〔六九〕準改牒用　資持卷上二：「示知改法。遮謹誦故，總前四部所列過相，隨犯牒入，故云準改。」（二一〇頁下）

〔七〇〕應言　資持卷上二：「『應』下，出羯磨。白中加二人者，以過同故。未有而有，謂初起也；已有不滅，謂更增也。」（二一〇頁下）

〔七一〕僧為某甲、某甲比丘作訶責羯磨　資持卷上二：「作訶責者，單牒本也。」（二一〇頁下）

〔七二〕罵詈　扶桑記：「正斥曰罵，旁及曰詈。」（八七頁上）

〔七三〕更鬥諍　資持卷上二：「預示後罰，（二一〇頁下）非今正加，義歸緣攝。」（二一一頁上）

〔七四〕此是初羯磨　扶桑記：「五字當子注。」（八七頁上）

〔七五〕**若明不成者** 簡正卷七上：「列二十七非也。」（三九六頁下）

〔七六〕**若不舉、不作憶念、不伏首罪** 資持卷上二：「初三種，反上正陳，法無所被。」（二一一頁上）【案】此列三種不成。四分卷四四，八八九頁下；卷四八，九二一頁上。

〔七七〕**或無犯** 資持卷上二：「『或』下，四種用法差也。『無犯』及下，懺竟者，無病加藥也。」（二一一頁上）扶桑記：「若依律應云六種歟！律云：復有三事：無犯、犯不應懺悔、若犯罪懺悔竟。……復有三事：非現前、非法、別眾，如是三種作訶責羯磨，非法非毗尼，羯磨不成就。記意亦六種，但約義判，（八七頁上）為上四種用法，及下二種人法非也。」（八七頁下）【案】「或」下，列四種不成。

〔七八〕**犯不應懺罪** 鈔批卷八：「謂犯夷復覆，此不可懺，應與滅擯，不合訶責。」（四三九頁上）資持卷上二：「藥病不當也。如在俗前倒說四事，罪須加擯，不合訶責，故云不應。餘告例此，上並事非。」（二一一頁上）簡正卷七上：「謂輕吉也。若故犯纔覺，責心即滅，不入『呵責』中。此有七句，將上六句為二『三非』，以將『人法二非』向前七單句之下，歷之成七個『三非』。辨前二『三非』，成廿七非也。問：『律單列中，何不言現前非耶？』答：『前列二三非句，據犯人未作法，前陳本竟說。後七『三非』句，據作法時不成之相。若陳本意，有不現前。據誰論罪加罸，故須在眾。若後作法時，僧不喚來，遙加聖法，是不現前，成非也。』」（三九六頁下）

〔七九〕**不現前** 資持卷上二：「謂遙被也。戒疏云：人非、法是。」（二一一頁上）

〔八〇〕**及人法二非** 資持卷上二：「『及』下，即人、法非。『人』謂別眾不足，『法』即羯磨差脫等。」（二一一頁上）

〔八一〕**竝作法不成，得罪** 資持卷上二：「『竝』下，通結上九。」（二一一頁上）

〔八二〕**奪行** 簡正卷七上：「謂奪彼犯所行之汙。」（三九六頁下）【案】「奪行」文分為二：初，「與作」下；二、「何者」下。

〔八三〕**與作法已，告言** 資持卷上二：「前加羯磨，表眾同治，折辱剛強，正存奪行。觀其違順，驗其剛柔，取捨審量，斯為正要。」（二一一頁上）簡正卷七上：「法寶云：夷、殘及此中，總說奪行，須知同異。初篇，即永奪；二篇，懺了仍舊（【案】『舊』疑『奪』。）；此中，若隨順，即准舊讀文了，引此義也。」（三九六頁下）

〔八四〕**已為汝作訶責已，今奪三十五事，盡形不得作** 資持卷上二：「『已為』等者，

誠令諦受也。言盡形者，恐令畏懼也。」（二一一頁上）

〔八五〕**必能隨順** 資持卷上二：「誘令改悔也。」（二一一頁上）

〔八六〕**初五，奪其眷屬** 資持卷上二：「『初五』中。四、五事同，受往分異。既不聽受，何有差者？然僧既加罰，理必不差。為顯行法在身，不堪訓眾，故制之耳。」（二一一頁上）

〔八七〕**不應授人大戒** 簡正卷七上：「前足數篇據呵責等，四體未壞，故得授人大戒。今不得者，且約制中為言也。玄云：若准行別住中，正行別住人，有沙彌欲得此人作和上，（三九六頁下）佛開白停。為作和上，此即准開法。今奪者，即唯是制，如行別住。上奪三十五，既與受戒，故有開制，亦不相違。」（三九七頁上）

〔八八〕**不應說戒** 簡正卷七上：「自不得作法戒也。」（三九七頁上）

〔八九〕**不應答** 簡正卷七上：「縱使明閑，亦不得。乃至差錯作羯磨，使命不應作。『若爾，既是僧差，今不受，莫違僧命不？』答：『但自陳情即得。』」（三九七頁上）

〔九〇〕**若僧中簡集智慧者，共評論眾事，不在其例** 資持卷上二：「律中，斷諍先作單白，簡集智人。愚不預數，治者同然。」（二一一頁上）

〔九一〕**三五，奪其順從** 簡正卷七上：「惡比丘恐染習惡法，更增犯戒也。」（三九七頁上）

〔九二〕**一不得早入聚落；二不得侵暮還** 鈔批卷八：「謂常須白日在界內，行遜謝法，求僧為解。今既早出夜還，不領於僧，故不許也。」（四三九頁上）

〔九三〕**親近比丘** 資持卷上二：「先遠離故。律文上有『應』字。」（二一一頁上）

〔九四〕**不應近白衣、外道** 簡正卷七上：「白衣恐誘引罷道，外道恐邪見生，是以並不許親近也。」（三九七頁上）

〔九五〕**不應作異語** 資持卷上二：「即九十中口綺。問：『前後五種，未治得作，可得名奪。第三『五過』及第四前三過，餘時並制，本不得作，何名奪耶？』答：『誠如來問。今望遮斷，前所喜犯，亦得名奪。但違行法，故異常犯。』」（二一一頁上）簡正卷七上：「異語，即抵突、違逆是也。」（三九七頁上）

〔九六〕**此罪** 資持卷上二：「即被治之過。」（二一一頁上）

〔九七〕**謂為殘作訶責，指下篇為「餘」** 鈔批卷八：「今為吉作呵責，指何處為餘？則無下可指也。應闕此句耳。又，不得指上篇為餘，即『與』下第三句。若復重於此，有妨也。」（四三九頁上）簡正卷七上：「今犯殘，指下篇為餘；後犯

吉，指上篇為餘也。諸記皆約起心吉為餘者，非也。」（三九七頁上）資持卷
上二：「且約殘論。『提』（【案】「提」疑「指」。）下，相望，例亦應爾。但至
吉羅，則無餘也。」（二一一頁上）

〔九八〕**若相似，若從此生**　鈔批卷八：「礪云：言相似者，與本罪種類同也。如為故
妄語作呵責，後更犯兩舌、綺語等。若從此生者，謂從根本之前方便之罪生
也。由前方便，能成根本，故知根本是從方便生，故云『若從此生』也。」（四
三九頁下）

〔九九〕**相似**　資持卷上二：「『相似』謂同名罪。」（二一一頁上）

〔一〇〇〕**此生**　資持卷上二：「『從生』謂種類罪。」（二一一頁上）

〔一〇一〕**重於此**　鈔批卷八：「若為下四篇作呵責，可言『重於此』。若為夷作呵責，
則指何處為『重於此』？昔解皆非。今解夷本滅擯，何有呵責？直是學悔
者，奪三十五事，則指餘覆之夷為餘也。」（四三九頁下）

〔一〇二〕**謂犯提被治，後更犯殘等**　資持卷上二：「準知，此治不至四重。」（二一一
頁上）

〔一〇三〕**四不應嫌羯磨；五不應訶羯磨人**　簡正卷七上：「謂本為於僧比丘前造過，
被呵責之。今更慊（【案】『慊』疑『嫌』。）羯磨，還共前來，向僧比丘前
作過，便是相續後犯。謂僧比丘前倒說四事，今呵此羯磨法為非法、呵人
等，總是續作不止，即成相續犯也。」（三九七頁上）資持卷上二：「四、約
訶法，五、是訶人。心嫌口訶，訶必因嫌，上下互舉。然據四、五，本非篇
聚，而列相續犯中，未詳所以。亦可上三犯罪、下二犯事。」（二一一頁上）

〔一〇四〕**奪其供給**　簡正卷七上：「謂既奪供給，所以不得也。」（三九六頁上）

〔一〇五〕**奪其證正他事**　簡正卷七上：「謂證他有事，遮彼布薩。准遮犍度云：『長
老，遮此比丘說戒者，為破戒乃至威儀耶？若言破戒，破何等戒？』云破
夷、蘭等。（三九七頁上）共證正他罪一種，故不應遮。自恣亦爾。他實不
犯，即爭言犯，是與善比丘爭也。既奪證正，故不合也。」（三九七頁下）
【案】四分卷四六，九〇八頁下。

〔一〇六〕**不應證他事**　資持卷上二：「謂評論法理，證他是非。」（二一一頁上）

〔一〇七〕**不應遮布薩**　資持卷上二：「準律，遮法比丘知他有犯，對僧舉告，不令眾
僧同彼布薩，故云遮也。自恣亦然，今並不得。」（二一一頁中）

〔一〇八〕**不應共善比丘諍**　鈔批卷八：「其人犯罪在身，理須細心卑下，如何無禮，
更與他人相諍？事既紛紜，甚所（原注：『所』疑『不』。）可也。」（四三

九頁下）資持卷上二：「謂論理教相，亦屬證他。」（二一一頁中）

〔一〇九〕明順從　簡正卷七上：「玄云：亦是呵責犍度文也。」（三九七頁下）【案】
四分四四，八九〇頁上。

〔一一〇〕應於上七「五事」中，一一順從　資持卷上二：「初，明犯者調順。」（二一
一頁中）

〔一一一〕於僧小食上　資持卷上二：「『於』下，從僧求解。」（二一一頁中）【案】「於
僧小」至「復作」，見四分卷四四，八九〇頁上。

〔一一二〕僧當量審，然後受之　資持卷上二：「『僧』下，僧量許可。」（二一一頁中）

〔一一三〕解法　簡正卷七上：「問：『呵責等四，何以先懺後解？三舉等三，何故先解
後懺？律文以是布置耶？』答：『相部云：呵責等過相，無隨順故，先懺後
解。三舉等過相重，恐犯隨順，所以先解後懺也。東塔破云：此七種並為治
人，雖然懺竟，治法不謝。本為懺悔除邪，何有隨順之罪？與南山意同。不
取初解也。』」（三九七頁下）

〔一一四〕律云　鈔科卷上二：「陳乞詞。」（二一頁下）簡正卷七上：「亦是遮犍度文
也。」（三九七頁下）【案】從「應來僧中」至「是事如是持」，見四分律卷
四四，八九〇頁中。

〔一一五〕彼二比丘亦爾　鈔批卷八：「此謂二人被治，一人乞解，其彼一人，亦須別
乞解也。今言彼二比丘者，即第二比丘也。」（四三九頁下）簡正卷七上：
「且約二人同犯之者，一人被治乞解，波（【案】『波』疑『彼』。）第二人
亦須乞解，故云彼二亦爾。若取語定，合云第二比丘亦爾。更有別解不正，
不錄也。問：『如二人同犯，一人隨順乞解，彼第二人未隨順，其未乞解。
其一比丘，獨作成不？』『有人云亦得。今准律文，不成。須二人一時，隨
順乞解，各陳詞句，方得成也。』」（三九七頁下）資持卷上二：「『二』合作
『一』，傳寫之誤。前後羯磨，並牒二人故。」（二一一頁中）

〔一一六〕上座如上欲和，解言　鈔科卷上二：「『上』下，加羯磨。」（二一頁下）【案】
「和」，音「賀」。

〔一一七〕其行法中，威儀坐處，未明所在　鈔科卷上二：「『其』下，示雜相（二）：
初，威儀坐處；二、『若』下，所被多少。」（二一頁下）資持卷上二：「坐
處，準僧殘者，即行別住也。」（二一一頁中）

〔一一八〕下行坐　簡正卷七上：「不依夏也。」（三九七頁下）

〔一一九〕隨名牒用　資持卷上二：「準上，鬥諍應是同過，別過亦通，作法非便。」

（二一一頁中）簡正卷七上：「據所犯同者。」（三九七頁下）

〔一二〇〕不得至四　資持卷上二：「『律制僧不舉僧，恐破別故。』（二一一頁中）簡正卷七上：「恐成僧舉僧也。」（三九八頁上）

〔一二一〕如上已明　資持卷上二：「即羯磨篇『被人多少』中。」（二一一頁中）【案】參見羯磨篇之「問：羯磨所被幾人」等處鈔及釋文。

〔一二二〕至時量之　簡正卷七上：「至作法時，准量酌度也。」（三九八頁上）

二、擯出〔一〕者

謂對俗人，倒說四事，廣如律文〔二〕。又如「隨戒」中，污家、惡行〔三〕，倒亂佛法〔四〕，污他俗人淨善之心，以非為是。故須遣出本處〔五〕，折伏治之。使世俗識非達正〔六〕，無復疑惑。此之過罪〔七〕，人多有之，特須禁斷。

若論治法、隨順，及以解辭，略同上法〔八〕。然初擯中，牒其過已，「離此住處」為異〔九〕，律本委具〔一〇〕。

若隨順乞解，不得輒來，當在界外遣信來請〔一一〕。僧祇云〔一二〕：不得共諸比丘語論。若有咨請，推屬本師〔一三〕。

【校釋】

〔一〕擯出　資持卷上二：「佛在羈離那國，因阿濕卑、富那婆娑二比丘污家惡行為緣故制。羯磨罰已，驅出當界，故得名也。」（二一一頁中）鈔批卷八：「礪云：此污家之人，壞彼信心，僧以作法加罰，遣出本處，故曰也。涅槃名為『駈遣羯磨』，十誦名『駈出羯磨』。事起馬宿、滿宿二比丘，在聚落中污家也。舊云馬師、滿宿，謬矣，親撿十誦云爾。四分名富那婆娑比丘及阿濕卑比丘，在羈連聚落，行污家惡行，（四三九頁下）餘比丘住，乞食不得。云此比丘不與我曹言語慰問、迎逆、乞食。比丘舉過，白佛。佛令白四擯出，令身子、目連往治。反謗眾僧，云懷愛恚。僧即設諫，違諫犯殘，臨時付口（【案】『口』疑『呵』。）言，故須遣出。」（四四〇頁上）【案】四分卷五有阿濕卑、富那婆娑二比丘於舍衛城羈連聚落中污家惡行，五九七頁上～中；四分律卷四四，八九〇頁中。十誦卷四〇也記有馬宿、滿宿二比丘在聚落中污家之事。

〔二〕謂對俗人，倒說四事，廣如律文　鈔科卷上二：「出過相。」（二一頁下）資持卷上二：「指所出。上句簡濫。指四事者，亦即遮法，如前不異。須知。倒說四事，通於七、九，但約對道、對俗，有信、無信，以分異耳。」（二一一頁中）

〔三〕**隨戒中，污家惡行**　資持卷上二：「指隨戒（【案】見隨戒釋相篇之十三僧殘篇。）。即本緣起，律文廣列，此不繁引，故指如後。」（二一一頁中）扶桑記：「僧殘記云：莫非壞彼淨信，令生厚薄故。」（九四頁上）

〔四〕**倒亂佛法**　資持卷上二：「『倒』下，顯過。」（二一一頁中）

〔五〕**故須遣出本處**　資持卷上二：「『故』下，明治。」（二一一頁中）鈔批卷八：「本處者，謂遣出聚落汙家之處也。」（四四〇頁上）

〔六〕**使世俗識非達正**　資持卷上二：「『使』下，彰益。」（二一一頁中）鈔批卷八：「立明：六群既在聚落汙家，自種華菓，教人種等。所得利養，將與一家，不與一家，致令俗人謂言『佛法應爾』。今作法治此六群，使俗識知是非分齊也。」（四四〇頁上）

〔七〕**此之過罪**　資持卷上二：「『此』下，勸依。」（二一一頁中）

〔八〕**若論治法、隨順，及以解辭，略同上法**　鈔科卷上二：「『若』下，示治法。」（二一頁中）資持卷上二：「前總指四種。『治法』字中，義兼奪行。然奪行隨順，諸治並同，初治及解，隨過乃異。」（二一一頁中）

〔九〕**然初擯中，牒其過已，「離此住處」為異**　資持卷上二：「『然』下，略示初法。」（二一一頁中）鈔批卷八：「濟云：此擯出羯磨之文，亦同前呵責羯磨文也。但須牒其汙家惡行之緣已，即言：『僧今為此比丘作擯出羯磨，離此住處。』加此『離住處』之辭，與前有異，故曰為異也。」（四四〇頁上）

〔一〇〕**律本委具**　資持卷上二：「律云：『大德僧聽，此阿濕鞞、富那婆娑比丘於羈離那國，污他家，行惡行，俱有見聞。若僧時到僧忍聽，為阿濕鞞、富那婆娑作擯，汝污他家，行惡行，俱有見聞。汝可離此住處去，不須此處住。白如是。』（羯磨準知。以此為法，隨過牒稱）。」（二一一頁中）【案】依律所言，惡行，即自種花樹、教他種等。污家即：依家污家，依利養污家，依親友污家，依僧伽藍污家。四分律卷四四，八九一頁中。

〔一一〕**若隨順乞解，不得輒來，當在界外，遣信來請**　鈔科卷上二：「『若』下，明求解。」（二一頁中）資持卷上二：「亦先三乞。其『乞辭』及『解法』一同前文，但改諸『訶責』字為『擯』字耳。後諸治罰亦然，此處知之，下更不點也。求解中。初，明乞解，由不入界，故須遣信。」（二一一頁中）

〔一二〕**僧祇云**　資持卷上二：「『僧』下，明制約。」（二一一頁中）【案】僧祇卷二五，四三三頁上。

〔一三〕**若有諮請，推屬本師**　資持卷上二：「謂餘比丘私有請問，由不得共語，推令

問師。（舊云：被治人止得問師，恐餘人成隨舉故。準戒疏，隨舉唯局惡見，況隨舉亦不開師？其謬可知也！）」（二一一頁中）鈔批卷八：「立明：『本師』即和上也。以此比丘，既被僧治，奪三十五事，不得與餘比丘共住。還以和上，須二時教誡，令其改過。從僧乞解，令師僧中代陳。故疏云『除師徒尼伴』也。謂師弟子互被治，佛令教勅改過，無隨順罪。尼若犯者，制不離伴，伴尼隨順，亦開無過。」（四四〇頁上）簡正卷七上：「謂被治人，或有緣事，不得問餘人。餘人答，恐成隨舉。和尚七法共同，是以開也。」（三九八頁上）

三、言依止〔一〕者

若與比丘及以白衣共相雜住，倒說四事，惑亂正法〔二〕。或在道雖久〔三〕，癡無所知〔四〕，隨緣壞行，不能自立，數懺數犯。須僧治罰，依彼明德，咨問法訓〔五〕，使行成益己故也。

治法略同於上〔六〕。與依止已，親近知法律人，學知毘尼。明達持犯者，當為解之〔七〕。涅槃云「置羯磨」者，安置有德之所。餘如師資法中〔八〕。

【校釋】

〔一〕依止　簡正卷七上：「羯磨疏云：入道雖久，智鈍神昏，纔懺遂犯，故作不止。既無志操，制依明德。若准緣起，因僧劦比丘年老無知，故懺數犯，所以佛制，令依有德。然初依處，後復處壞，佛令依人。後復人死，所以令但是有德者，即須依止。」（三九八頁上）【案】四分卷四四，八九一頁下～八九二頁上。

〔二〕若與比丘及以白衣共相雜住，倒說四事，惑亂正法　資持卷上二：「明倒亂。必兼兩眾，方入此治。」（二一一頁下）

〔三〕或在道雖久　資持卷上二：「『或』下，正律本緣。但令數犯，不約對人。」（二一一頁下）

〔四〕癡無所知　鈔批卷八：「立謂：此人非不識世事，如興博販賣、談論世法，無事不通，但不識持犯、開通輕重法相，故曰也。」（四四〇頁下）

〔五〕須僧治罰，依彼明德，咨問法訓　資持卷上二：「『須』下，正明立法，仍見名義。」（二一一頁下）

〔六〕治法略同於上　鈔科卷上二：「『治』下，加治法。」（二一頁下）資持卷上二：「律作白云：『大德僧聽，此僧劦比丘癡無所知，多犯眾罪，共白衣雜住而相親附，不順佛法。若僧時到僧忍聽，與僧劦比丘作依止羯磨。白如是。』（羯

磨準知。）」（二一一頁下）

〔七〕明達持犯者，當為解之　資持卷上二：「『明』下，略示順從及解法。」（二一一頁下）

〔八〕餘如師資法中　鈔批卷八：「立明：此與師資法中『依止』大同少異，此則依止眾僧，彼則依止別人。若教授承事、依止等行，一同彼也。」（四四〇頁下）資持卷上二：「『餘』下，指行法。彼云：愚癡無智者，盡形依止。十誦：受戒多歲，不知五法，盡形依止。（『五法』謂不知犯、不犯輕重，及不誦廣戒。）毘尼母：百臘不知法，從十臘依止等。彼篇頗詳，且略引示。」（二一一頁下）

【案】資持釋文中「五法」指：犯、不犯，犯輕、犯重，及不誦廣戒。

四、遮不至白衣家〔一〕者

謂於信心俗人前，倒說四事，非法惱亂，損壞俗心，罵謗白衣，輒便捨去〔二〕。須僧作法遮斷，不許使離，遣謝白衣故〔三〕也。僧祇云〔四〕：比丘明日受他必定請，至時不去，惱信施主，須加此法。

若得法附已，當白二，差一比丘具八法者：一、多聞，二、能善說，三、說已自解，四、能解人意，五、受人語〔五〕，六、能憶持，七、無有闕失〔六〕，八、解善惡言議〔七〕者。將被治人，至信俗家，語言：「檀越，懺悔。僧已為某甲比丘作謫罰竟。」〔八〕若即受懺者〔九〕，善；不肯者，具有進不〔一〇〕。廣如律說。若俗人歡喜〔一一〕，即為解之。

【校釋】

〔一〕遮不至白衣家　鈔批卷八：「礪云：涅槃名為『舉罪羯磨』，彰過於外，俗人前悔，故曰『舉罪』；十誦、五分稱為『下意羯磨』；祇律名為『發喜』，謂發白衣歡喜也。緣起四分，呵責揵度中云，即迦尸國質多羅居士，請身子、目連具辦飲食，盡世間二味。時有善法比丘，舊來往（【案】『往』疑『住』。）其家，見彼作異常飲食，心生嗔恚，作見（原注：『見』疑『是』。）惡言：『居士所辦飲食，無味不有，唯無胡麻滓。』此言譏毀居士也。」（四四〇頁下）此居士素有押油之業。居士聞此言已，深乃不樂，便語比丘言：『如何內懷如是多寶根、力、覺、意、禪定、正受，作如是麤言？我今當說譬喻，有智之人，以喻自解。譬如有國土無雞，是中賈客持雌雞來至國中。彼雞無雄雞，便與烏共通。時雞後生子，不作雞鳴，復不烏喚，即名之為烏雞。今汝亦爾。懷禪定、正受，而作此麤言。』善法比丘言：『居士罵我，今欲去。』居士苦留不住，云：『欲至佛所語言，可白世尊，無令增減。說可，當還來至我所。』時比丘

往白佛，佛無數呵責之：『云何彼居士有信，作檀越，多有利益，供給眾僧？乃以此下賤之言，罵於他耶？』即告諸比丘，為此善法比丘作遮不至白衣家，白四羯磨。』然後差八德人，即有阿難，具此八德，領此比丘，往謝白衣。」（四四〇頁上）【案】四分卷四四，八九二頁中～下。

〔二〕謂於信心俗人前，倒說四事，非法惱亂，損壞俗心，罵謗白衣，輒便捨去　鈔科卷上二：「出過加治。」（二一頁下）

〔三〕須僧作法遮斷，不許使離，遣謝白衣故　資持卷上二：「『須』下，明立治。名、相兩顯。言作法者，白云：『大德僧聽，此善法比丘，質多居士信經檀越，常好布施，供給眾僧，而以下賤惡罵罵之。若僧時到僧忍聽，今為善法作遮不至白衣家羯磨。白如是。』（羯磨準作）。『奪行』並同。」（二一頁下）【案】四分卷四四，八九三頁上。

〔四〕僧祇云　資持卷上二：「『僧』下，示別過。雖非罵謗，損惱同故。」（二一頁下）【案】僧祇卷三〇，四七〇頁下。

〔五〕受人語　資持卷上二：「不妄拒也。」（二一二頁下）

〔六〕無有闕失　資持卷上二：「約行業。」（二一二頁下）

〔七〕議　資持卷上二：「『議』字，律本不從『言』，單作為正。」（二一二頁下）【案】議，四分作「義」。

〔八〕將被治人，至信俗家，語言檀越懺悔，僧已為某甲比丘作謫罰竟　資持卷上二：「『將』下，明往懺。初，令語告（【案】『告』疑『言』。）檀越懺悔者，召令受也。」（二一二頁上）

〔九〕若受共懺者　資持卷上二：「『若』下，次，教觀量。」（二一二頁上）【案】「受」，底本作「共」，依文義及四分改。

〔一〇〕不肯者，具有進不　鈔批卷八：「立明：俗人若歡喜者，僧則為此比丘解之。若俗人再三不受懺悔者，即與作覆鉢法也。勝云，律中，檀越若所受，犯罪比丘應自往懺悔，故曰也。濟云：一迴往謝不受，後更教往，以得喜為期也。」（四四一頁上）資持卷上二：「『律云：若不受，應至眼見耳不聞處，安羯磨比丘，著眼見（令彼目睹，心柔受懺。）耳不聞處，（恐聞作法，）教令如法懺悔。復來語言居士懺悔：『彼比丘先犯罪，已為懺悔，罪已除。』彼若受者，善；若不受者，犯罪比丘應自往懺悔。」（二一二頁上）簡正卷七上：「十誦云：僧應語彼犯罪比丘云：『是居士有大勢力，若官，若賊，能作惡事，惱亂眾僧，汝當捨此住處。』云若是比丘強住者，眾僧不犯也。此四羯磨，大約有

二：呵責、依止是內護，殯（【案】『殯』疑『擯』。）出、遮不至白衣是外護。」（三九九頁上）扶桑記釋「恐聞作法」：「作法謂悔罵俗人法。（【案】下出飾宗引五分卷二四文。）」（八九頁上）【案】五分卷二四，一六四頁上。

〔一一〕若俗人歡喜　資持卷上二：「『若俗』下，後示開解。懺竟俗喜，足顯從順故。」（二一二頁上）

更總明「四」「三」羯磨〔一〕同異。

前四法，人但壞其行，心猶有信〔二〕。律足僧數，應羯磨法；而是被治，不可訶舉。

後三羯磨，名為「三舉」，信行俱壞，棄在眾外，不足僧數〔三〕。過狀深重，不可攝濟，故制極法。律簡此色，同於犯重，乃至死時，所有資產，入同舉僧〔四〕，賞功能故。涅槃云：為謗法者，作是降伏羯磨；又，示諸惡行有果報故。今學大乘語人，心未涉道，行違大小二乘〔五〕。口說無罪無懺，淫欲是道〔六〕；身亦行惡，隨己即是，違己為非〔七〕。竝合此治〔八〕。

【校釋】

〔一〕「四」「三」羯磨　鈔批卷八：「謂更明上四種羯磨，并下三舉羯磨之義也。」（四四一頁上～下）簡正卷七上：「『四』謂『呵責』等是。『三』謂『三舉』也。」（三九九頁上）

〔二〕前四法，人但壞其行，心猶有信　簡正卷七上：「壞行者，不依止作二持而行，名壞行也。心猶有信者，此人信善惡二因，感苦樂二果。」（三九九頁上）鈔批卷八：「礪云：不壞信者，約不壞自信，非不壞他俗人之信。就『呵責』等四羯磨中，言壞行者，行雖無量，略明唯二：一、內護行，謂出家人頓教修行，眾法成立，攝法在己，千載不墜，名為『內護佛法行』；二、外護行，謂在家俗人，敬信三寶，授護佛法，使不墜沒，名為『外護』。就上，內護有二：謂『眾法內護』『自行內護』。若壞眾法內護行者，與作『呵責』治；若壞自行內護者，與作『依止』治。就上，外護行亦二：謂有『違』『順』之異。若順情生過，不問總別，多家一家，並須『擯出』治，即是護，令生於正信。若違情惱物，不問多一，皆作『不至』等治之，便是護，令無惱。以罵生惱故，隨事差分，立四治法。又，七羯磨人，前四治輕，得足僧數，後三邪故，治罰法重，不滿僧數。前之四人，既是僧數，無『隨順罪』；後三人者，邪見壞心，不足僧數，有『隨順罪』。又，『隨』有輕重：若隨前二，不見不懺人者，但得

吉羅；隨後惡邪，得提可知。又，此七羯磨人：前六人無倚傍，無倚傍故，不須設諫；後惡邪不捨，以倚傍聖教，言說相似，是非難分，須僧設諫，（四四一頁下）開示是非，改過從善也。」（四四二頁上）

〔三〕**信行俱壞，棄在眾外，不足僧數**　簡正卷七：「信行俱壞，大約不出有二：一、信善惡二因，感苦樂二果，是入道初門。二、依信起行。行惡有四：一、是止持行，謂信罪懺悔；二、是作持行，謂見欲是障修，離染清淨行是。此是三修，友（【案】『友』疑『反』。）此三修，即成三邪。對此三耶（【案】『耶』疑『邪』。），故立三舉。所言舉者，謂舉已後，無比丘閑（【案】『閑』疑『用』。），如世不用之物，舉置卻也。」（三九九頁上）

〔四〕**所有資產，入同舉僧**　鈔批卷八：「立明：此三舉人，生時不同僧利，今死後，衣物不合僧分，但是入當時同舉僧也。濟云：其三舉人，古人舉喻，猶如犁樓陸，秋月不用，舉置閣上，到時方用。此三舉人，亦復如是。既卒無用，故亦舉之於眾外。待心改已，僧為解之。」（四四二頁上）簡正卷七：「此舉人生時，不同僧利，死後衣物，不合僧分，但賞當時同舉僧也。」（三九九頁上）

〔五〕**今學大乘語人，心未涉道，行違大小二乘**　資持卷上二：「初，三句標人。上句示所學，下二句明心行。未涉道者，隨塵染故。違大小者，不稟教故。」（二一二頁上）簡正卷七上：「今師意也。心未涉道，由心無信故，（三九九頁上）信為道原之母也。行違大小等者，是行壞也。」（三九九頁下）

〔六〕**口說無罪無懺，淫欲是道**　資持卷上二：「『口』下，二、示濫。上二句，即明學語。『罪福性空』出普賢行法，『婬欲是道』出無行經。乃大乘之通說，非止一經。為顯業相皆如幻故，復示業性不可得故，復示染淨同一源故，復示諸法唯一心故，復令眾生於諸惡中得解脫故，非謂使汝作不淨行。今身為惡，傍倚此語，用飾己非，取適愚情，實乖聖意！即楞嚴云：先斷淫心，是名如來。先佛世尊，第一決定清淨明誨。若不斷淫，修禪定者如蒸砂石欲成其飯，經百千劫終名熱砂等。又，梵網經云：菩薩應生教順心，救度一切眾生，（二一二頁上）淨法與人。而反更起一切人婬，乃至無慈悲心，是菩薩波羅夷罪。汝謂楞嚴、梵網是大乘乎？若專彼語，此復云何？悲夫！悲夫！」（二一二頁中）簡正卷七上：「口說無罪無懺，婬欲是道，顯信壞也。」（三九九頁下）

〔七〕**身亦行惡，隨己即是，違己為非**　簡正卷七上：「釋行壞。」（三九九頁下）資持卷上二：「『身』下，顯上心行。上句示行，下二句明心。隨，即是順，謂愚叢從化。違，謂智者所非。愛惡熾然，去道甚遠！」（二一二頁中）

〔八〕竝合此治　簡正卷七上：「『並合』已下，結判也。」（三九九頁下）資持卷上二：「『並』下，三、勸罰。」（二一二頁中）鈔批卷八：「明上濫學大乘之人，絕無修道之心，廣造罪已，口云：『罪無形相，有何可懺。』如此之輩，並合依犯而治也。」（四四二頁上）

次

五、明不見舉〔一〕者

倒說四事，法說非法，犯言不犯〔二〕；或不信善惡二因，感苦樂二果，邪見在懷，障於學路〔三〕。或由不達教，或知而故犯〔四〕。僧問〔五〕：「何不見犯？」答云：「不見。」僧即遮舉，與作「不見舉」治之〔六〕。為欲折伏從道〔七〕，且棄眾外〔八〕，不同僧事，目之為「舉」。作此正法，治不見罪人，故曰「不見舉〔九〕」也。四分云：此三舉人，令在有比丘處行之〔一〇〕。若在無比丘處，不得為解。

六、不懺舉〔一一〕者

然罪無定性，從緣而生，理應悔除，應本清淨〔一二〕。而今破戒、見四法，犯不肯懺，妄陳濫說〔一三〕，言「不懺悔」，垢障尤深，進道無日，故須舉棄，得伏方解〔一四〕。經名「滅羯磨〔一五〕」者，治罰前人，使作滅罪。僧祇云：被三舉人，心意調柔，白僧言：「我心調柔，願僧為我捨法。」白已，卻行而退。眾主比丘，量議可不〔一六〕。然後乞解〔一七〕。

七、惡見不捨舉〔一八〕者

欲實障道，說言不障。邪心決徹，名之為「見」；見心違理，目之為「惡」。亦於戒、見四法，倒說不信〔一九〕。須僧舉棄，永不任用，隨順無違，方乃解之〔二〇〕。

【校釋】

〔一〕不見舉　資持卷上二：「佛在拘睒彌國，闡陀比丘犯罪，餘比丘語言：『汝犯罪見不？』答言：『不見。』比丘舉過，佛因訶制。」（二一二頁中）簡正卷七上：「玄云：律緣起中，因闡陀心中壞其邪見，即障學正道之路也。」（三九九頁下）鈔批卷八：「涅槃名為『不可見羯磨』也。賓云：既起邪見，未可得正見也。又解，雖犯罪已，邪心不信，未見有犯，故曰未可見也。此不見、不懺二事，事起闡陀比丘也。」（四四二頁上）

〔二〕倒說四事，法說非法，犯言不犯　資持卷上二：「初，即倒亂。」（二一二頁中）

〔三〕**或不信善惡二因，感苦樂二果，邪見在懷，障於學路**　資持卷上二：「『或』下，二、明信壞。但是作惡，不畏來報，即為邪見。非同斷善，頓棄三寶，而失戒矣。」（二一二頁中）

〔四〕**或由不達教，或知而故犯**　資持卷上二：「『或由』下二句，推上過源。」（二一二頁中）鈔批卷八：「如經中明淨穢二罪，雖非內外，求不可得，不可覩見。今此人或不了達此言教，即便言不見也。」（四四二頁上）簡正卷七上：「未解教相，則訖（【案】『訖』疑『乞』。）法非法，便不信因果。或知而故作，僧問彼故，或不達者，答云『不見』；或知而故答『不見』；或遮止也。止伊不見，故舉治之。」（三九九頁下）

〔五〕**僧問**　資持卷上二：「『僧』下，示其拒逆。邪見在懷，非言不顯，故假問答，為舉本緣。」（二一二頁中）

〔六〕**僧即遮舉，與作「不見舉」治之**　資持卷上二：「『僧即』下，次，加治法。初，明加法。白云：大德僧聽，此闡陀比丘犯罪。餘比丘語言『汝犯罪見不』，答言『不見』。若僧時到僧忍聽，今為闡陀比丘作不見罪，舉羯磨。白如是』。（羯磨例準。）『奪行』等並同。」（二一二頁中）

〔七〕**為欲折伏從道**　資持卷上二：「『為』下，二、明舉意。且謂權暫簡滅擯，永棄故。」（二一二頁中）

〔八〕**棄眾外**　簡正卷七上：「雖在寺中，不預僧法，無其足別。」（三九九頁下）

〔九〕**不見舉**　資持卷上二：「『作』下，示名義。如物舉棄，不復用故。」（二一二頁中）

〔一〇〕**令在有比丘處行之**　鈔科卷上二：「『四』下，總示行處。」（二一頁中～下）資持卷上二：「三法並爾，故此總示。有僧處者，令慚恥故。」（二一二頁中）

〔一一〕**不懺舉**　簡正卷七上：「因闡陀為緣起，如律。罪懺方淨，言無可懺，即是妄陳，泛濫大乘。說『罪性空』經，是涅槃也。」（三九九頁下）鈔批卷八：「礪云，涅槃名為『滅羯磨』，謂治嶭前人，使信懺滅罪故也。謂犯罪已，不肯懺悔，云：『罪性空，有何可懺也？』」（四四二頁上）如有問，言：『經中盛說罪性皆空，今有何義，令我懺耶？』應為分別：『經說性空，是談理觀，汝未除妄，如何說空？又，法性空，但應除病。豈當廢事，方始談空！若空廢事，空應礙有，由礙有故，即不成空。由不成空，理應須懺。若不礙有，應不礙懺。既不礙懺，亦應須懺。進退遭難，犯過無逃。』又復難言：『空不礙有，亦不礙空，不應不懺，亦不應懺。何須執我，令我要懺？』復為分別：『汝不懺空，

違我懺空,是故眾僧,要須治汝。』」(四四二頁下)

〔一二〕然罪無定性,從緣而生,理應悔除,應本清淨 資持卷上二:「初明應懺。上句示罪可懺。輕者即滅,重者轉輕,故云不定。從緣生者,釋成不定所以。」(二一二頁中)【案】「釋成不定所以」即「解釋輕重不定的原因」。

〔一三〕而今破戒、見四法,犯不肯懺,妄陳濫說 資持卷上二:「『而』下,明不懺。上四句示過。言濫說者,即倚傍聖言,誑惑無知、拒逆僧命故。」(二一二頁中)鈔批卷八:「妄陳濫說者,言罪性如虛空,持者為迷倒,是以邪見濫於大乘也。」(四四二頁下)

〔一四〕故須舉棄,得伏方解 資持卷上二:「『故下』二句,明治法。詞句同前,但改諸『見』字為『懺』字。餘無少差。」(二一二頁中)

〔一五〕滅羯磨 資持卷上二:「『經』下,會異名。即涅槃也。」(二一二頁中)【案】北本涅槃卷三,三八〇頁下。

〔一六〕眾主比丘,量議可不 資持卷上二:「理須細察,還復正信。不察虛詐,縱解不成。」(二一二頁中)

〔一七〕然後乞解 鈔批卷八:「以此人心意調順,方始為解。若不如此,一向不合也。」(四四二頁下)【案】僧祇卷二六,四四〇頁上。

〔一八〕惡見不捨舉 資持卷上二:「佛在舍衛,利吒比丘惡見生,言:『我知佛所說法,行婬欲,非障道法。』」(二一二頁中)諸比丘殷勤諫諭,利吒堅持惡見,而言此是真實,餘皆虛妄。諸比丘白佛,因制。」(二一二頁下)鈔批卷八:「礪云,涅槃名為『未捨惡見羯磨』。明了論:若比丘不見自有罪,若見不肯行對治法,或不捨邪見,作不共住羯磨。此了論言,含三舉人。」(四四二頁下)簡正卷七上:「緣起因利吒比丘說『欲不障道』,故制也。問:『此三舉者,前來不見舉文中云:不信善惡二因,感苦樂二果,邪見在懷,障於學路。後段復云:邪心決徹,名之為見等。此既是邪見心生,准俱舍,四捨中邪見失戒,何閑(【案】『閑』疑『用』。)治罸?』淮南云:『夫言邪見,斷善失戒,須起九品圓滿之心,為圓滿邪見,必定捨戒。既無受體,還同白衣,不用治罸。今此三舉比丘,雖然不信因果,及邪心決徹,且九品之心未滿,故不失戒。(三九九頁下)但律據麤相為言,論約子細以說,故有失、不失也。雖有此解,道理顯然,或究其原,未免妨難。且如起邪心九品,盡與不盡,總屬他人之內心。』『今僧如何得知彼心之事耶?』『今依天台所稟云,可助一釋,謂僧令改惡,故治舉之。彼苦(【案】『苦』疑『若』。)受僧治罸,即有由信,故知九

品邪心未圓，必一向拒違，不受治罰。即驗知，邪心決徹，已斷善故，亦不在治也。』(此解妙中之妙。)」(四〇〇頁上)【案】阿利吒比丘事，可見四分卷四五，八九五頁中。

〔一九〕亦於戒見四法，倒說不信　資持卷上二：「『亦』下，明餘過。」(二一二頁下)

〔二〇〕須僧舉棄，永不任用，隨順無違，方乃解之　資持卷上二：「『須』下，加治法。白云：『大德僧聽，此利吒比丘作如是語：行婬欲，非障道法。若僧時到僧忍聽，僧今與利吒比丘作訶諫，捨此事故。阿利吒莫作是語，莫誹謗世尊。謗世尊者，不善。世尊不作如是語，世尊無數方便，說行婬欲是障道法。若犯婬欲，即為障道。白如是。』(羯磨第二句如前牒已。更將第四句續，則緣本雙陳，與白為異。已前諸法並然。)」(二一二頁下)

此七治法，實為妙藥。持於正法，謫罰惡人，佛法再興，福流長世。

故律云〔一〕：如來出世，為一義故，制「訶責羯磨」〔二〕，乃至「惡心不捨舉」。所謂攝取於僧，令僧歡喜，乃至正法久住〔三〕。

涅槃盛論「七羯磨」後，廣明護法之相〔四〕，云：有持戒比丘，見壞法者，驅遣訶責，依法懲治，當知是人得福無量〔五〕。又云〔六〕：今以無上正法，付囑諸王、大臣、宰相及於四眾，應當勸勵諸學人等，令學正法〔七〕；若懈怠、破戒、毀正法者，大臣四部，應當苦治。大集云〔八〕：若未來世，有信諸王，若四姓等，為護法故，能捨身命，寧護一如法比丘，不護無量諸惡比丘，是王捨身生淨土中；若隨惡比丘語者，是王過無量劫，不復人身〔九〕。

問：「前十輪經不許俗治，涅槃、大集令治惡者？」答〔一〇〕：「十輪不許治者，比丘內惡，外有善相，識聞廣博，生信處多，故不令治；必愚闇自纏，是非不曉，開於道俗三惡門者，理合治之，如後二經〔一一〕。又，涅槃是窮累教本，決了正義〔一二〕，縱前不許，依後為定〔一三〕。兩存亦得〔一四〕。廢前又是〔一五〕。」

【校釋】

〔一〕故律云　鈔科卷上二：「初引制教彰益；二、『涅』下，引化教勸治(二)。」(二一頁上)資持卷上二：「即律增一中，文共有十句。鈔文從初至於僧來，即初句也。」(二一二頁下)【案】四分卷五七，九九〇頁下。「結益」文分為二：初，「此七」下；次，「故律」下。

〔二〕如來出世，為一義故，制「訶責羯磨」　鈔批卷八：「立云：無佛興世，所制

戒撿，及此七法治人者，意令莫犯，使戒淨故，定慧從生，斷惑出塵，至無上果，名為一義。義在果也。（四四二頁下）……四分增一文云：佛告諸比丘，如來出世，以一義故，為諸比丘制呵責羯磨，攝取於僧。以是義故，如來制呵責羯磨。佛說如是，諸比丘聞歡喜，信樂奉行。下有諸句，約擯出、依止、遮不至、三舉等，乃至說戒、自恣，及單白、白二、白四三種羯磨，及覆藏、本日治、出罪法，及四波羅夷，乃至眾學、七滅諍等。一一句中，皆如呵責羯磨說；皆言如來出世，以一義故，為諸比丘制擯出羯磨，乃至為諸比丘制四夷、七滅等。疏家總為二百八十戒，具在律文。謂前言制呵責羯磨，下有三十個法；次言為諸比丘制四夷，即是二百五十戒，配前成二百八十也。」（四四三頁上）

〔三〕**所謂攝取於僧，令僧歡喜，乃至正法久住**　鈔批卷八：「即戒之十利也。此是解上『為一義故』之意，故曰『所謂』也。」（四四三頁上）資持卷上二：「『令』下，九句皆略示耳。如云：如來出世為一義故，制訶責等，所謂令僧歡喜。（乃至第十，皆準此。）增二九句，如云：如來出世為二義故，制呵責等，謂攝取於僧，令僧歡喜。（第二句，亦如上標。已云：『謂令僧歡喜，令僧安樂』。如是展轉至十，皆爾。）增三為三義，故有八句。乃至增九為九義，故有二（【案】『二』疑『九』。）句。增十，律略不出。合有為十，義故一句。（古記解錯，故具引之。）」（二一二頁下）扶桑記解「古記解錯」：「如鈔批等，以出世塵埃，至無上果為一義，（八九頁下）蓋以未見律文，致有謬耳。今記破故。」（九○頁上）

〔四〕**涅槃盛論「七羯磨」後，廣明護法之相**　鈔科卷上二：「初，涅槃勸道俗治。」（二一頁中～下）【案】北本涅槃卷三，三八一頁上。「涅槃」下文分為二：初，「涅槃」下；二、「問」下。初又分二，一涅槃，二大集。

〔五〕**有持戒比丘，見壞法者，驅遣訶責，依法懲治，當知是人得福無量**　資持卷上二：「『有』下，正勸，為二。初，勸道眾。懲，音『澄』，誡也。（經本作『糾』。）」（二一二頁下）【案】「有持戒」下分二：本句為初，「又云」下為次。

〔六〕**又云**　資持卷上二：「『又』下，勸道俗，為二：初，令勸學，四眾即僧、尼、士、女。下云四部，亦同。」（二一二頁下）【案】北本涅槃卷三，三八一頁上～中。「又云」下，分二。本句為初，「若懈怠破戒」句為次。

〔七〕**正法**　資持卷上二：「經作戒、定、慧。」（二一二頁下）

〔八〕**大集云**　鈔科卷上二：「大集勸俗王治。」（二一頁中～下）資持卷上二：「大

集經亦出護法品，文為二：初，明護如法之益。四姓者，<u>西土姓種，統之唯</u>四：一、刹帝利（王種），二、婆羅門（淨行），三、毘舍（商賈），四、首陀（農人）。」（二一二頁下）<u>簡正</u>卷七上：「彼<u>經</u>云：有一持戒比丘，名為<u>覺德</u>，制諸比丘不得畜奴婢、牛羊、非法之物，多聞破戒，聞作是說，皆生惡心。執持刀杖，逼是法師。時<u>王有德</u>，為護法故，（四〇〇頁上）與惡比丘戰，令說者免難。<u>王</u>被刀劍，身無見處。<u>覺德</u>讚<u>王</u>：『善哉！善哉！王今真是護法之王。』<u>王</u>大歡喜，尋便命終，生<u>阿閦佛土</u>，為第一弟子。」（四〇〇頁下）【案】<u>大集</u>卷三一，二一六頁上。

〔九〕**若隨惡比丘語者，是王過無量劫，不復人身**　<u>資持</u>卷上二：「『若』下，二、明隨惡人之損。」（二一二頁下）<u>鈔批</u>卷八：「以隨惡比丘語，故獲如是罪也。」（四四三頁上）

〔一〇〕**答**　<u>簡正</u>卷七上：「答中有四段。初，釋會二文，取捨兩意。第二段，『又涅槃』下，取『終』不取『始』。第三段，『兩存』下，卻覆止，『始』『終』通取，故云示也。第四段，癈前又是。卻覆止文，取『終』不取『始』『終』，故云用也。」（四〇〇頁下）<u>簡正</u>卷七上：「<u>玄</u>云：鈔主意在令治，再三進退。」（四〇〇頁下）【案】「始」即「十輪」，「終」即涅槃、大集。

〔一一〕**如後二經**　<u>鈔批</u>卷八：「即是涅槃、大集等也。」（四四三頁上）

〔一二〕**涅槃是窮累教本，決了正義**　<u>資持</u>卷上二：「『又』下，癈前釋。『窮』即訓極，『累』謂囑累。一代所歸，故云『教本』。決前不了，故是『正義』。」（二一二頁下）

〔一三〕**依後為定**　<u>鈔批</u>卷八：「即依涅槃經者也。」（四四三頁上）

〔一四〕**兩存亦得**　<u>鈔批</u>卷八：「謂若外有善相者，須依十輪莫治；必以愚闇自纏，可依涅槃治也。」（四四三頁上）<u>簡正</u>卷七上：「取生信處，多依十輪；『必愚暗』下，依涅槃、大集。」（四〇〇頁下）

〔一五〕**癈前又是**　<u>鈔批</u>卷八：「癈十輪、依涅槃也。猶如勅文，後勅癈前勅也。問：『此三舉人，既云舉之眾外，為但是不同前法，名為眾外、為存（原注：『存』疑『在』。）寺外？』解云：『在僧坊也。不得預僧法事，故稱眾外。』」（四四三頁上～下）<u>簡正</u>卷七上：「癈前又是，或作『文』字者，錯也。」（四〇〇頁下）

言惡馬治〔一〕者

律云：若比丘犯罪，不問輕重，拒云「不見」，僧應棄捨，莫問〔二〕。

語云：「汝所住處，亦當舉汝〔三〕；為作自言〔四〕，不聽汝布薩、自恣。如調馬師，惡馬難調，即合所繫杙棄之〔五〕。汝比丘不自見罪，亦復如是，一切捨棄〔六〕。」如是人，不應從求聽〔七〕，此即是聽。」如法驅出。

言默擯者

五分云：梵壇法者，一切七眾不來往交言〔八〕。智論云：若心強獷，如梵天法治之〔九〕。以欲界語地〔一〇〕，亦通色有〔一一〕，不語為惱。故違情故，不語治之。此法最要。亦有經中加羯磨者，尋本未得〔一二〕。雜含云三種調伏法〔一三〕：謂柔耎、剛彊也；猶不調者，殺之〔一四〕，謂不與語、教授、教誡也。

【校釋】

〔一〕惡馬治　鈔科卷上二：「『言』下，後加二種（二）：初，惡馬治法；二、默擯法。」（二一頁上）鈔批卷八：「賓云：要犯四重，拒而不受，故與『惡馬』治之。若殘罪已下，事、罪俱不引（【案】『引』疑『拒』。）者，但與『嘿擯』治。今尋鈔意不然。犯重，諱（【案】『諱』義即諱言、不承認。）者，下文自有『滅擯』治也。今惡罵（【案】『罵』疑『馬』。）治者，不問所犯輕重，若拒諱（【案】『拒諱』義即拒絕、不承認。）不見者，犯即合此治。」（四四三頁下）簡正卷七上：「此文古今解判多別。有云：犯重已，三根也彰，不肯臣伏，故『惡馬』治。或言：若犯初篇而未求悔，即『滅殯』（【案】『殯』疑『擯』。下同。）治。或云：犯下六聚，不臣伏，即『哩殯』（【案】『哩』疑『嘿』。）治。若犯六聚，臣事不臣罪，『三舉』治也。今抄意：不問輕重，拒云不見，則合此治故。前『呵責』中云：『若後更共相罵詈者，更增罪治，謂作惡馬治。』（【案】見前『一、言訶責者』文中。）引此共相罵言，顯是輕罪也。」（四〇〇頁下）【案】「惡馬治」文分為二：初，「律云」下；二、「語云」下。

〔二〕莫問　資持卷上二：「初示緣。莫問者，不用自言故。」（二一三頁上）【案】見四分卷四三佛告優波離「五種犯罪人」處。「拒云不見」即犯罪比丘拒絕承認自己犯戒，並表示自己沒有意識到言行有任何不法之處。僧問犯罪比丘見己犯罪不，前三次說的分別是「若見此罪，應懺悔」、「汝若見罪，應僧中懺悔」、「汝若見罪，當於此僧中懺悔」。如果犯罪比丘仍然是回答不見不識己罪，則是「應捨棄，莫問」。（八八四頁上～中）

〔三〕汝所往處，亦當舉汝　資持卷上二：「『語』下，正治。為三：初，示他處不容。」（二一三頁上）簡正卷七上：「此人不肯受治，欲往餘寺。僧即差人往報

此比丘犯罪。『若後見來，事須治之。』」（四〇〇頁下）

〔四〕為作自言　簡正卷七上：「此處對僧公白而作，不須自言。彼既聞犯，要令自言，方得治也。」（四〇〇頁下）

〔五〕合所繫杙棄之　資持卷上二：「『如』下，二、明當眾所棄。合，和也。杙，即繫馬柱。」（二一三頁上）

〔六〕汝比丘不自見罪，亦復如是，一切捨棄　資持卷上二：「上是舉喻。『汝』下，合法。不見罪者，合上惡馬難調。一切捨者，合上和杙棄之。」（二一三頁上）

〔七〕如是人，不應從求聽　資持卷上二：「『如是』下，三、明治已驅遣。不求聽者，由彼兇惡，必不聽故。此即聽者，默受僧訶，無所辭故。」（二一三頁上）鈔批卷八：「礪云：謂屏處作過，若為他舉來，必須求聽，假得自言，方行治罸。此即對眾公然而作非虛，義同自言，義同求聽，直須治之，故曰不應從求聽等也。」（四四三頁下）簡正卷七上：「相部云：對眾公白而作不虛，義同自言，義同來（【案】『來』疑『求』。）聽，如法駈出，故不應也。」（四〇一頁上）【案】聽，即認可、同意。本句義即：犯罪比丘雖然並不認可他人所舉，但由於這種所舉都是真實不虛，故雖然他不表示認可、同意，也可駈出。

〔八〕梵壇法者，一切七眾不來往交言　資持卷上二：「梵壇者，有云：梵王宮前立一壇，天眾不如法者，令立壇上，餘天不與往來交言。」（二一三頁上）簡正卷七上：「所言梵壇者，一、約法以論，梵者淨也，壇者法也。以無語法治，是清淨法遮不淨法也。二、據事以說者，即如抄云：梵天法治之。宛陵云：准經中說，梵王宮前有一壇，梵眾中有不如法者，諸梵引來，立於壇上。餘梵眾說一偈云：『法若本來有，今則不應無，今既不無故，明知元是有。』說此偈竟，引下壇所，餘天更不得與語。若後解時，亦同前法。引立壇上，諸天還說偈云：『法若本來無，今則不應有，今既不有故，明知元是無。』引下壇來，餘天卻仍舊來往交言也。（四〇一頁上）彼既如是，此亦同然。比丘犯罪，七眾不許與言議，後隨順了即得。問：『何故將此不語之法治比丘耶？』鈔文答釋云：『以欲界語地，亦通色有。（云云。）謂欲界是語言之地也。』」（四〇一頁下）鈔批卷八：「撿五分，文云：闡陀比丘在拘舍彌，觸惱眾僧，不共和合。有一比丘安居竟，往迦葉所，以此事具白迦葉。迦葉語阿難：『汝往拘舍彌，以佛語、僧語，作梵壇法治之。』阿難受使，與五百比丘，俱往其所。闡陀聞阿難來，出迎問言：『何故來此？』答言：『欲利益汝。』（四四三頁下）問言：『云何利益我？』答言：『今當以佛語、僧語，梵壇法罸汝。』即問云：『何梵

壇法？』『言梵壇法者，一切比丘、比丘尼、憂婆塞、憂婆夷，不得共來往交言。』闡陀聞已，悶絕躃地，語阿難言：『此豈不名殺於我耶！』」（四四四頁上）【案】五分卷三〇，一九二頁上。

〔九〕**若心強獷，如梵天法治之** 資持卷上二：「『強獷』謂性麤惡。」（二一三頁上）鈔批卷八：「佛涅槃時，於娑羅雙林中北首而臥。阿難親愛未除，心沒憂海，不能自出。時長老阿泥盧豆語阿難言：『汝守佛法藏人，不應如凡人愁惱。一切有為法，是無常相，汝莫愁憂。又，佛付汝法，汝今愁悶，失所受事，汝當問佛：佛涅槃後，我曹云何行道、誰當作師？惡口車匿，云何共住？佛經初頭，作何等語？如是等事，汝應問佛。』阿難聞已，悶心小醒，得念道力助，即於佛後一一問佛。佛言：『我過去，依止於法，莫依止餘。觀身四念處，勤修精進。又，從今日，解脫戒經即是大師。如戒（【案】『戒』後疑脫『經』字。）所說，身業、口業，應如是行。車匿比丘，我涅槃後，如梵天法，應當治之。次後，我三阿僧祇劫所集寶藏，初應言『如是我聞』。三世佛法，經皆如是。（云云）。』」（四四四頁上）【案】智論卷二，六六頁中～下。

〔一〇〕**以欲界語地** 資持卷上二：「『以』下，出所以。語地以語為樂故。」（二一三頁上）鈔批卷八：「然語法通欲、色二界。此二界，以語為樂，不語為惱，故不與語治之。濟云：欲界語地等者，據瑜伽論中，地有十七種，始從欲界，乃至聲聞地、菩薩地、佛地等。（云云）。古者西來三藏，唯得最後一地，來此方，譯名為佛地論。至唐三藏，譯瑜伽論百卷始盡。故知佛地與瑜伽同本別譯。然瑜伽是無著造，恐不信行，托稱彌勒所造。言十七地者：一者，有尋有伺（音『四』）地；二者，無尋唯伺地；三、無尋無伺地。『尋』則麤，是覺也；『伺』即細，是觀也。舊經論名『覺觀』，新經論名『尋伺』也，『尋伺』是語家加行也。夫欲言語者，要先有尋伺。論云：欲界及初禪，有尋有伺地；若中間禪，無尋唯伺地。二禪已去，無尋無伺地。言中間禪者，謂初禪已去，來至二禪，名中間禪也。賓云承前諸師解，未至禪云是中間禪者，錯也。初禪已前，未至初禪，名未至禪，亦名未來禪，亦名斷律儀也。言中間禪者，即是初禪已去、二禪已前，梵王住處，名中間禪也。其梵天在初禪之上、二禪之下，未屬四禪。『二十五』有中，自當一有也，亦名梵輔天。齊此已下，皆有語言，故曰『欲界及初禪，有尋有伺地』。（四四四頁下）故舊經云『覺觀在初禪』，即其義也。二禪已上，無復語言。若中間禪，無尋有伺，則梵天無有言語。今不語治人，故喚為『梵天法』，謂同梵天之不語也。又解，梵天雖無覺有觀，

然由有言語為樂，二禪已上，方無覺觀，故不語也。梵天中有罪者，嘿法治之，故曰也。」（四四五頁上）簡正卷七上：「法寶云：謂此語言，不唯欲界，亦通色界。准婆沙、俱舍云：夫身語意，總有加行，『出入息』是身加行，『受想』是意加行，『尋伺』是語加行。凡欲發言，先須尋伺。『尋』謂尋求，『伺』者伺察。又云：麤推度、麤發言曰『伺』，總是心所家法也，但尋麤伺細，故俱舍頌云：尋伺心麤細。問：『色界四禪，為總有尋伺語言，為亦有不具者？』寶云，准論中，約此尋伺，乃分三地：一者，有尋有伺地，即初禪梵眾、梵輔天是；二、有伺無尋地，即初禪大梵王天，號為中間禪是；三、無尋無伺地，從二禪已去是也。雖有心、心所，以絕細故，不起現行故。』問：『何故喚梵王天為中間禪耶？』答：『此約尋伺以立名也，謂梵王天心、心所，不麤不細，在有尋伺地之後、無尋伺地之前，於其中間有伺無尋，故立中間之稱也。〔玄記中妄釋云：過禪初（【案】『禪初』疑『初禪』。）未到云（【案】『云』疑『四』。）禪，於其中間名中間禪也。〕」（四〇一頁下）

〔一一〕通色有　資持卷上二：「梵天行故。」（二一三頁上）鈔批卷八：「以色界中，唯初禪有語，故曰『亦通』等也。勝云：梵天定地，彼無語法，今以不語法治也。計理，二禪已上，應無語法，大梵天王已下，亦有語故。不語治之，順鈔文也。賓云：『『尋伺』，語言加行也。夫欲出語時，必先心中有『尋』『伺』方便，然後發言也。又云：犯僧殘已下，事罪不引者，但作此梵法治也。」（四四五頁上）

〔一二〕有經中加羯磨者，尋本未得　簡正卷七上：「『有經中加『不共語羯磨』，抄主云：一度曾見經中有此羯磨，（四〇一頁下）忘卻經之名字，尋求未獲。玄云：祇律二十四卷有加『不共語羯磨』也。若准東塔疏云：但由比丘犯過，拒云『不見』（【案】『拒云』即拒絕承認，並對被舉罪說『不見』。），僧作不見舉治之，心猶強礦，即更加此不語之法，便是增罪治也。但告七眾，莫與伊語言，便得更不秉羯磨也。」（四〇二頁上）資持卷上二：「即僧祇二十四卷，因摩訶羅犯眾罪，雖懺猶作，乃作不共語羯磨。今云尋本未得者，示有遺忘故。」（二一三頁上）【案】「不共語羯磨」，事緣馬宿比丘作折伏羯磨事。見僧祇卷二四，四二四頁下。

〔一三〕三種調伏法　資持卷上二：「『雜』下，引證。『柔軟』謂勸喻。『剛強』即謫罰。（通收七法。）」（二一三頁上）鈔批卷八：「立云：一、柔軟調伏；二、剛強調伏；三、柔軟亦剛強。」（四四五頁上）簡正卷七上：「緣中因摩訶羅數犯

罪，雖隨順僧，行未全故，更加三罰：一、柔軟調伏，即呵責等四；二、剛強調伏，即三舉等。上二不改，三、即煞之，謂不與語，即闕教授等法。五分法身將滅，義同於死也。」（四〇二頁上）【案】雜含「三種調伏法」：軟柔、麤澀、柔軟麤澀，見卷三三，二三四頁下。

〔一四〕猶不調，殺之　鈔批卷八：「謂先以柔軟、剛強諫之，若不從者，即作不共語治之，故殺也。」（四四五頁上）資持卷上二：「『殺之』即默擯。『謂』下，顯相有三種。『不與語』即常所言論，『教授』約學業，『教誡』約過失。（昔以『柔軟』配『四羯磨』、『剛強』配『三舉』。詳之。）問：『後之二法，既不出過，何時用之？』答：『此謂強狠再犯，重加。前羯磨云更增罪治，及雜含中猶不調者。驗此二法，必無單作，以不足數中無此人故。』問：『同異云何？』答：『前須出界，不制他言，後在本住，眾不與語。若論犯過，即同前七。』問：『輕重云何？』答：『前輕後重，前但如棄，後喻殺故。』問：『二法為次第用耶？』答：『惡馬治是律所加；默擯，他宗所出，斟量情過，隨用一治。』問：『此二何無奪行？』答：『既是增罰，奪行在前故也。』」（二一三頁上）

言滅擯〔一〕者

謂犯重比丘，心無慚愧，不肯學悔，妄入清眾，濫居僧限。當三根五德，舉來詣僧，憶念示罪，令自言已，與白四法。

五分文云〔二〕：「大德僧聽：此比丘某甲犯某波羅夷罪。若僧時到，僧忍聽。僧今與比丘某甲某波羅夷滅擯羯磨，不得共住，不得共事〔三〕。白如是。大德僧聽：比丘某甲犯某波羅夷罪。僧今與比丘某甲波羅夷罪滅擯羯磨，不得共住，不得共事。誰諸長老忍『僧與比丘某甲波羅夷罪滅擯羯磨，不得共住、共事者』默然。誰不忍者說。是初羯磨。三說。僧已忍『與比丘某甲波羅夷罪滅擯羯磨，不得共住共事』竟。僧忍默然故，是事如是持。」

薩婆多云：但實犯重，大眾有知，不須自言及現前，直爾滅擯驅出〔四〕。若準律文〔五〕，必須自言，如「目連被訶〔六〕」中說。

即世多有，大眾容之，自他同穢〔七〕。

【校釋】

〔一〕滅擯　資持卷上二：「若據前標，但云七、九，由同謫罰，寄此明之。然本律中，但令滅擯，加法無文，結翻疏漏，故引他部，用成行事。」（二一三頁上）

簡正卷七上：「法寶云：凡標名與牒名各別，今多有標、牒不分。若前文曾標

列名數訖，今次第解釋之時，更舉名字起，即呼『牒名』；若前文總未說，至此孤然而立，即云『標名』。今此滅殯一法，九羯磨列數也（【案】『也』疑『之』。）中未曾論說，此即在彼九外，故云標名也。」（四○二頁上）

〔二〕**五分文云** 鈔科卷上二：「『五』下，正加擯法。」（二一頁中）資持卷上二：「若準五分，白與羯磨，例皆四句，今並加之，以成一體。（二一九頁上）序文所謂『見行羯磨』，『攬為此宗一見』者，義見此也。」（二一三頁中）

〔三〕**不得共住，不得共事** 鈔批卷八：「立謂：『共住』即說戒、自恣二種中共住。事者，羯磨也。一切僧家，（四四五頁上）諸餘羯磨，法事亦不得共作也。所以知羯磨是『事』者，四諍之中，有事諍，即因羯磨而諍者是也。」（四四五頁下）資持卷上二：「羯磨、說戒二種，僧中不攝故；不共事者，利養絕分故。」（二一三頁中）

〔四〕**但實犯重，大眾有知，不須自言，及現前，直爾滅擯驅出** 鈔科卷上二：「『薩』下，對異標簡。」（二一頁中）資持卷上二：「多論不取自言，眾皆委故。不現前者，許遙被故。」（二一三頁中）多論卷三：「比丘、比丘尼、式叉摩尼、沙彌、沙彌尼，自言『作罪』，若不改悔，應與滅羯磨。若不與滅羯磨，但直爾驅出。若改悔者，得偷蘭遮；若不改悔者，突吉羅。若比丘犯戒內爛，舉眾共知，不須自言，直爾遣出。」（五二三頁上）

〔五〕**若準律文** 資持卷上二：「『若』下，準律決論。」（二一三頁中）鈔批卷八：「此二文何故相違者？解云：四分約五德，三根不了，故須犯者自言。多論據三根，明了故，不假自言，直得治也。……立云：據此文意，與前多不同者。今解云：若內心犯罪，三根未現，須依律文，待其自言。（四四五頁下）若公然作罪，畜妻抱子者，何假自言？可准多論，直爾滅擯。」（四四六頁上）【案】「若準律文」之「律」，即四分。此處，多論與四分所說有異。多論不必自言，四分令其自言。

〔六〕**目連被訶** 資持卷上二：「『如』下，指事。足數已引此，亦大眾同知，佛亦訶止，令取自言，故知不許。又不現者，律亦不開。五法現前，通諸羯磨。然論許者，或是兇惡，眾不可制，聖論所出，必不徒然。」（二一三頁中）簡正卷七上：「玄云：四分、祇律，咸有緣起，今具依僧祇敘者。（四○二頁上）昔佛自說戒時，有國王為佛作金蓮華座。至布薩日，佛坐其上。時眾已集，將欲說戒，時金蓮葉墜地，有一比丘盜安腋下，即嘿然不作布薩。阿難云：『初夜已過，請佛說戒。』乃至中夜、後夜白佛。佛言：『眾不清淨。』時目連念言：

『誰不清淨?』遂天眼視之,見一比丘盜金蓮葉。遂從坐起,牽出戶外,卻來白佛:『眾已清淨,請佛說戒。』佛呵目連:『我可不見?須待自然,何得天眼、耳,見聞他罪?』因付諸比丘說戒也。(上敘緣起。)玄云:此謂三根未彰,故須自言;多論公白而作,三根既顯,上同前文,此即是聽。此律遮法,要須現前,多論不現亦得,必若五德舉來。不肯者,依論不現前,直爾滅殯(【案】『殯』疑『擯』。)亦通也。」(四〇二頁下)鈔批卷八:「所以佛不自說者,謂佛左右有五百金剛,若三問清淨時,不如實發露者,金剛即杵,擬碎之如微塵也。」(四四五頁下)【案】僧祇卷二七,四三九頁中。參見足數篇中「文云:當以肉眼,知他持犯等」句注。

〔七〕即世多有,大眾容之,自他同穢 鈔科卷上二:「『即』下,斥世不行。」(二一頁中)資持卷上二:「彼時法律盛行,尚云『多有』,況今末世,蓋不足言!」(二一三頁中)鈔批卷八:「謂自身犯律,體壞非僧,不合聞戒,不沾僧利養,死入惡道,名為自穢。今身濫在僧中,秉法不足僧數,作法不成,誤其眾僧,此名壞他。」(四四六頁上)簡正卷七上:「自他者,引(【案】『引』疑『此』。)約大眾,人人相望,互為自他。共同說戒、羯磨,二種中住未論,被事不成,皆犯不應,豈非同穢?」(四〇二頁下)

二、約僧制、眾食以論〔一〕

先明世立非法,後引正制證成。

初中

寺別立制,多不依教〔二〕。飲酒醉亂、輕欺上下〔三〕者;罰錢及米,或餘貨賕,當時同和,後便違拒,不肯輸送,因茲犯重〔四〕。或行杖罰、枷禁鉗鎖;或奪財帛,以用供眾;或苦役治地、斬伐草木、鋤禾收刈,或周年苦役〔五〕;或因遇失奪〔六〕,便令倍償。或作破戒之制〔七〕:年別依次鋤禾刈穀〔八〕;若分僧食〔九〕,及以僧物;科索〔一〇〕酒肉;媒嫁淨人;賣買奴婢〔一一〕,及餘畜產〔一二〕。或造順俗之制:犯重囚禁,遭赦得免〔一三〕;或自貨賕,方便得脫〔一四〕;或奪賊物〔一五〕,因利求利〔一六〕。或非法之制:有過罪者,露立僧中〔一七〕,伏地吹灰〔一八〕,對僧杖罰。如是眾例,皆非聖旨。

良由綱維不依法網〔一九〕,同和而作,惡業深纏,永無改悔。眾主有力〔二〇〕,非法伴多。如法比丘,像、末又少。縱有三五,伴勢無施。故佛預知有,不令同法。如後引之〔二一〕。僧祇云:若作非法制者,應訶令

止〔二二〕；不者，當說如法欲已，起去。若眾中有力者不聽〔二三〕，當語旁人言「此非法制」，止得三人〔二四〕；不得趣爾〔二五〕而作，應知識邊作。若不得者，說「見不欲」〔二六〕，與護心相應〔二七〕，云：「彼自有業行，何關我事！」如失火燒舍，脫身便罷。毘尼母云〔二八〕：見眾非法事，獨不須諫，應作默然。如上說〔二九〕。

問：「非法制中，罰取財物，犯重罪不〔三〇〕？」答：「不犯重罪。由當時僧眾，同和共作〔三一〕，後依制罰得，不犯；非不犯『作非法制』罪〔三二〕。」

次明如法僧制

四分云：如法僧要隨順〔三三〕；又云：應制而制，是制便行〔三四〕。五分中〔三五〕：雖我所制，餘方不行者，不得行之；謂俗王為僧立制〔三六〕，不依經本也。非我所制，餘方為清淨者，不得不行。即依王法而用，不得不依。薩婆多云〔三七〕：違王制故，吉羅。

明了論云：若僧和合立制，比丘不得入城市。為作此事，必定應作〔三八〕；或時須立此制〔三九〕，一月一年，或復永斷。若依大集，苦使不得過兩月〔四〇〕。

十輪中〔四一〕，如前明制。或令料理僧事、佛法師僧；或不與語，謫令禮拜；或復驅出。如前廣列。僧祇中：罰舍利弗日中立之〔四二〕。諸律中制，多用七法，如上所明。或復斷食、奪衣、令立〔四三〕。治沙彌中法，令除草、料理僧事等〔四四〕。竝非破戒之緣故也。十誦云：若僧寺中有制限者，若知有惱自他，力能滅者〔四五〕，白僧滅之；不者，餘處去。若如法制，應受〔四六〕。

四分：客比丘初至，主人比丘先語僧制、法式等〔四七〕。

【校釋】

〔一〕約僧制、眾食以論　鈔批卷八：「淨戒及時曰通；若破戒及時，有德非時，是塞也。」（四四六頁上）【案】「約僧制眾食」文分為二：初，僧制是非；二、眾食通塞（約食以論者）。初又分二：初，「寺別立」下；二、「次明如」下。

〔二〕寺別立制，多不依教　鈔科卷上二：「初，總列諸過。」（二一頁下）簡正卷七上：「此（【案】『此』疑『寺』。）者，此云號也，梵云『僧伽藍』，此云『眾園』，或云『毗訶羅』，此云『遊上處』也。今云『寺』者，約漢朝所立也。」（四〇二頁上）【案】「寺別」下，文分為三：初「寺別」下；次，「飲酒」下；

三、「如下眾例」下。

〔三〕飲酒醉亂、輕欺上下　資持卷上二：「『飲』下，二、列相。初，列諸非治。……初中『飲酒』等者，示所犯過。」（二一三頁中）【案】「飲酒」下分二：初，「飲酒」至「犯重」，列非；二、「或作」至下，明三種非法治。

〔四〕罰錢及米，或餘貨賕，當時同和，後便違拒，不肯輸送，因茲犯重　資持卷上二：「『罰錢』下，列能治法，大分五種。初，罰財物。『賕』亦財寶，『輸』即盡也。雖非法制，以先同和，不送成重。餘四可解。」（二一三頁中）簡正卷七上：「貨者，賣也。除錢已外，一切堪賣者，皆名為貨，俗中云賕貨也。（四〇二頁下）賕者，說文云以財求理。謂將一切賄貨囑托求理等。」（四〇三頁上）

〔五〕或周年苦役　資持卷上二：「『周年苦役』一句，連屬上文為一種。鉏，墾、刈割也。」（二一三頁中）

〔六〕或因遇失奪　簡正卷七上：「失者，悞，遺失也。奪者，強力所將。典掌之人，由不令償，況因遇此事，罰飲酒等人倍償，並是非法也。」（四〇三頁上）

〔七〕或作破戒之制　資持卷上二：「『或作』下，二、明三種非制。……次列三種制者，同今眾院規繩之類。」（二一三頁中）

〔八〕年別依次鉏禾刈穀　資持卷上二：「初，破戒制中。所列多相，並律明禁，反立為制。鉏、刈，即犯掘、壞。」（二一三頁中）【案】「掘」「壞」即掘地戒和壞生種戒。

〔九〕若分僧食　資持卷上二：「即盜常住。」（二一三頁中）

〔一〇〕科索　資持卷上二：「『科索』謂率斂也。」（二一三頁中）

〔一一〕賣買奴婢　資持卷上二：「賣買等，即畜不淨物。自餘可知。即今禪眾不知戒相，普集僧眾，擇菜造食，舉世盛傳，矜為正則。流弊斯久，孰為改之。」（二一三頁中）

〔一二〕及餘畜產　資持卷上二：「『畜』即生口，『產』謂田土。」（二一三頁中）

〔一三〕犯重囚禁，遭赦得免　資持卷上二：「赦，即放也。俗王普赦，僧取為制。」（二一三頁中）鈔批卷八：「謂有比丘犯重罪已，眾主禁著空房，待有國家恩赦到來相放，此名非法。佛法之中，何有此事？一者，不合繫閉枷禁；二者，不關王赦也。」（四四六頁上）簡正卷七上：「因禁者，犯重比丘囚禁於空房中，待國家救（【案】『救』疑『赦』。）來，即放出。」（四〇三頁上）

〔一四〕或自貨賕，方便得脫　資持卷上二：「效俗贖刑。」（二一三頁中）鈔批卷八：

「說文云：枉法受財曰賕。又云：以財枉法相謝也。欲明犯重罪被禁牢獄，多
將錢寶，僧（【案】『僧』疑『贈』。）與眾主、大德求脫也。」（四四六頁上）
簡正卷七上：「犯重人被禁多時，國又無赦，遂自將財物贈於眾主求脫之類。」
（四○三頁上）

〔一五〕或奪賊物　鈔批卷八：「謂僧家立制，若有僧私之物為賊盜者，後須奪取，此
非法制，是名賊奪賊也。」（四四六頁上）簡正卷七上：「或奪賊物者，犯重之
人，國禁多時，國無息赦，自己無財囑求，無由得脫。因有賊來劫寺，令犯重
比丘奪取財物，便放汝出等。」（四○三頁上）

〔一六〕因利求利　鈔批卷八：「謂如落華師為他說法，令他捨慳，遂求財物入己者是
也。慈云：如識官人，與他求事，將物與官，即自留餘者是也。」（四四六頁
上）簡正卷七上：「准僧失物，此作失意，彼作得心。屬彼已定，今奪取早，
是分外之利。因此利故，更倍索之，名求利也。由似俗中，納本物了，更倍納
伊賊之自己物也。豈非順俗也？」（四○三頁上）資持卷上二：「因利求利者，
失少奪多也。」（二一三頁中）

〔一七〕露立僧中　資持卷上二：「『露立』即裸身。」（二一三頁中）簡正卷七上：「裸
身立彼在於僧中，為露立也。或有云：露地著衣而立不正。」（四○三頁上）

〔一八〕伏地吹灰　資持卷上二：「『吹灰』謂吹地灰塵。」（二一三頁中）【案】以上明
世以非法之法制非法之事。

〔一九〕良由綱維不依法網　資持卷上二：「示非法所以。上明背教，下示任惡。『綱
維』即眾首。」（二一三頁中）簡正卷七上：「良，實也，多也。綱維者，綱紀、
維持也。『法』為教法，『網』謂網目。不依教法綱自故。」（四○三頁下）

〔二○〕眾主有力　資持卷上二：「『眾主』下，二、明善不加惡。」（二一三頁中）【案】
「主」，底本為「生」，大正藏本作「主」，弘一改為「主」。

〔二一〕如後引之　資持卷上二：「即指下科。」（二一三頁中）鈔批卷八：「以下諸文，
皆有『無力』『無伴』『自去』等文也。如下十誦白僧滅之。不者，餘處去等
也。」（四四六頁下）簡正卷七上：「即此下文『當說如法欲了起去』等是也。」
（四○三頁下）

〔二二〕若作非法制者，應訶令止　資持卷上二：「僧祇次列三法。初，明善強惡弱，
容可訶故。」（二一三頁中）鈔批卷八：「案僧祇云：時瞻波諸比丘共諍，同住
不知，一人舉一人，乃至眾多人舉眾多人。諸比丘白佛，佛言：『從今日，聽
作見不欲。』『見不欲』者，若僧中非法羯磨事，若有力者，應遮語言：『諸長

老，此非法、非毗尼，不應作。』若前人凶惡，有大勢力，恐為我梵、命難者，應作見不欲。作是說：『此非法羯磨，我不忍，與『見不欲』。』如是三說。作『見不欲』時，不得趣爾人邊作，應同意人邊作。不得眾作『見不欲』，得二人、三人作；餘者，當與如法欲已捨去。若僧中非法斷事，不遮不與欲，不作見不欲，並越毗尼罪。若作是念，隨其業行，如火燒屋，自救身得，護心相應無罪，是名見不欲也。』自意云：上言不得眾作者，謂作『見不欲』，但許三人作，不得四人作，故言不得眾多也。羯磨疏云：見不欲者，即六和中，見不同也。謂既是見異，非同和之義也。問：『何不盡說欲起去？』答：『若具說欲者，欲即是情和也。』」（四四六頁下）【案】僧祇卷三一，四八〇頁中。「僧祇三法」即「若作非」下、「若眾中」下、「若不得」下。

〔二三〕若眾中有力者不聽　資持卷上二：「『若』下，示惡強善弱，力制不聽。（二一三頁中）故開語他，用自免過。」（二一三頁下）

〔二四〕止得三人　簡正卷七上：「玄云：既言旁人是兩邊人也，并自已上，豈非三人？所以不得至四者，一解云『恐有無窮之失』也，不正。今依〓記云：有眾同見，即善伴具，何須說也。」（四〇三頁上）資持卷上二：「至四成僧，義須訶諫，恐破別故。」（二一三頁下）

〔二五〕不得趣爾而作　資持卷上二：「不趣爾者，恐非同意，自苦惱故。」（二一三頁下）【案】「爾」即「凶惡，有大勢力人」。「知識」即知道、識達。

〔二六〕若不得者，說「見不欲」　資持卷上二：「『若不』下，復不容語。故開心念，目對非法，意所不同，名見不欲。」（二一三頁下）簡正卷七上：「謂我不忍與是不欲。如是三說之。」（四〇三頁下）

〔二七〕護心相應　簡正卷七上：「明了云：念、智、捨三，護本受體。念者，明記，即最初思念前事。智者，起智決斷是非。捨者，謂去非從是。今既說『見不欲』，即與捨非從是、護戒之心相應也。」（四〇三頁下）

〔二八〕毗尼母云　毗尼母卷二：「有見眾僧作法事不成。此人若有三、四、五伴，可得諫之。若獨一，不須諫也。何以故？大眾力大，或能擯出，於法無益，自得苦惱。以是義故，應默然不言。」（八一〇頁下）

〔二九〕如上說　簡正卷七上：「指羯磨篇『十五種嘿處』也。」（四〇三頁下）資持卷上二：「指同僧祇，如羯磨篇具引。」（二一三頁下）鈔批卷八：「前通辨羯磨篇中引母論。（四四六頁下）比丘見非法事，若有三、四、五伴，可得諫之，獨一不須。犯非法制罪者，此得吉也。」（四四七頁上）

〔三〇〕非法制中，罰取財物，犯重罪不　鈔科卷上二：「『問』下，決通犯相。」（二一頁下）資持卷上二：「恐疑罰錢非理，成犯盜故」（二一三頁下）

〔三一〕由當時僧眾，同和共作　資持卷上二：「初明非犯。」（二一三頁下）簡正卷七上：「『當』字或平呼，或去聲。總得非法制，罪是吉也。」（四〇三頁下）

〔三二〕作非法制　資持卷上二：「『非不』下，明有犯。非法制者，通得吉羅，制輕業重故也。」（二一三頁下）簡正卷七上：「罪是吉也。」（四〇三頁下）

〔三三〕如法僧要隨順　鈔科卷上二：「初隨順如法。」（二二頁下）資持卷上二：「『要』字，乎（【案】『乎』疑『平』。）呼，謂制約也。」（二一三頁下）簡正卷七上：「此是五百結集文也。為富那羅重說律藏後，文云：如佛所制，隨順而學等。」（四〇三頁下）扶桑記：「資行：本朝古本，『僧』字下有『制』字，『要』下有『須』字，即云『如法僧制要須隨順也』。又，簡正所牒有『制』字。若以今記，如今現文。……『要』字平乎。通釋：如要期之要，平聲，待也。若制要之意，則去呼。」（九一頁上）【案】四分卷四九，九三四頁下。四分卷五四，九六八頁下。

〔三四〕應制而制，是制便行　資持卷上二：「『又』下，上句立制，下句勸依。」（二一三頁下）【案】四分卷五四，九七六頁中。

〔三五〕五分中　鈔批卷八：「謂佛在時，有出家者，佛令為剃髮，今則國王不許，故言不應行。景云：如佛制夏竟遊行，今時王制，若無故離寺十日，皆判還俗，又不得行也。故注云『俗王為僧立制不依經本』，即其義也。」（四四七頁上）資持卷上二：「五分二段：上開違佛，下令順時。如今國制尼不依僧、帳藉公憑之類。」（二一三頁下）【案】扶桑記引統紀卷四四文釋「如今國制尼不依僧」之事。五分卷二二，一五三頁上。

〔三六〕俗王為僧立制　簡正卷七上：「佛制夏後游行，至（【案】『至』疑『今』。）王制無事不行。離寺十日，皆判還俗等是。」（四〇三頁下）

〔三七〕薩婆多云　資持卷上二：「婆論轉釋五分。戒疏中解，如持禁物出境之例。此多濫用，學者須辨。」（二一三頁下）多論卷三：「若無盜心，將出國，違王教，突吉羅。」（五一八頁上）【案】薩婆多卷三，五一八頁上。

〔三八〕為作此事，必定應作　資持卷上二：「『為』下，勸隨順。」（二一三頁下）

〔三九〕或時須立此制　資持卷上二：「『或』下，通延促。或時須者，示有緣故。」（二一三頁下）

〔四〇〕若依大集，苦使不得過兩月　資持卷上二：「恐廢道業，示有限齊。」（二一三

頁下）簡正卷七上：「顯前周季苦使，成非也。」（四〇三頁下）【案】大集卷二四，一七二頁下。

〔四一〕十輪中　鈔科卷上二：「『十』下，除滅非法。」（二二頁下）簡正卷七上：「前文引鈍根，令修福罰，亦是如法也。」（四〇三頁下）

〔四二〕罰舍利弗日中立之　鈔批卷八：「撿祇云：佛在舍衛城，制諸比丘作尼師境竟。諸比丘在講堂中共議云：『佛制尼師壇大（【案】『大』疑『太』。）小，若敷坐處，兩膝則無，若敷兩膝，坐處復無。』諸比丘以此事白佛。佛問諸比丘：『僧中上座是誰？』答言：『舍利弗。』佛語舍利弗：『眾多梵行人作此論說，汝云何嘿然而聽？今當罰汝日中立之！』舍利弗受罰，即立日中。諸比丘各至佛所懺悔，恕舍利弗愆。佛言：『日月星宿，猶可迴轉，舍利弗心，不可迴轉。以受我罰心堅不可轉也。以過去曾作蛇來。（云云。）』濟云：身子是法輪大將，有過尚治，今末代僧尼，有一行一能，則一切時中，（四四七頁上）違越眾命，義非依教也。問：『何故五百聲聞中，身子、目連獨稱法輪大將者何？』答：『以調達破法輪僧，身子、目連是第一，雙力能摧殄，當日還和，所以故稱大將。如今國家大將軍能破怨敵也，則稱大將。調達破僧，僭稱為佛，則是大鯨敵（【案】『敵』疑『敵』。）也，則是破法輪之賊。身子能平，故稱大將。又解，身子常能伏佛說法，即經云：大智舍利弗能隨佛轉法，故稱法輪大將也。」（四四七頁下）【案】僧祇卷二〇，三九二頁下。

〔四三〕或復斷食、奪衣、令立　簡正卷七上：「斷食者，語知事人莫與食，亦約暫時說。奪衣者，亦非永奪，折伏了，和順卻與。令立者，於僧中立也，非是裸身而立。」（四〇四頁上）資持卷上二：「斷食等，出僧祇。彼云：若師訶責不受，當語知事人斷食等。又云：與弟子衣已，不可教誡，為折伏，故奪等。廣如師資中引。上明治大僧法。」（二一三頁下）

〔四四〕治沙彌中法，令除草、料理僧事等　資持卷上二：「『治』下，罰小眾法。壞生觸食，皆非犯故。」（二一三頁下）簡正卷七上：「謂師治罰沙彌文中也。『罰除草』等者，亦是如法制也。若據律文，斷食、奪衣、除草等，並是罰沙彌法。今鈔云：主意將前衣食罰，比丘亦爾。□沙彌作此治置得，於中除草，偏約沙彌，即是如法。若大僧，即成非法也。此是除意，人多不達，妄非鈔文。」（四〇四頁下）

〔四五〕若知有惱自他，力能滅者　簡正卷七上：「自己有道德力，王臣知重。不然，假他有力人亦得。此據非法條流以說。如今時罰錢入常住，罰麵作小食等

類。」（四〇四頁上）十誦卷五七：「僧伽藍中種種制限。是制限若隨法，不自惱亦不惱他，是應受。若知制限失利，為自惱亦惱他，不應受，應餘處去。若是比丘自知有同見勢力能如法滅是惡制，當白眾僧滅，是名阿藍法。」（四一九頁上）【案】若依簡正所言，本句也可斷句為：「若知有惱自他，力能滅者……」

〔四六〕若如法制，應受　簡正卷七上：「受罰者也，不可除滅此制限故。」（四〇四頁上）

〔四七〕客比丘初至，主人比丘先語僧制、法式等　鈔科卷上二：「『四』下，告語眾客。」（二二頁下）鈔批卷八：「此是如法之制，理須奉行。非法立條，縱違無過。」（四四七頁下）簡正卷七上：「『先語法式』者，恐他有違寺中法條、制（【案】『制』上疑脫『僧』字。），證上文『如法須受』之義也。」（四〇四頁上）

二、約食以論者

先明通塞之意〔一〕，後引聖言。

然食為太患〔二〕，人誰不須〔三〕？世尊一化，多先陳此，故慰問云「乞食可得不〔四〕」等。今諸別住〔五〕，局見者多。自壅僧食〔六〕，障礙大法〔七〕。現是餓因〔八〕，來受劇苦〔九〕故。

古師匡眾之法云〔一〇〕：「寺是攝十方一切眾僧修道境界法〔一一〕，為待一切僧經遊來往、受供處所〔一二〕。無彼無此，無主無客，僧理平等，同護佛法〔一三〕。故其中飲食眾具〔一四〕，悉是供十方凡聖同有。鳴鐘作法，普集僧眾，同時共受，與檀越作生福之田。如法、及時〔一五〕者，皆無遮礙。然法有通塞〔一六〕，十方眾僧，自有食分，依時而來，不須召喚。白衣及中，能齋者亦得〔一七〕。出五分律也。此謂「通」也。不能受齋，非時來者，不與。法宜「塞」也。唯有任道行之〔一八〕，同護法〔一九〕者，不損檀越事〔二〇〕也。本非人情，理無向背。」不得人情，口召來食，及慳惜積聚，計留後日，乃至懷親疏之心，應與而閉，不應與而開也。

若此以明，是非自顯〔二一〕：真誠出家〔二二〕者，怖四怨之多苦〔二三〕，厭三界之無常〔二四〕，辭六親之至愛〔二五〕，捨五欲之深著〔二六〕。良由虛妄之俗可棄〔二七〕、真實之道應歸〔二八〕。是宜開廓遠意，除蕩鄙懷〔二九〕，不吝身財，護持正法。況僧食十方普同〔三〇〕，彼取自分，理應隨喜。而人情忌狹〔三一〕，用心不等。或有閉門限礙客僧者，不亦蚩乎！鳴鐘本

意〔三二〕，豈其然哉！出家捨著，尤不應爾〔三三〕。但以危脆之身〔三四〕，不能堅護正法，浮假之命〔三五〕，不肯遠通僧食。違諸佛之教〔三六〕，損檀越之福，傷一時眾情，塞十方僧路。傳謬後生，所敗遠矣〔三七〕。改前迷而復道〔三八〕，不亦善哉！慳食獨啖，餓鬼之業，是謂大迷〔三九〕。

或問：「僧事有限，外客無窮〔四〇〕。以有限之食，供無窮之僧，事必不立？」答曰：「此乃鄙俗之淺度〔四一〕、瑣人之短懷〔四二〕。豈謂清智之深識，達士之高見！夫四輩之供養、三寶之福田〔四三〕，猶天地之生長〔四四〕，山海之受用〔四五〕，何有盡哉！

「故佛藏經言〔四六〕：當一心行道，隨順法行〔四七〕，勿念衣食所須者。如來白毫相中一分，供諸一切出家弟子〔四八〕，亦不能盡。由此言之，勤修戒行，至誠護法，由道得利，以道通用。寺寺開門，處處同食，必當供足，判無乏少。

「又承，不斷客寺〔四九〕、倉庫盈溢者，主人心遠而廣施〔五〇〕；或寺貧而為客〔五一〕者，由志狹〔五二〕而見微也。若此兩言，人謂『僧用不供〔五三〕』者，豈是人之智力所辦事乎？若『人力有分，不能供無限』者，所懷既局，斯言允矣〔五四〕！此乃檀越為道奉給，不由人力所致〔五五〕。若辦非智力，則功由於道。然則事由道感，還供道眾〔五六〕。猶函蓋相稱，豈有匱竭〔五七〕耶！今俗中有「義食坊〔五八〕」，猶足供一切。自旦至夕，行人往反，飲食充飽，未聞告乏。此亦非人力。由彼行施義普〔五九〕，亦以「義然後取」〔六〇〕。「取」與「理」通，所以不竭。此優婆塞等，以知因果，求將來福〔六一〕。猶知如此，義行不匱，驗於目前。況出家道眾，如法通食，而當不濟乎？且世俗禮教，憂道不憂貧〔六二〕，況出家之士，高超俗表，不憂護法，而憂飲食，其失大甚也！所患人情鄙吝，腐爛僧粟耳〔六三〕。腐爛餘而不施，世俗恥之。費僧粟而不通，非佛弟子也。余唯見積事而不存道，未見道通而事塞〔六四〕也。」

佛法中，無貴賤親疏，唯以有法平等，應同護之〔六五〕。人來乞索，一無與法〔六六〕。若隨情輒與，即壞法也。俗人本非應齋食者，然須借問〔六七〕——能齋，與食；不能齋者，示語因果，使信罪福，知非為吝，懷歡而退。此中，非生人好處，非生人惡處〔六八〕。不得一向瞋人，一向任人不齊者而食。必須去情存道，善知處量也。是以謹守佛教，慎護僧法，是第一慈悲人〔六九〕。現在、未來一切眾生，離苦得樂〔七〇〕故。若不守佛教，隨情壞法，謂聽俗人不齋而食；有來乞請，隨情輒與。令諸眾生，不知道俗之分，

而破壞僧法，毀損三歸〔七一〕。既無三歸，遠離三寶，令諸眾生沈沒罪河，流入苦海，失於利樂，皆由壞法。是以不守佛教，不閑律藏，缺示群生，自昏時網〔七二〕，名第一『無慈悲人』也。若接待惡賊、非理愚夫，說導不能受悟，義須準教當擬〔七三〕，具如隨相中。

二、引聖言量〔七四〕者

薩婆多云〔七五〕：僧祇食時，應作四相〔七六〕，謂打犍椎等相。令界內聞知。然此四相，必有常限，不得雜亂〔七七〕。若無有定〔七八〕，不成僧法；若無四相，食僧食者，名盜僧祇〔七九〕，不清淨也。又，不問界內比丘有無、若多若少〔八〇〕，作四相訖，但使不遮，比丘若來不來，無過；雖作相而遮，亦犯〔八一〕。故知若換鐘磬，應鳴鐘集僧，普告知已，然後換之。後更換，亦爾。若大界內，有二三處，各有「始終僧祇〔八二〕」，同一布薩，若食時，但各打犍椎，一切莫遮，清淨無過。善見云：若至空寺，見樹有果，應打犍椎〔八三〕。無者，下至三拍手〔八四〕，然後取食；不者，犯盜。飲食亦爾。若客比丘來，舊比丘不肯打磬，客僧自打，食者無犯。薩婆多云〔八五〕：僧祇食法，隨處有人多少，應有常限〔八六〕。計僧料食，一日幾許，得周一年。若一日一斛，得周年者，應以一斛為限。若減一斛〔八七〕，名「盜僧祇」，應得者失此食故；增出一斛，亦「盜僧祇」。即令僧祇，斷絕不續。既有常限，隨其多少〔八八〕，一切無遮，隨僧多少，皆共食之。若人少，有餘長者，留至明日，次第先行〔八九〕。如是法者，一切無過。應是儉時，故法令一定〔九〇〕。若行僧餅，錯得一番，不還僧者，即犯盜罪〔九一〕。僧祇云：若行食時，滿杓與上座者，上座應斟量，得偏當取，不得偏饒上座。若沙彌、淨人偏與本師、大德者，知事人語言：「平等與僧食，無高下也。」五百問云：上座貪心，偏食僧食，犯墮〔九二〕；不病稱病，索好食，得者犯重〔九三〕。餘僧食難消，如僧護等經說之〔九四〕。義者：言別客得罪者，要是持戒人，不與，犯罪；破戒者不犯〔九五〕。律云：惡比丘來不應與〔九六〕。

十誦、薩婆多：若外道來，眾僧與食，不犯；止不得自手與〔九七〕。以外道常伺比丘短〔九八〕，故開之。

今僧寺中，有差「僧次〔九九〕」請而簡客者。此「僧次」，翻名「越次」也。即令客僧，應得不得，主人犯重；隨同情者多少，通是一盜〔一〇〇〕。又，此住處不名僧所，以簡絕客主，非同和僧義〔一〇一〕。

　　大集云〔一○二〕：若一寺、一村、一林〔一○三〕，五法師〔一○四〕住。鳴椎集四方僧，客僧集已，次第賦給，無有吝惜〔一○五〕；初夜後夜〔一○六〕，讀誦講論、厭患生死〔一○七〕、不訟彼短、少欲寂靜、修於念定〔一○八〕、憐愍眾生、護戒慚愧〔一○九〕，是名眾僧如法住大功德海。若無量僧破戒，但令五人清淨如法，護持佛法，愍諸眾生，福不可計〔一一○〕。如第三十一卷中〔一一一〕。

　　餘有瞻待國王、大臣、作人、惡賊、俗人、淨人〔一一二〕，事既多濫，容兼犯盜。廣亦如隨相。

【校釋】

〔一〕先明通塞之意　鈔批卷八：「先約僧俗明，次於僧中約持破明。又，持中約時明，並有通塞。時則是通，非時是塞故也。」（四四七頁下）【案】「明通塞」分五：初，「然食」下；二、「古師」下；三、「若此」下；四、「或問」下；五、「佛法」下。

〔二〕食為太患　鈔科卷上二：「初敘意示非。」（二二頁上）資持卷上二：「欲界眾生，皆資摶食以存身命，不可闕故。」（二一三頁下）簡正卷七上：「鏡水大德云：且食是小事，何云大患耶？若約體即小，據功用絕大。故儒書云『食能宛（原注：『宛』疑『充』。下同。）虛而接氣』，又云『身非瓠瓜，豈能不食』等，亦說此食為先。（四○四頁上）內教亦云衣食支身命等。」（四○四頁下）【案】「然食」下分二：初，「然食」下；次，「今諸」下。

〔三〕人誰不須　簡正卷七上：「凡在世中，日日須得此食。世尊一化，多先陳者，佛說一切有情，依仰飲食而住。」（四○四頁下）【案】「先陳」即是首先強調之意。

〔四〕乞食可得不　資持卷上二：「世尊凡見弟子，必先此問，證知事重。」（二一三頁下）鈔批卷八：「佛在世，比丘皆乞食也。佛亦乞食也，非唯比丘。然佛自乞食，且論有四意：一、三世諸佛，法爾乞食；二、為充軀資身、長道，自行益故；三、福利施主，反報益故；四、為聲聞弟子仿佛成規故。」（四四七頁下）

〔五〕今諸別住　資持卷上二：「『今』下，二、示非。別住，即目僧寺。」（二一三頁下）

〔六〕自壅僧食　簡正卷七上：「鳴鐘作相，善召十方。今既有遮，豈非壅也？」（四○四頁下）

〔七〕**障礙大法** 簡正卷七上：「食既不通，僧法有塞，豈非是礙？」（四〇四頁下）

〔八〕**現是餓因** 簡正卷七上：「驗因知果，慳惜獨敢（原注：『敢』疑『噉』。），必招惡果。此是其因也。」（四〇四頁下）

〔九〕**來受劇苦** 簡正卷七上：「劇苦者，蒼頡云：偏受之苦曰劇也。來生受地獄苦報竟，更別受鬼趣之報也。」（四〇四頁下）

〔一〇〕**古師匡眾之法云** 鈔科卷上二：「『古』下，引古顯正。」（二二頁上）鈔批卷八：「匡，由正也，即是隨朝長安志相寺靈祐法師寺誥也。其僧善以能卜，值小周滅佛法，仍（【案】『仍』疑『乃』。）避亂終南山。于時，奉勅搜揚僧伍，並令還俗。（四四七頁下）其不肯者，勅令深剃。而祐身披俗服，遂領門徒在山。每出，賣、卜得錢、餘米，以供門人。後值隋家御宇，蒙補為僧統，充『土大德』之數。因於本居之山，為置志相寺。而法師躬立寺誥云：僧寺不得畜女、淨人等也。賓云靈祐是休法師，和上云即玄奘法師和上也。祐本是京師西市賣餳老婆所生，其年十三，其時類小兒在西市打連錢，看者數百。時有一禪師從市中行，遇見此小兒，衣服極弊，上一井蘭上打錢，打一百下，無有失落，知是奇物。乃往問其所在，祐曰：『近在某街頭。』即喚：『逐我出家，能去不？』答曰：『由母。』禪師相將問母，母言：『居家貧窮，生此小兒，何堪出家，又無資給。』禪師苦勸，母即許之，知惜何益。至明日，禪師自將衣裳來取，至於寺中，將一打墻鐵槌，令於石上磨之，『吾欲作斧』，祐即磨之。經十六七日，不暫休息，磨一邊稍似斧刃。師來看，見知其志操，當即令休，『吾不復用』。小兒不休，已擬作斧，何得中悔，以成為限。師深敬惜，後授經論，無所不達，聲播天下。立性作行，誓願不視女人之面。病困臨死，尼姊來看，遙見入房，轉面向壁。又，淨影遠法師即是祐弟子，（四四八頁上）於布薩日說欲不出。祐從出來，直到堂頭，衣服襤弊，眾皆不識，莫有敬者。至說欲時，制眾且止。慧遠房中讀疏，乃云法事因緣，眾僧說戒，豈是魔說？使者尋報，遠即走來，流淚悔過，大眾方知是遠和上。」（四四八頁下）簡正卷七上：「隋朝相州大慈寺靈裕律師，值後周癈佛教，隱跡終南，身被俗服，領徒在山。每日出於廛市，賣卜得錢，供於徒弟粂米。後隋家御寓，大行，勅補為僧統，遂於住處造志相寺。法師親立寺誥十篇等。」（四〇四頁下）【案】「古師」下分二：初，「寺是」下；次，「然法」下。

〔一一〕**寺是攝十方一切眾僧修道境界法** 資持卷上二：「初，明立寺之意。又三。初，敘道通。」（二一三頁下）鈔批卷八：「謂僧依寺中修道，如王治國，依六大城

為境界也。」（四四八頁下）【案】「寺是」下分二：初「寺是」下；次，「故其」
下。初又分三。

〔一二〕**為待一切僧經遊來往、受供處所**　資持卷上二：「『為待』下，明事通。」（二
一三頁下）

〔一三〕**無彼無此，無主無客，僧理平等，同護佛法**　資持卷上二：「『無』下，釋上兩
通。然律中亦有主客相待者，且約住者有新舊，強分主、客；若論道事，必無
彼此。僧理者，若約理和，即是真理；若論事和，止是道理。（二一三頁下）
平等，即和也。」（二一四頁上）

〔一四〕**故其中飲食眾具**　資持卷上二：「『故』下，次，正明飲食之制。先敘義通。」
（二一四頁上）

〔一五〕**如法、及時**　資持卷上二：「『如法』謂出家五眾，體相無虧。『及時』即中（【案】
「中」即「中午」。）前而至。」（二一四頁上）

〔一六〕**然法有通塞**　資持卷上二：「『然』下，次，明用與。」（二一四頁上）

〔一七〕**白衣及中，能齋者亦得**　簡正卷七上：「五分二十六云：白衣來從比丘乞食，
比丘不敢與，便致譏呵。是以白佛，佛言：『能齋者與。』玄云：能齋之言，
抄云主取後寺誥意也。」（四〇四頁下）鈔批卷八：「立明：由能齋故，是當來
得道，作出家之因，故開與食。五分無此相貌。廣如隨相『盜戒』中當序。」
（四四八頁下）【案】五分卷二二，一五二頁中。

〔一八〕**唯有任道行之**　資持卷上二：「『任』謂荷任，即命眾生。」（二一四頁上）簡
正卷七上：「任，依也；『道』謂道理。但依聖教道理而行，應與便與等也。」
（四〇四頁下）鈔批卷八：「立云：任者，當也，謂當其道理而行也。如有僧
來，依時鳴鐘而給；俗來，能齋亦給。此名依法，故曰任道。乖此，不依道法，
名為非護法也。」（四四八頁下）

〔一九〕**同護法**　簡正卷七上：「同護法者，謂共護佛法也。」（四〇四頁下）鈔批卷
八：「謂道俗相依，猶如影響。若不與食，二大（【案】『二大』疑『引』。）彼
俗譏，故能齋聽與。若一向盡與，彼復謂言『佛法應爾』。今若作通塞之約者，
彼則能同護法也。」（四四八頁下）

〔二〇〕**不損檀越事**　簡正卷七上：「『事』謂四事供給，今依道理受用，不損檀越四事
之福也。『檀越』，梵音，此云施主。」（四〇四頁下）

〔二一〕**若此以明，是非自顯**　鈔科卷上二：「『若』下，委陳誠勸（三）：初，勸開懷；
二、『況』下，責忌狹；三、『但』下，示違損。」（二二頁上～中）

〔二二〕**真誠出家** 資持卷上二：「『真』下，敘意以勸。初，明出家本志。」（二一四頁上）簡正卷七上：「真，正；誠，實也。顯非偽濫，避俗飢餓等，出三界家也。」（四〇五頁上）

〔二三〕**怖四怨之多苦** 資持卷上二：「『四怨』即四魔。四並障道，喻之如怨。」（二一四頁上）鈔批卷八：「梵言『魔羅』，此云『殺』者，害人善故，義言如『怨』。言四怨者，（四四八頁下）帶數釋也：一、煩惱魔，謂內起貪等一切煩惱，能害善法；二者陰魔，謂有漏五陰共相摧滅；三者死魔，謂無常滅相，能壞命根；四者天魔，居第六他化天上、欲界頂，有大勢力，好壞他善，見人入道，則來惱亂，恐修道會正，化他同己，空其境界也。四中，初一是生死因，後一是生死緣，陰、死二魔，是生死果。又，約始終、內外明者，初受生時，即稟五陰有漏之身，名為『陰魔』曰始；形壞命盡，名為『死魔』曰終；內起三毒，名『煩惱魔』，外感『天魔』，故曰內外也。今言怖四怨者，謂未出家時，畏怖魔故，所以出家；由出家已，能令魔怖。兩向釋俱通，前解好。故疏云：出家已後，以十軍得道故，破煩惱魔；得法身故，破於陰魔；得無漏道故，破於死魔；得不動三昧故，破於天魔。十軍者，『欲』是為初軍，乃至『自高蔑人』為十。餘可解。」（四四九頁上）簡正卷七上：「『行人』是能怖，『四怨』是所怖。……攝論云：修空三昧，破煩惱魔；修慈無量定，破天魔；證無餘依涅槃，破蘊魔；卻留三月，破死魔。故佛位時，即能永斷，今凡未得，理合怖之，云是出家人意也。」（四〇五頁上）【案】智論卷一五，一六九頁上。

〔二四〕**厭三界之無常** 簡正卷七上：「三界者，欲、色、無色。各有分限，故云界也。無常者，『無』對『有』立名。常者，住也、永也，生了卻滅，滅了復生，二中不定，故四（原注：『四』疑『曰』。）無常。無常有二者，大（原注：『大』上疑脫『一』字。）期，謂報盡神移等是；二、念念，謂一日夜有六百四十八萬剎那，剎那不住是也。」（四〇五頁上）

〔二五〕**辭六親之至愛** 簡正卷七上：「身外所重，不越六親。何上公（原注：『何』疑『河』。）注老經云：父、母、兄、弟、夫、妻為六也。此六至親愛重，故云至愛也。」（四〇五頁上）

〔二六〕**捨五欲之深著** 簡正卷七上：「五欲者，色、聲、香、味、觸。法寶云：凡夫於此五生樂心，故名之為欲。欲實由心，託境為緣也。亦號『五魔』，（四〇五頁上）魔染淨識故。亦云『塵』等。（云云。）」（四〇五頁下）

〔二七〕**良由虛妄之俗可棄** 簡正卷七上：「世間有為之法，貪染之境，總是不真，曰

虛妄也，宜棄捨矣。」（四〇五頁下）資持卷上二：「虛妄俗者，即上四種。」
（二一四頁上）

〔二八〕真實之道應歸　簡正卷七上：「無為、無漏常住矣。究竟常樂，名真實道。」
（四〇五頁下）資持卷上二：「真實道者，涅槃果也。」（二一四頁上）

〔二九〕是宜開廓遠意，除蕩鄙懷　資持卷上二：「『是』下，正勸。」（二一四頁上）
扶桑記：「濟覽云：遠意求涅槃意，鄙懷前四懷。」（九二頁上）

〔三〇〕況僧食十方普同　鈔科卷上二：「『況』下，責忌狹。」（二二頁中）

〔三一〕而人情忌狹　資持卷上二：「『而』下，正責。」（二一四頁上）鈔批卷八：「說
文云：忌者，諱也；又惡也，（『烏故』反）見毛詩。今言人情狹者，欲明此人
諱聞遠通之名，謂之為狹。（四四九頁上）有本作『局狹』字。」（四四九頁
下）簡正卷七上：「梵詞『所畏』曰『忌』。謂畏客多，故曰狹也。」（四〇五
頁下）

〔三二〕鳴鐘本意　資持卷上二：「『鳴』下，乖事本也。」（二一四頁上）【案】「鐘」，
底本為「鐵」，據大正藏本改。

〔三三〕出家捨著，尤不應爾　資持卷上二：「『出』下，乖道本也。」（二一四頁上）

〔三四〕但以危脆之身　鈔科卷上二：「『但』下，示違損。」（二二頁中）資持卷上二：
「示損中，三：初，推局見保守身命，心不慕遠；」（二一四頁上）簡正卷七
上：「三界無安曰危；心體虛寂，本來無身，色蘊假有一團，故名為脆也。」
（四〇五頁下）

〔三五〕浮假之命　簡正卷七上：「梨耶住持，相續假有，名為浮假之命也。」（四〇五
頁下）

〔三六〕違諸佛之教　資持卷上二：「『違』下，二、示損害。上四句是損自。」（二一
四頁上）簡正卷七上：「佛置僧坊，人法二同，鳴鐘善召，不局凡聖。今既限
約，故是違也。」（四〇五頁下）

〔三七〕傳謬後生，所敗遠矣　資持卷上二：「『傳』下，即誤他。請詳諸過，傷害極深，
聞而不行，未審何意。『後生』謂是（【案】『是』後疑脫字。），承習無窮，故
云遠也。」（二一四頁上）

〔三八〕改前迷而復道　資持卷上二：「『改』下，三、誡勸。」（二一四頁上）

〔三九〕慳食獨啖，餓鬼之業，是謂大迷　鈔批卷八：「欲明餓鬼之因，皆由慳嫉。一
墮此道，報壽遐遙。如雜寶藏中，有羅漢名祇夜多，與弟子向北天竺遊行，至
一石室城。既至城外，慘然變色，入城乞食。食訖，出城門，復以慘然變色。

弟子便問：『何緣憂悲？』答言：『我向於城邊見餓鬼子，而語我言：我在城邊已七十年，我母為我入城求食，未曾一得。我今飢渴，願尊者入見我母，語令速來。我時入城，見餓鬼母，語言：汝子飢困，思汝相見。即答我言：我入此城七十餘年，自我薄福，加復新產，餓羸無力。雖有膿血涕唾、糞穢不淨之食，有大力者於先持去，我不能得。今最後得一口不淨，欲送與子。門中有大力鬼，復不聽出。願尊者慈悲，將我同出，使母子相見，食此不淨。』尊者即將出城，母子相見，共食不淨。尊者問鬼：『汝於此住，為己（【案】『己』經作『以』。）幾時？』答言：『我見此城，七反成壞。』尊者嘆曰：『餓鬼壽長，大其為苦。』弟子問已，厭離生死也。（云云。）」（四四九頁下）【案】雜寶藏經卷七，四八三頁中～下。

〔四〇〕**僧事有限，外客無窮**　鈔科卷上二：「『或』下，釋通來難。」（二二頁上）簡正卷七上：「一釋云『愚或（【案】『或』疑『惑』。）之人作此問』也，或可『有人作此問』也，今存第二。『或』，可顯不定詞，未必總如此見解。」（四〇五頁下）資持卷上二：「『僧事』即食具。」【案】答中分三：初，「此乃」下；二、「故佛」下；三、「又承」下。

〔四一〕**此乃鄙俗之淺度**　鈔科卷上二：「初，明福田無盡。」（二二頁下）資持卷上二：「初四句，反責非問。」（二一四頁上）簡正卷七：「淺度（音『鐸』。）者，淺見酌度也。」（四〇五頁下）鈔批卷八：「若識達俗士，尚以憂道而不憂貪，（四四九頁下）今此比丘作此問者，同乎鄙俗耳！」（四五〇頁上）

〔四二〕**瑣人之短懷**　鈔批卷八：「爾疋云：瑣，由小也。碎玉曰瑣。」（四五〇頁上）簡正卷七：「爾雅云：小人也。或可鑠碎之人，短見情壞之輩也。」（四〇五頁下）

〔四三〕**夫四輩之供養、三寶之福田**　資持卷上二：「『夫』下，正示福田。『四輩』謂天、人、龍、鬼，即能施之主。『三寶』即所施之境。」（二一四頁上）簡正卷七上：「四輩者，法寶云：人、天、龍、鬼也。又，人中自有四：貧、富、貴、賤是。」

〔四四〕**猶天地之生長**　資持卷上二：「『猶』下，略舉四物，以喻無盡。天地生長，喻四輩供養，相續不絕故。」（二一四頁上）鈔批卷八：「喻所得無限。」（四五〇頁上）簡正卷七上：「天生地長，春夏四時，萬物無窮，供養亦爾。」（四〇五頁上）

〔四五〕**山海之受用**　鈔批卷八：「約受用無窮。」（四五〇頁上）資持卷上二：「喻三

寶福田，出納無窮故。」（二一四頁上）簡正卷七上：「百川終日歸海，海受不增；萬類悉依於海，用海無盡；百艸附山，山受不增；萬木依山，用山無盡。（四〇五頁下）福田亦爾，受亦不增，用亦無盡也。」（四〇六頁上）

〔四六〕佛藏經言　鈔批卷八：「彼經中，佛告舍利弗：我今明了告汝，我此真法，不久住世。何以故？眾生福德善根已盡，濁世已近，自求善利，應生猒心。汝當勤精進，早得道果。我法無諸難事，不念衣食、臥具、醫藥。若一心行道者，天神人民，皆同心供養。設使天神諸人不念，但能一心勤行道者，終亦不念衣食所須。何以故？如來福藏，無量難盡。如來滅後，白毫相中，百千億分，其中一分，供養舍利及諸弟子。設使一切世間人，皆共出家，隨須法行，於白毫相，百千億分，不盡其一。如來如是無量福德，是諸比丘，應如是念。不應於所須物，行諸邪命惡法也。」（四五〇頁上）【案】佛藏經卷下，八〇一頁下～八〇二頁上。

〔四七〕一心行道，隨順法行　資持卷上二：「『道』即定慧法，『行』即戒律。」（二一四頁上）

〔四八〕如來白毫相中一分，供諸一切出家弟子　資持卷上二：「佛白毫相者，有百千億分福，減一分供舍利及諸弟子。」（二一四頁上）

〔四九〕又承，不斷客寺　鈔科卷上二：「『又』下，舉事以驗。」（二二頁下～中）資持卷上二：「『承』謂親自傳聞，事似相反，義實當然。」（二一四頁上）【案】「又承」下分二：「又」下為初，「若此」下為次。

〔五〇〕廣施　簡正卷七上：「不局凡聖，不簡主客，鳴鐘即來，便與食分，名廣施也。」（四〇六頁上）

〔五一〕寺貧而為客　簡正卷七上：「為有客多路，踐踏并院，致我寺中貧虛也。有作『為』（去聲）字解，訓『作』也，即當寺貧虛，皆往外處作客。（非也。）」（四〇六頁上）資持卷上二：「謂因待客故，致罄乏也。」（二一四頁上）

〔五二〕狹　【案】底本為「陋」，据大正藏本改。

〔五三〕僧用不供　鈔科卷上二：「『若』下，推所感。初，非智能辦。」（二二頁中～下）資持卷上二：「初句領上。『人』下，斥來問。初，牒問責非。」（二一四頁上）簡正卷七上：「『供』字去聲呼。有作平聲喚者，錯也。」（四〇六頁上）【案】「若此」下分二：初，「若此」下；二、「此乃」下。

〔五四〕所懷既局，斯言允矣　資持卷上二：「『若』下，順計顯局。既患人力不供，此心即為局屑，事必不足。彼言不虛，故云允矣。」（二一四頁上）

〔五五〕**此乃檀越為道奉給，不由人力所致**　鈔科卷上二：「『此』下，由道所感。」（二二頁下）資持卷上二：「初，示所感之由。」（二一四頁上）

〔五六〕**然則事由道感，還供道眾**　資持卷上二：「『然』下，明無乏之意。」（二一四頁上）

〔五七〕**猶函蓋相稱，豈有匱竭**　鈔批卷八：「勝云：僧依道而受供如『函』，檀越為道而施如『蓋』。二種相應，故曰相稱，何愁竭耶！言匱者，鄭玄曰：匱是乏也。詩傳云：匱，竭也。禮記云：有財不匱是也。」（四五〇頁上）簡正卷七上：「函蓋者，檀越為道故施故喻『函』，僧得還供道眾由如『蓋』。與本相應，是相秤（【案】『秤』疑『稱』。）也。」（四〇六頁上）

〔五八〕**義食坊**　扶桑記：「西天亦有焉。會正：寄歸傳云：西國路傍，設義食處，殘器如山。」（九二頁下）

〔五九〕**行施義普**　鈔批卷八：「施，（平聲），謂施設不簡貴賤。」（四五〇頁上）

〔六〇〕**義然後取**　資持卷上二：「『亦下』一句，出論語。（彼云：義然後取，人不厭其取。明此義，食事既合宜，人亦樂施，故不竭也。）」（二一四頁上）鈔批卷八：「貴者好給，賤者麤給故，曰義然後取。」（四五〇頁下）

〔六一〕**求將來福**　簡正卷七上：「將，由當也，求當來福故。」（四〇六頁上）

〔六二〕**且世俗禮教，憂道不憂貧**　資持卷上二：「『且』下，引世禮以況，亦論語文。（彼云：君子謀道不謀食。）」（二一四頁上）簡正卷七上：「俗中賢士之類，如草（【案】『草』疑『簞』。）食瓢（【案】『瓢』疑『瓢』。）飲，子展食不二味、居不重蓆等。」（四〇六頁上）【案】「簞食瓢飲」見論語雍也：「一簞食，一瓢飲，在陋巷，人不堪其憂，回也不改其樂。賢哉回也！」「食不二味、居不重蓆」見左傳哀公元年：「昔闔廬食不二味，居不重席，室不崇壇，器不彤鏤，宮室不觀，舟車不飾，衣服財用，擇不取費。」喻生活節儉。闔廬，或作闔閭，春秋時吳王。

〔六三〕**所患人情鄙吝，腐爛僧粟耳**　簡正卷七上：「患字，訓『憂』也。憂食之人，情懷鄙悋也。」（四〇六頁上）鈔批卷八：「如報恩經：佛與阿難入王舍城，乞食已，於城外有大深坑，城中人民擔持屎尿，棄此坑中。天雨惡水，亦入其中。中有一虫，其形似人，眾多手足。遙見如來，擎頭出水，視於如來，流淚滿目。如來見已，慇而哀，復慘然不悅，即還耆闍掘山。時阿難問佛：『向見屎中虫。先世造何業行，生此水中？為幾時耶？復於何時當得解脫？』佛言：汝等善聽，過去無量千劫，有佛出世，教化已周。滅度之後，於像法中，婆羅

門造立僧坊，供養眾僧。時檀越多送蘇油。時有客比丘來，爾時知事維那心生
瞋恚，嫌油（【案】『油』疑『客』。）來多，隱匿蘇油，停持不與。客眾言：
何不傳蘇油蜜也？維那答言：汝客比丘。言（【案】『客』前疑有『客比丘』。）：
此是檀越施現前僧。爾時，維那凶惡可畏，即復罵言：汝何不噉屎尿？云何從
我乃索蘇油！以此言改（【案】『改』疑『故』。），從是已來，九十億劫，常坐
於如是澆水之中。爾時維那者，今此虫是也。』（四五〇頁下）【案】報恩經
卷三，一四一頁中。

〔六四〕**余唯見積事而不存道，未見道通而事塞**　資持卷上二：「『余』下，嗟時重誡。
（二一四頁上）『積』謂多聚，『事』即飲食。」（二一四頁中）簡正卷七上：
「但聚財物，憂衣食等，是積事也。不憂修行出世之道等。未見道通事塞等，
未見有人但憂道業，不□。日夜勤勤策進是道通；麤衣勵食，足支身命，是事
塞也。」（四〇六頁上）鈔批卷八：「未見道通而事塞者，此明四事供養若絕，
名為事塞。今但行道，不慮未盡。」（四五〇頁下）【案】本句義：吾唯見忙於
聚財憂食而不務修道者，而沒有見到有勤勵策進的道通者而會面臨絕無供養
之事。

〔六五〕**佛法中，無貴賤親疏，唯以有法平等，應同護之**　鈔科卷上二：「『佛』下，重
明用與。」（二二頁上）【案】「佛法」下一節分三：初，「佛法」下；二、「俗
人」下；三、「若接」下。

〔六六〕**一無與法**　資持卷上二：「謂不非用也。必能依法，如下則聽。」（二一四頁
中）

〔六七〕**俗人本非應齋食**　鈔科卷上二：「『俗』下，示損益（二）：初，守教之益；二、
『若』下，違教之損。」（二二頁上～中）

〔六八〕**非生人好處，非生人惡處**　資持卷上二：「以任情故。『非生惡』者，以依法
故。」（二一四頁下）簡正卷七上：「據不齋與食，累他入地獄故。非生人惡
處，能齋與食，能生人天等。」（四〇六頁上）扶桑記：「會正：俗士非理妄受，
則因斯獲罪，故曰非生人好處。應教而受，則由此得福，故云非生人惡處。一
向瞋人，應與而閉也。一向任人，不應與而與也。通釋云：雖合㯋非字，祇釋
生好生惡耳。意云：任情與食，則生人好樂；依法不與，則生人憎惡。俱非此
寺中義。計時雖與，不妄任情；依法雖遮，示語懷歡；則反二過也。」（九二
頁下）

〔六九〕**是以謹守佛教，慎護僧法，是第一慈悲人**　資持卷上二：「『是』下，結益。」

（二一四頁下）鈔批卷八：「謂俗人不能齋，遮不與食，是守佛教，（四五〇頁下）是護僧法。若不齋輒噉，誤他入地獄，即非慈悲人也。以不與食，令諸眾生不以此緣墮三惡道，名大慈悲也。」（四五一頁上）

〔七〇〕**離苦得樂**　簡正卷七上：「釋上『慈悲』字也。慈悲能與樂，是得樂；悲能拔苦，是離苦也。」（四〇六頁下）

〔七一〕**令諸眾生，不知道俗之分，而破壞僧法，毀損三歸**　資持卷上二：「初，明非用。『令』下，示過。初，明失利；……道俗分者，道修智分，為俗福田；俗修福分，當供道眾。今則反亂，故云不知。毀三歸者，失彼信心，侵陵三寶故。」（二一四頁中）鈔批卷八：「毀損三歸者，若不問是非而給者，僧俗混同，將何以為歸敬？不知尊勝分齊，而生賤心，即是毀損之義也。」（四五一頁上）簡正卷七上：「不知道俗分者：『道』是說法，受施為『分』；俗人求福，行施為『分』。今身僧反施俗，即是不知分也。毀損三歸者，俗人本合施僧物，今來乞僧物，何有歸依僧義耶？若尊於法，即令行施，今卻乞僧物，何有歸依法耶？若崇重佛，即合供養，今反乞之，亦無歸依佛義也！」（四〇六頁下）

〔七二〕**自昏時網**　鈔批卷八：「謂不解示語罪福，是不識時宜，不用法網也。」（四五一頁上）扶桑記：「濟覽謂是隨時教網。」（九二頁下）

〔七三〕**若接待惡賊、非理愚夫，說導不能受悟，義須準教當擬**　資持卷上二：「隨相即『盜戒』。賊及無信，皆開與食。『當擬』謂對量也。」（二一四頁中）簡正卷七上：「隨相中者，指盜戒也。彼因王、大臣、惡賊、公人、作人等，一一有方法，如彼處明，此未合敘。」（四〇六頁下）鈔批卷八：「准十誦，惡賊來至，隨時將擬，不論多少。僧祇：若惡賊、檀越、公匠，乃至國王、大臣，有力能損益者，應與飲食。多論：能損者與，有益，不合是污家法。」（四五一頁上）

〔七四〕**引聖言量**　簡正卷七上：「『量』有三種：謂現、比、至教，三也。云現量者，因明論云：此中現量，謂無分別。若有正智，於色等義，離於名種等，所有分別，現現別轉，故名現量。意道：夫現量者，須緣五塵，實自相憶，不作行解，但離分別，而任運緣。因修照境，不籌不度，親得五塵自相故，所以名現量。如眼識，緣色自相時，但緣色自相，不作長短、方圓等解，親冥色之自相也。廣說如彼。（云云。）二、比量者，論云：謂藉眾相而觀於義。相有三種，如前已說。用彼為因，於所此義，有正智生，了知有火等，是名比量。意通（原

注：『通』疑『道』。）：夫比量者，須立論主將三支，無過多言，（四〇六頁下）能於敵（【案】『敵』疑『敵』。）論二徒，令他生解，故云比量。三、至教量者，即是此中聖言量也。此皆對能詮文說也。此聖言量，是慈氏、無著、世親古師所立。從陳那已後，癈詮談旨，但立前二也。意道：聖言量是立論之憑準，兼是能詮；現、比二量，是所詮之旨。若能、所雙說，三量具彰；若但說『所詮』，唯立於二。更有非量，如境不稱心，謂緣空華、兔角等，皆不雅實境，名非量。今鈔文據向下所引，總是能詮之教，故標云聖言量也。不同諸記中釋。」（四〇七頁上）【案】因明入正理論，一二頁中。

〔七五〕薩婆多云　鈔科卷上二：「初，僧食通塞。」（二二頁中～下）【案】引文見多論卷七，五五〇頁上。薩婆多一節，文分為二：一、「初文」下；二、「義者」下。初又分二：初，「薩」下；二、「薩」下。

〔七六〕僧祇食時，應作四相　資持卷上二：「初，明制法。前三句制須作。『僧祇』，此云『大眾』，即常住食。注四相中，等取吹貝、打鼓、唱令。」（二一四頁中）鈔批卷八：「『僧祇』，此翻『大眾』，謂僧眾食時須相也。撿多論第七卷云：是僧祇食時，應作四種相：一、打犍搥，二、吹貝，三、打鼓，四、唱令，令界內聞知。此四種相，必使有常限。不得或時犍搥，或復打鼓、吹貝，令事相亂，無有定則，不成僧法。若不作四相，而食僧祇食者，不清淨，名為『盜食僧祇』。『僧祇』，梵聲，男女之異也。男聲呼之為『僧祇』，女聲呼之為『僧祇』；或云『僧伽』，（四五一頁上）亦是聲之輕重也。喻，（上聲；）祇，（平聲；）咖，（上聲；）伽，（平聲；）祈，（平聲；）唏，（上聲。）此皆悉曇章中，一囀聲，同翻為『眾』也。」（四五一頁下）簡正卷七上：「『僧祇』是『常住』異名也，或可梵語『僧祇』，此云『大眾』，今取後說為定，即大眾食時也。四相者，打犍搥、吹貝、打鼓、更後日唱令。不成信召，即雜亂也。或如天台諸寺，先打鼓，鼓聲斷，方可鐘。此既規準一定，不名雜亂也。」（四〇七頁上）【案】初「薩」下，分二：初，「僧祇」下；二、「又不」下。

〔七七〕然此四相，必有常限，不得雜亂　資持卷上二：「『然』下，制須定。以鐘鼓不常，僧集無準，致有得失，故非僧法。」（二一四頁中）

〔七八〕若無有定　資持卷上二：「『若』下，明不作之過。」（二一四頁中）

〔七九〕名盜僧祇　資持卷上二：「須明二種常住夷、蘭之別。如『盜戒』中。」（二一四頁中）

〔八〇〕不問界內比丘有無、若多若少　資持卷上二：「『又』下，二、明免過。初，明

同界來否。」（二一四頁中）【案】「又不」下分二：初，「又不」下；次，「若大」下。

〔八一〕**雖作相而遮，亦犯**　鈔批卷八：「今時平且（【案】『且』疑『日』。）打鐘，要須前開寺門。閉門而打鐘者，此是非法也。」（四五一頁下）

〔八二〕**始終僧祇**　資持卷上二：「『若大界』下，明多處互作。」（二一四頁中）簡正卷七上：「初置寺院時為『始』，乃至處壞時曰『終』。於其中間，眾食不絕，名始終也。問：『大界內，何得有二三處始終僧祇？』答：『有二說。初依搜玄云是法同食別界。更有解云：是一別住內，有二三院，各有眾食處。如今寺中經院，有田產供看經者，三十、五十人至時集，此食不犯別眾，但自作相便得。（四〇七頁上）或更天王、觀音等院，並如是也。未必揩定，是食別界。」（四〇七頁下）鈔批卷八：「謂此是法同食別之界。既食各別，各鳴鐘自集。互不相集者，無過也。」（四五一頁下）

〔八三〕**若至空寺，見樹有果，應打楗椎**　鈔批卷八：「立明：要是大小二時食，若非時，不合也。有云：時非時俱得，非時取果，押為漿亦合。若言不得，今時茶湯，何處逃罪？」（四五一頁下）善見卷一〇：「若寺舍空廢無人，比丘來去，見樹有果，應打捷鎚。若無捷鎚，下至三拍手，然後取食無罪。若不如是食，犯盜。」（七四一頁中）

〔八四〕**三拍手**　簡正卷七上：「表三通也。」（四〇七頁下）

〔八五〕**薩婆多云**　鈔科卷上二：「『薩』下，造受如非。」（二二頁下）資持卷上二：「多論前段明造。」（二一四頁中）【案】「薩」下分二：初，「僧祇」下；「若人」下。多論卷七，五五〇頁中。

〔八六〕**僧祇食法，隨處有人多少，應有常限**　鈔批卷八：「礪云：此舉儉時，增減俱犯盜也。（云云）。南山闍梨咸享（公元六七〇年至六七三年）年中在京師清宮道場，時年飢儉，此處可有五十僧，日別料米四斗，以供徒眾。縱僧來去多少，唯盡此四斗為限，是今義也。」（四五一頁下）

〔八七〕**若減一斛**　資持卷上二：「『若減』下，明增減。兩結盜罪，並約知事。」（二一四頁中）資持卷上二：「初，明常限。趣舉一斛，以示其相。十斗曰斛，今所謂一石也。」（二一四頁中）

〔八八〕**既有常限，隨其多少**　資持卷上二：「『既』下，明人多少。多則均之，少則留之。」（二一四頁中）

〔八九〕**若人少，有餘長者，留至明日，次第先行**　資持卷上二：「『若』下，明受須均

等，不得過分。下引律、論，意亦同之。」（二一四頁中）【案】資持釋文中，
律指僧祇，論指五百問。僧祇卷一四，三四一頁下

〔九〇〕應是儉時，故法令一定　簡正卷七上：「釋前來應以一解為限等，若是豐時，
人多則剩出，亦不局數也。」（四〇七頁下）

〔九一〕若行僧餅，錯得一番，不還僧者，即犯盜罪　鈔批卷八：「景云：此約豐儉俱
犯，望知事人，有限定故。」（四五一頁下）簡正卷七上：「計直犯也，亦不約
豐時、儉時。」（四〇七頁下）

〔九二〕上座貪心偏食僧食，犯墮　資持卷上二：「論中偏食，彼約眾僧偏與，故輕。」
（二一四頁中）簡正卷七上：「此據稱情之食，偏剩受少許。然有不便之者，
不受。但犯捉罪也。」（四〇七頁下）

〔九三〕不病稱病，索好食，得者犯重　簡正卷七上：「謂約他得，入手犯夷重。若但
索時亦犯提。」（四〇七頁下）資持卷上二：「不病索食，正入盜科，兼復妄
語，理得二罪。」（二一四頁中）

〔九四〕餘僧食難消，如僧護等經說之　資持卷上二：「『餘』下，指經。彼說：迦葉佛
時，比丘為僧上座，不能禪誦，不解戒律，飽食熟睡，但能論說無益之語。精
餚供養，先僧飲食。以是因緣，入地獄中，作大肉瓮，火燒受苦，至今不息。」
（二一四頁中）

〔九五〕破戒者不犯　資持卷上二：「明破戒者，唯據四重，財法絕分。僧殘已下，皆
不可別。下『九十』中，論別眾者，約施主食，故犯提罪。此明常住，別他成
重，虧彼自分，成盜損故。」（二一四頁下）簡正卷七上：「今師重約義定之。
唯約持戒人說，破戒財法並已縱不與，無犯等。」（四〇七頁下）

〔九六〕惡比丘來不應與　鈔批卷八：「有問：『俗人能齋，尚開與食，破戒是僧，今亦
能齋，何得不與？』解云：『俗人能齋，是當來出世之業。破戒之類，理亦可
知。』」（四五一頁下）【案】四分卷三七，八三一頁中。

〔九七〕若外道來，眾僧與食，不犯；止不得自手與　鈔科卷上二：「『十』下，供給外
道。」（二二頁下）簡正卷七上：「初緣自手與食，後因外道語白衣言『汝以沙
門為福，沙門卻以我為福田』等，故制不自手與也。」（四〇七頁下）【案】十
誦及薩婆多表達此義者有多處。

〔九八〕以外道常伺比丘短　簡正卷七上：「議言：沙門只解受人物，不解施人。」（四
〇七頁下）資持卷上二：「不自手與，提中制故。伺，即候也。」（二一四頁下）

〔九九〕僧次　鈔科卷上二：「『今』下，僧次如非。」（二二頁下）資持卷上二：「初，

示非法。『簡』謂簡除。」（二一四頁下）鈔批卷八：「翻為『越次』者，對此便明有寺堂上行『僧次』簡房中人者，皆犯盜罪。」（四五二頁上）

〔一〇〇〕即令客僧，應得不得，主人犯重；隨同情者多少，通是一盜　資持卷上二：「『即』下，結犯。上三句，結眾生；下二句，結合眾。」（二一四頁下）

〔一〇一〕此住處不名僧所，以簡絕客主，非同和僧義　資持卷上二：「『又』下，顯過。不名僧所者，同俗舍故。」（二一四頁下）鈔批卷八：「此是性戒，現犯盜重，業報復深故。雜含經云：目連路行，見一眾生，身形極大，頭上戴一銅鑊。其鑊熾然，滿中深銅，流灌身體，乘空而行，啼哭號叫。佛言：此迦葉佛時，出家人為僧知事，有檀越施飲食，令僧行傳。時有眾多客比丘，知事不分，待客去後，然將分之。由此緣故，經無量歲，墮地獄中，受大苦惱。既得出已，更受此身。又見一眾生，其舌長廣，熾然鐵釘，亂釘其舌，乘空而行，啼哭號叫。佛言：迦葉佛時，出家比丘為摩摩帝。摩摩帝呵責客比丘云：『此處儉薄，不能相供養。諸長老等，各隨意去，求豐樂處。』由此言故，先住之人悉去，未來之客不來。緣此慳故，墮大地獄，備受眾苦。既得出已，更受此身。言以簡絕客主，非同和僧義者，僧具六和，既不同利，僧義亦缺也。」（四五二頁上）【案】「客主」即客比丘和原住比丘。

〔一〇二〕大集云　鈔科卷上二：「『大』下，住處如教。」（二二頁下）資持卷上二：「住處中，分二。初至『德海』，明法師如法。前明住處，五人能成。邊隅受戒，住持之本，故偏舉之。」（二一四頁下）【案】大集文分為二：一、「若一」下；二、「若無」下。大集卷三一，二一五頁中。

〔一〇三〕若一寺、一村、一林　簡正卷七上：「寺是此方名也。村者，則四相之名，據聚落中僧坊以說。林是祇陀之本稱。彼經言：若一寺廟、一村落、一樹林，證知不錯。」（四〇七頁下）

〔一〇四〕五法師　簡正卷七上：「五律師也。解法，故號法師，能辨受戒等事。」（四〇七頁下）

〔一〇五〕鳴椎集四方僧，客僧集已，次第賦給，無有吝惜　資持卷上二：「『鳴』下，明待客。」（二一四頁下）

〔一〇六〕初夜後夜　資持卷上二：「『初』下，明修業。」（二一四頁下）

〔一〇七〕厭患生死　鈔批卷八：「雜心偈云：『一切有為法，生住變異壞。』釋曰：『一切有為法，各各有四相，謂生住異壞也，（四五二頁上）世中起故生。已起自事立故住，已住勢衰故異，已異滅故壞。』又，應觀此身，從足至頂，種

種不淨，穢惡充滿。觀察此色，猶如猛風，飄散積砂，須臾散失。如是觀者，得空解脫門種子；於彼生死，猒離不樂，得無願解脫門種子；於生死不樂已，正向涅槃，得無相解脫門種子。又雜寶藏中，佛滅後七百年中，有尊者祇夜多身得羅漢，國人所重，住在罽賓。時南天竺有二比丘，聞祇夜多有大威德，遠來禮觀。到其住處，道由樹下，見一比丘，形體甚悴，竈前然火，二人便問：『識祇夜多不？房在何處？』即示處所。前到，見向者然火，比丘疑怪所以：『既有如此名德，自然火何耶？』尊者答言：『我念昔生死之苦。若我頭、手、足，可然之者。猶為眾僧，而用然火，況然薪乎！』二人便問：『往昔生死，苦事云何？』答言：『我憶昔五百世中，於狗中，常困飢渴，唯於二時，得自飽滿：一、值醉人酒吐在地，得安隱飽。二、值夫婦二人，共為生活，夫便向田，婦事緣小兒出，我時入盜彼飯。值彼飯器口小，我雖得入頭，後難得出，雖得一飽，後大辛苦。夫從田還，即使剪狗頭在於器中。』時二比丘，聞說此事，（四五二頁下）猒生死苦，得須陀洹果。又，釋迦如來憶往日閻浮提，作曲蟮鑽閻浮大地，猶如來篩禮也。」（四五三頁上）【案】鈔批引雜心偈，見阿毘曇心論卷一，八一一頁中。雜寶藏經卷七，四八三頁下。

〔一〇八〕**少欲寂靜，修於念定**　鈔批卷八：「成實論云：出家之人，雖未得道，以遠離為藥。諸白衣等，處在女色憒鬧之中，終無安樂。又，若遠離，心易寂靜，如水不擾，自然清澄。又，此遠離法為恒沙諸佛所讚。何以知然？佛見比丘聚落宴坐，心則不悅。又，見比丘空處（蘭若）睡臥，佛則以喜，以近聚落，多諸因緣，散亂定心，令應得所（原注：『所』疑『不』。）得、應證不證；空處睡臥，雖少懈息，若起求定，則能攝散心，乃得解脫。又，空處無色等相，煩惱易斷，如火無薪，則自然滅。言念定者：即四念處也；定者，四禪八定，及九次第定也。」（四五三頁上）【案】成實卷一四，三五三頁下～三五四頁上。

〔一〇九〕**護戒慚愧**　鈔批卷八：「薩遮尼揵經云：欲離於生死，安隱到涅槃，一切如來說，持戒最第一。戒如清淨地，能生諸善華，亦如猛熾火，能燒諸惡草。為是義故，應須護戒也。言慚愧者，慚國王、父母、師僧。信施之恩，難酬難報。又，慚愧諸佛菩薩，常教導我，我不能行等。是以經言：無慚愧者，與諸禽獸無相異也。」（四五三頁上）

〔一一〇〕**若無量僧破戒，但令五人清淨如法，護持佛法，愍諸眾生，福不可計**　資持卷上二：「『若』下，次，明庇覆破戒。」（二一四頁下）鈔批卷八：「此明五

人持律在世，得布薩、自恣、受戒，能令佛法久住不滅也。」（四五三頁上）
集釋記釋「庇覆破戒」：「非謂覆藏他破戒也；謂五人戒蔭，覆彼破滿也。」
（九三頁上）

〔一一一〕如第三十一卷中　資持卷上二：「今在二十八卷。」（二一四頁下）

〔一一二〕餘有瞻待國王、大臣、作人、惡賊、俗人、淨人　鈔科卷上二：「『餘』下，
瞻待餘人。」（二二頁下）資持卷上二：「列六種人。……十誦：供給王、臣，
用十九錢，不須白僧；更索，須白僧。作人者，量功與之。惡賊者，隨時將
擬。（上四人，出十誦。）俗人者，五分：悠悠無信者，好器與食；達識信
士、說食難消等。淨人者，善見：分番上下者，當番與食。長使者，常供衣
食。撮略引之，並廣如後。」（二一四頁下）鈔批卷八：「隨相中，得用十九
錢，供設王、臣。若多用者，理須白眾。」（四五三頁下）

三、約法〔一〕者

五分云：欲別作羯磨〔二〕，僧不可和者，當於說戒前作之〔三〕。以是
制眾法，僧不敢散故。四分云：若有人舉罪者，不得輒信舉罪人語，便
喚所告之人〔四〕，對僧詶答。先問「見」、「聞」、「疑」三根〔五〕。若云「見」
者，為自見、從他見？「見」在何處犯？犯何等罪？為犯戒耶，犯何等
戒？破見耶，破何等見？破威儀耶，破何等威儀？如是，舉罪人一一能
答〔六〕。有智人者〔七〕，方可隨其所告，問眾上中下及所犯人，取其自言，
證正舉治。若不能答，有智人隨有違者，便隨所誣謗罪，依法治之〔八〕。
故文云：若舉無根、無餘罪者，不成遮，治其謗罪〔九〕。文亦不顯情之
虛實〔一〇〕，即結其犯。義須斟酌〔一一〕。

言就時〔一二〕者

凡作法事，所為處重〔一三〕。多有非法，理須照鍊。闇夜屏覆，過
起必多〔一四〕：或有昏睡，或復鬧語，威儀改節〔一五〕，便成別眾；或
不足數，廢闕大事，不成僧法。良由倚旁屏闇，不祇奉法。事不獲已
〔一六〕，夜乃為之。幸知不易〔一七〕，及明早作，則是非自顯，目對不敢
相輕。

言對人者

凡施法事，貴在首領。眾主、上座，先須約勒。但見非法，即須紏
正〔一八〕，不得默坐，致招罪失。僧祇中多種，上座各有示導〔一九〕。文
廣如彼。

　　四分云，有三種狂癡〔二〇〕：一、眾僧說戒，或來不來〔二一〕；二、一向不憶不來〔二二〕；三者，有憶而來〔二三〕。初人，須與羯磨，後二不須〔二四〕。十誦云〔二五〕：若未作法，不得離是人說戒。作法已，得離。五分云：若覓不得，即遙作羯磨〔二六〕。四分中：白二與之。若狂、病止，令來乞解，白二為解。若復更發，依前與法。若狂止，不來不犯，以先得法故。亦不應詐顛狂而加法者，不成。羯磨如律。

【校釋】

〔一〕約法　鈔科卷上二：「約法、就時，對人以明。」（二二頁上）簡正卷七上：「羯磨法，或治罸法等。」（四〇七頁下）【案】「約法」即大門「三、約法、就時、對人以明」之第三，文分為三：初約法，次就時，三對人。初約法又分二：初，「五分」下，作餘法；二、「四分」下，舉他罪。

〔二〕別作羯磨　簡正卷七上：「謂受日、懺墮、受戒等。」（四〇八頁上）

〔三〕僧不可和者，當於說戒前作之　資持卷上二：「如受日、差直歲、分亡物等例也。」（四五三頁下）簡正卷七上：「謂集僧取和稍難也。當於說戒前作者，所貴眾僧並集，不更散去，及此時作諸羯磨也。大德云：又須知作法時節，如戒師登座，誦五字偈序訖。問：『僧集和合，乃至不來者說欲，或有說欲人，或並無等，一切如尋常？』答了，未問事宗之前，眾中上座告云『戒師且住』，即說『今有某法事』等。又，上座但告陳，不須起立。此是作法端由之模，漸有人不達。能那總未秉白，便作諸法事。或時上座告僧之時，從床起來立地者，並是不會行持律相之事。待諸羯磨並了，即戒師方可問事宗，便秉單白誦戒廣序乃至五篇等。』」（四〇八頁上）

〔四〕所告之人　資持卷上二：「即目犯者。」（二一四頁下）

〔五〕先問「見」「聞」「疑」三根　資持卷上二：「『先』下，明勘覈。不出三種：一根，二處，三罪。『根』『處』，舉『見』以問；『聞』『疑』準同。『罪』中，文略『邪命』。」（二一四頁下）

〔六〕如是，舉罪人一一能答　資持卷上二：「『如』下，明酬對。前明能答依作。」（二一四頁下）

〔七〕有智人者　資持卷上二：「即眾主也。」（二一四頁下）簡正卷七上：「玄云：是僧中上座明律之人也。」（四〇八頁上）

〔八〕若不能答，有智人隨有違者，便隨所誣謗罪，依法治之　資持卷上二：「『若不』下，明妄舉反治。舉重治殘，舉殘治提，舉提治吉，故云依法也。」（二

一四頁下）簡正卷七上：「若舉他夷罪不了，將殘治之，如是遞降一等。」（四
〇八頁上）【案】四分卷三八，八三九頁下。

〔九〕**若舉無根、無餘罪者，不成遮，治其謗罪**　資持卷上二：「『無餘罪』即四重。
此謂實犯，但無根故，即犯謗罪。不成遮者，謂能舉本意遮他說、恣故。」（二
一四頁下）鈔批卷八：「以犯四重故，眾法絕分，義如斷頭，名曰『無餘』。以
三根未顯，故曰『無根』。能舉之人，雖舉不成也。遮是舉也，故道不成遮。
言治（原注：『治』下鈔有『其』字。）謗罪者，夷謗須作殘治、殘謗提治。」
（四五三頁下）簡正卷七上：「無根者，無見、聞、疑三根也，假言我見、聞、
疑也。無餘者，謂前比丘實不犯罪，舉罪之人或見餘犯，想心將謂是此犯，而
舉亦不成，但不治謗罪。若無根、無餘，並治謗罪也。」（四〇八頁上）【案】
四分卷四六，九〇八頁中。

〔一〇〕**文亦不顯情之虛實**　資持卷上二：「『文亦』下，以義決文。謂對答雖差，情容
虛實，故誡斟酌，未可一向。」（二一四頁下）簡正卷七上：「情虛實者，舉罪
人情懷也。利益為心是『實』，自又具德；損減為心是『虛』，自又不具德。律
文不顯此虛實之情也。」（四〇八頁上）鈔批卷八：「立謂：其文中不的云『所
舉之人』，不問情中有犯、無犯。有犯曰虛。但令能舉之人不練三根，皆結其
謗罪。濟云：其能舉人，實知他犯，即是情實；若謗他言犯，曰情虛也。今不
問謗與不謗，但問答不相應，即順治其謗罪，故曰也。」（四五三頁下）

〔一一〕**義須斟酌**　鈔批卷八：「謂能舉之人，必是賢善比丘。雖今推勘，三根不委，
亦不必須治其謗罪也。」（四五三頁下）簡正卷七上：「有知人須斟量酌度。若
情虛舉根不了，必須治之。或情實舉根不了，可容恕故。」（四〇八頁下）

〔一二〕**就時**　簡正卷七上：「謂約分限以論也。日光未沒，即如法之時；屏闇無燈，
即非法時也。今據此時，以辨如非之相也。」（四〇八頁下）

〔一三〕**凡作法事，所為處重**　資持卷上二：「初，舉事誡慎。所為重者，（二一四頁
下）前篇所謂『拔群迷重累出界，分深根是也。』（二一五頁上）簡正卷七上：
「如『說戒』是佛法根本，『受戒』納體為世福田，『懺罪』除愆。總是所為處
重也。」（四〇八頁下）

〔一四〕**闇夜屏覆，過起必多**　資持卷上二：「『闇』下，示作法時節。前明夜中非法。」
（二一五頁上）

〔一五〕**改節**　資持卷上二：「坐立乖也。」（二一五頁上）

〔一六〕**事不獲已**　資持卷上二：「『事』下，勸早作。」（二一五頁上）

〔一七〕幸知不易　資持卷上二：「謂事重也。」（二一五頁上）

〔一八〕糾　鈔批卷八：「廣疋云：糾，由急也。說文云：繩三合曰糾。糾，絞戾也。」
（四五四頁上）

〔一九〕僧祇中多種，上座各有示導　資持卷上二：「『如說戒中引。」（二一五頁上）
【案】僧祇卷三四，四九九頁上～中。參見說戒篇「故僧祇中，說戒說法，並
有上座法」句釋。「對人」文分為二：初，「凡施」下，明上座法；二、『四』
下，明狹癡法。

〔二〇〕有三種狂癡　資持卷上二：「初，通列三品。初是中品，二即上品，三即下品。」
（二一五頁上）鈔批卷八：「有三種狂痴之中，其二人不憶不來。此既無知，
不須與法。」（四五四頁上）

〔二一〕或來不來　簡正卷七上：「即是足數中『常憶常來』初輕病人也。問：『前篇云
『常憶常』（【案】『常』後疑脫『來』字。），此云『或來』，似有相違，若為
和合？』『今准蜀川云：此中『或來』二字，即屬前篇『常憶常來』人也。此
人常憶得半月，至此日便來，故云『或來』，即據說戒正日以論也。此中云『不
來』者，亦是前輕病人。或有緣增減說戒，彼便不知，欲不來也。即據異日以
論，此文約正日及異日雙陳；足數中，唯約正日以說，亦不相違也。」（四〇
八頁下）

〔二二〕不憶不來　鈔批卷八：「此既無知，不須與法。」（四五四頁上）簡正卷七上：
「第二人約極重也，即是前篇『不憶不來』人也。」（四〇八頁下）

〔二三〕有憶而來　鈔批卷八：「即常憶常來人，不得別他，故不須與法，與亦成唯，
或來不來。此一須與羯磨，為不定故，須法約之。立云：顛狂羯磨，准五分，
求覓不得，須遙與法。四分：要須現前，白二與之。又，須令其狂者，知僧為
我作法方成，不知不成。如律者，實病加法，始成虛詐，理無容詐。」（四五
四頁上）簡正卷七上：「即是足數第三『互憶忘，及來不來』，病發不定人也。
此中云有憶而來，且顯他病發輕時，來赴說戒，隱其有憶不來，（四〇八頁下）
亦是隱顯之意。乍覩文勢，似有相違，如此會通，義意無異，此義最急。玄記
並不論量，後來講解之家，未見敘述。」（四〇九頁上）

〔二四〕初人，須與羯磨，後二不須　簡正卷七上：「初人輕病有別，眾須與羯磨法，
隔佗。後二人，不用與法也。蜀云：第二人一向重，不足不別，不要與法。其
第三人病發有輕重，重時不論，輕時或憶得即來，或時雖憶，且不來，來則
無過，不來成別。今抄云：不用與法者，且據他憶，而又來以論也。若究竟

說，須與法隔之，方為妙也。諸記中並不達深意，多是謬解律文，請依此釋。」（四〇九頁上）

〔二五〕十誦云　資持卷上二：「『十誦』下，三律別示中品。」（二一五頁上）簡正卷七上：「十誦已下，證上與法之人也。」（四〇九頁上）【案】三律：十誦、五分、四分。

〔二六〕遙作羯磨　資持卷上二：「律因那那由比丘心亂狂癡，故制。白言：『大德僧聽，此那那由比丘，心亂狂癡，或憶說戒，或不憶說戒，或來或不來。若僧時到僧忍聽，與此比丘作心亂狂癡羯磨。若憶若不憶，若來若不來，僧作羯磨說戒。白如是。』（羯磨準作）。」（二一五頁上）

四、對處明用者

凡徒眾威儀〔一〕，事在嚴整清潔。軌行可觀，則生世善心，天龍叶〔二〕贊；必形服濫惡〔三〕，便毀辱佛法。十誦中：比丘衣服不淨，非人所訶〔四〕。華嚴云：具足受持威儀教法，是故能令僧寶不斷。摩得伽云〔五〕：伽藍上座，應前行、前坐〔六〕，看諸年少比丘威儀，語令齊整。及平等行食，唱僧跋〔七〕也。白衣來，當與食，為說法等〔八〕。十誦文中大同。智論云〔九〕：佛法弟子，同住和合，一者賢聖說法〔一〇〕，二者賢聖默然。準此處眾，唯施二事〔一一〕。不得雜說世論，類於污家俳說〔一二〕。又，眾貴靜攝，不在喧亂，誦經說法，必須知時。成論云：雖是法語，說不應時，名為綺語。

二者，威儀之形，必準聖教。薩婆多云：剃髮翦爪，是佛所制〔一三〕。律云半月一剃〔一四〕。此是恒式，勿得不為。涅槃云〔一五〕：惡比丘相，頭鬚爪髮〔一六〕，悉皆長利〔一七〕，為佛所訶。所著袈裟，一向如法。不得五大正色及餘上染〔一八〕，諸部正宗，不許著用。必有破壞，隨孔補之。條葉齊整，具依律本，廣如衣法。所有非者，寺內不披。入眾之時，或反披而入，及著下衣，或著木履、雜屐，律並不許。廣如鉢器法中。

四分云：入眾五法，善知坐起等〔一九〕。十誦云「下牀法」：徐下一腳，次下第二腳，安徐而起；坐法亦爾。「入堂法」：應在門外，偏袒右肩，斂手當心，攝恭敬意，擬堂內僧並同佛想、緣覺、羅漢想。何以故？三乘同法食故。次，欲入堂，若門西坐者，從戶外旁門西頰，先舉左腳，定心而入〔二〇〕。若出門者，還從西頰，先舉右腳而出。若在門東

坐者，反上可知。不得門內交過。若欲坐時，以衣自蔽，勿露形醜。廣如僧祇〔二一〕。

四分云：不得著俗人褌、袴、襖、褶等〔二二〕。今有服袍裘〔二三〕、長袖衫襦之衣，尖韈、長鞾、大韈、銅缽及椀、夾紵瓦缽、璢油等缽〔二四〕，及以漆木等器，並佛制斷，理合焚除。善見：若多聞知律者，見餘比丘所用不當法，即須打破，無罪〔二五〕；物主不得索償。

靈裕法師寺誥云：「僧寺不得畜女淨人，壞僧梵行。」〔二六〕設使現在不犯，令未離欲者還著女色。經自明證〔二七〕，隔壁聞聲，心染淨戒，何況終身奉給？必成犯重！此一向不合。僧祇中：僧得女淨人，不合受；尼得男淨人亦爾。比者諸處，多因此過〔二八〕。比丘還俗、滅擯者，並由此生。不知護法僧網，除其穢境，反留穢去淨，生死未央〔二九〕。又，賣買奴婢、牛馬、畜生，拘繫事同〔三〇〕，不相長益，終成流俗，未霑道分。比丘尼寺，反僧可知：或雇男子雜作、尼親撿挍，尋壞梵行，滅法不久。

寺家庫藏廚所，多不結淨，道俗通濫，淨穢混然〔三一〕。立寺經久，綱維無教，忽聞立淨，惑耳驚心〔三二〕。豈非師僧上座，妄居淨住〔三三〕，導引後生，同開惡道？

或畜貓狗，專擬殺鼠，牛杖馬靮，韁絆篅椷〔三四〕。如是等類，並是惡律儀。雜心云：惡律儀者，流注相續成〔三五〕也。善生、成論：若受惡律儀，則失善戒〔三六〕。今寺畜貓狗，竝欲盡形，非惡律儀何也？舉眾同畜，一眾無戒〔三七〕。大集有言：無戒破戒，滿閻浮提。

或佛堂塔廟，不遵修飾〔三八〕；比丘倨慢，處踐非法；高聲大笑，造非威儀；聚話寺門，依時不集〔三九〕。自滅正法，外生俗謗〔四〇〕。竝由上座、三師〔四一〕致而滅法。

若作說戒常法〔四二〕，半月恒遵。每至說晨，令知事者，點知僧眾：誰在誰無？健病幾人？幾可扶來？幾可與欲？如是知已，令拂拭塔廟，灑掃寺院，如說戒法。鳴稚之前〔四三〕，眾主、上座，親自房房案行。病者，方便誘接，告云：「眾僧清淨布薩，凡聖同遵。行者雖在病臥，能得一禮觀不？努力自勵，此身心不可信也。或因此不起，脫就後世，隨業受生，知趣何道？欲更聽戒，寧復聞乎？」如是隨時引接。餘僧不來，竝準此喻〔四四〕。

【校釋】

〔一〕**凡徒眾威儀** 鈔科卷上二:「初,約人辨用(二)。初,嚴整威儀(二)。初,威儀法。」(二三頁上~中)【案】「對處」文分為二:初,「凡徒眾」下約人辨用;二、「靈裕法師」下就處明用。「凡徒」一段分二:初,「凡徒」下;次,「智論」下。

〔二〕**叶** 簡正卷七上:「叶者,說文云:和也、言也。」(四〇九頁上)

〔三〕**形服濫惡** 簡正卷七上:「爪髮長利是形惡,衣裳垢穢即服濫也。」(四〇九頁上)

〔四〕**比丘衣服不淨,非人所訶** 鈔批卷八:「立明,有多種不淨:一謂衣體不淨,即邪命販賣所得衣財也;又,雖是如法之體,若不加受持法犯長等,亦名不淨;又,雖離此二過,若多垢坏,亦名不淨。俱為非人所呵也。」(四五四頁上)簡正卷七上:「非人呵者,十誦云:納衣比丘,著不淨污納。諸天、金剛不憙。白佛。佛言:不應著,著者,犯吉也。搜云(【案】『云』疑『玄』。)約五上染為服濫者,違文也。如下自辨。」(三〇九頁上)【案】十誦卷五八,四二九頁上。

〔五〕**摩得伽云** 資持卷上二:「伽論中並明上座軌眾之法。初,看威儀是今(【案】『今』疑『不』。)正,『用』(【案】『用』疑『及』。)下,行食等。因而引之。」(二一五頁上)【案】摩得勒伽卷六,六〇一頁下。

〔六〕**前行前坐** 簡正卷七上:「聞鐘先往,是前行;最初入堂,設拜了即坐,是前坐。意欲看年少等。」(三〇九頁上)

〔七〕**唱僧跋** 資持卷上二:「『僧跋』,梵言,即上平等行食之唱法耳。」(二一五頁上)扶桑記:「出要律儀有二釋:一云僧跋,梵語,此云『等供』,此同義也。二云僧跋者,同味義也,是異義也。」(九三頁下)鈔批卷八:「大莊嚴論中,有尸利毱多長者,受外道囑,令殺佛,以雜毒之食,供佛及僧。佛即知之,令僧待唱僧跋已,然後食之。即說偈言:『在於上座前,而唱僧跋竟,眾毒皆消除,汝等盡可食。』既說偈已,其食變為甘美。其緣稍廣,可更檢彼論文。立云:此即當『等供』之法也。」(四五四頁上)簡正卷七上:「唱已,眾毒皆消。即是如今云『等供』也,語別意同。有人云:『當初有毒藥,則要唱僧跋。今時既無,不要亦得。』此未達教,申妄解。如行籌受施之例,可以意知。」(四〇九頁下)【案】大莊嚴論經卷一三,三三二頁。

〔八〕**白衣來,當與食,為說法等** 資持卷上二:「赴請篇中亦同此引,即『等供』

也。」（二一五頁上）鈔批卷八：「立明：為說福食難消，示其因果。（恐非此解。）應是准五分，能齋者與食；食已，為說法，授與三歸、五八戒等。」（四五四頁下）簡正卷七上：「白衣來，與食者，據彼能齋也。說法者，受歸戒也。」（四〇九頁下）

〔九〕智論云　鈔科卷上二：「『智』下，處眾法。」（二三頁中）

〔一〇〕賢聖說法　簡正卷七上：「思益經云：汝等集會，當行二事：若聖說法，若聖嘿然。何為說法？何為嘿然？佛（【案】『佛』疑剩。）不違佛，不違法，不違僧，是名『聖說』。若知法即是佛，離相即是法，無為即是僧，名『聖嘿然』也。」（四〇九頁下）資持卷上二：「『賢聖』即弟子眾。」（二一五頁上）【案】思益經卷三，五〇頁中。

〔一一〕準此處眾，唯施二事　資持卷上二：「『準』下，準論誡過。」（二一五頁上）

〔一二〕俳說　鈔批卷八：「說文云：排（【案】『排』疑『俳』。），戲也。案：俳者，樂人所為戲笑，自怡悅也。三蒼云：俳者，嘯也。有云：即俳諧之戲。如行主之例也。」（四五四頁下）簡正卷七上：「今時戲笑處，行主相排，向前爭說事等是也。」（四〇九頁下）

〔一三〕剃髮剪爪，是佛所制　鈔科卷上二：「初，剃髮著衣法。」（二三頁中）資持卷上二：「『薩』下，別釋。前明剃剪。初，多論明制，違則有罪。」（二一五頁上）【案】「威儀」文分三：初，「薩婆」下；二、「四分云入」下；三、「四分云不」下。「薩」下一段分二：初毛髮指甲，次，衣屨。

〔一四〕半月一剃　資持卷上二：「引四分限時，不得更過。」（二一五頁上）

〔一五〕涅槃云　資持卷上二：「引涅槃顯過。」（二一五頁下）

〔一六〕頭鬚爪髮　資持卷上二：「有云語倒，合作『頭髮鬚爪』。或可簡異，餘毛故曰『頭鬚』，即說文云『面毛』是也。」（二一五頁下）

〔一七〕悉皆長利　資持卷上二：「雜篇明指爪極長一麥應剪。『長』字平呼，經云：是破戒之相，故云佛訶。」（二一五頁上）【案】「長利」即言指甲長而鋒利。南本涅槃卷四，六二六頁中。

〔一八〕不得五大正色及餘上染　資持卷上二：「『所』下，次明著用。示如非相，在文可曉。下指履屨，如缽器，亦見二衣篇中。」（二一五頁上）鈔批卷八：「餘上染者，謂真緋、正紫是也。」（四五四頁下）

〔一九〕入眾五法，善知坐起等　鈔科卷上二：「『四』下，入眾行坐法。」（二三頁中）鈔批卷八：「律下文增五中，佛告諸比丘：至僧中，先有五法：一、應以慈心；

二、應自卑下，如拭塵巾；三、應善知坐起，若見上座，不應安坐，若見下座，不應起立；四、彼至僧中，不應雜說論世俗事；五、見僧中有可忍事，心不安忍，應作嘿然。比丘應先有此五法，然後至僧中。若廣解釋，下文自出。」（四五四頁下）【案】四分卷四一，八五八頁上。

〔二〇〕若門西坐者，從戶外旁門西頰，先舉左腳，定心而入　資持卷上二：「『次』下，出入法。文明東西舉足，且據堂門面南為言，以要示之。但使出入，先舉門頰邊腳則通，（二一五頁上）餘處不必東西也。」（二一五頁中）【案】「入堂法」分二：初想，次入。

〔二一〕廣如僧祇　【案】僧祇卷三一，四八五頁上；卷三五，五〇六頁下。

〔二二〕不得著俗人褌、袴、襖、褶等　鈔科卷上二：「『四』下，著用離俗法。」（二三頁中）資持卷上二：「初，明俗服。『褶』（【案】『褶』疑『褶』。）亦袴類，『袍』亦襖類。」（二一五頁中）鈔批卷八：「襖褶者，釋名云：褶似襦，大袖，下有蘭（【案】『蘭』疑『襴』。）也。如東都大敬愛寺表寺主制徒眾、大僧、沙彌，皆不得服袴。遣家人次第撿，捉得者，脫入外庫。引（【案】『引』疑『此』。）是如法制也。」（四五四頁下）簡正卷七上：「所稟云：恐是約色，以分道俗。若據製造，無別也。襖者，謂今時上領長襖是也。褶者，注『神執』反，諸家說此衣相不定。玄記云：無口袴，謂繫著膝下也。嘉典云：是行騰子，粤記云：似襦、袖大，下有襴也。亮云：小半臂子。法寶云：短襖子，下至膝已來，號之為褶。鏡水大德云：京中曾見不空三藏著之。（四〇九頁下）已上諸解雖多，並不正也。今准衣服名義錄云，是上古之裳也。至周武王時，以布為之，名曰褶。至敬王時，以纏為之，名曰袴，但不襑口，蓋是庶人之服也。至漢章帝（公元七五年至八八年在位），改之以綾為之，加下緣謂之口。帝於端午日，賜百寮水紋綾袴，蓋以清正治人。若百寮母及妻承恩渥者，別賜緋羅交勝袴，取其日勝之義。今太常工人服紫絹袴褶、緋衫，執羽龠而舞之。又，侍皇帝講武之臣。近侍者，皆服朱事袴褶等。（已上具依彼文錄出。）准此，褶者古之所有，今加下緣，即呼為袴。鈔意恐今時更勒古所作不交，許著之，斯為定說也。」（四一〇頁上）

〔二三〕裘　資持卷上二：「『裘』謂皮衣。」（二一五頁中）

〔二四〕銅缽及椀、夾紵瓦缽、瑾油等缽　資持卷上二：「『銅』下，明俗器。瓦缽，體如列在非者，或色量不如故。（寫本或無『瓦』字。）瑾，『古困』反。『油』字，去呼。」（二一五頁中）簡正卷七上：「銅鎧者，下有足也。挾紵者，脫空

物用紵，布於內為骨，以溙於上者是也。」（四一〇頁上）扶桑記：「瑾，瓦鉢及油鉢也。鉢器篇記：捏瓦者，昔云以石磨後，用土脂棍便燒而不熏者。又行宗記云：捏，合作瑾，謂捏磨出光也。又云：油字去呼，謂以洞荏油塗已燒之。」（九四頁上）

〔二五〕見餘比丘所用不當法，即須打破，無罪　資持卷上二：「『善』下，引證。當，猶應也。無罪者，據壞他物，本是盜收。心在護法，故開無犯。」（二一五頁中）

〔二六〕靈裕法師寺誥云：僧寺不得畜女淨人，壞僧梵行　鈔科卷上二：「『靈』下，就處明用。」（二三頁上～下）資持卷上二：「引寺誥。前示過誡約。」（二一五頁中）【案】「靈」下分二：初，「靈裕」下；次，「若作」下。初又分四，如鈔所示。

〔二七〕經自明證　資持卷上二：「涅槃三十一，云：雖不與彼女人相合、嘲調、戲笑，於壁外遙聞女人瓔珞、環釧種種諸聲，心生愛著，如是菩薩毀破淨戒，污辱梵行。」（二一五頁中）

〔二八〕比者諸處，多因此過　資持卷上二：「『比』下，斥時。初，示僧寺。」（二一五頁中）

〔二九〕反留穢去淨，生死未央　資持卷上二：「『留穢』謂畜女，『去淨』即除淨人。央，盡也。今時下愚，多因針縷，履涉婬舍，招俗譏訶。或在僧坊，牽延累日，取與不護於摩觸，語笑豈慎於麤言？染意窺看，念念重吉；深寮坐起，一一單提。現身遭世俗之刑，袈裟永離；生報有泥犁之苦，燒煮難堪。宜奉聖言，可保終吉。」（二一五頁中）鈔批卷八：「女人穢境，養之曰『留』。淨僧退道，被擯曰『去』。欲明寺中畜女人是『留穢』，比丘因茲相染犯重，（四五四頁下）滅擯還俗，名為『去淨』。因此人地獄罪畢，得出為畜生等，失於三乘道果，故曰生死未央。」（四五四頁上）簡正卷七上：「僧寺畜女淨人是『留穢』，令僧犯。言不得羯磨等，二種僧中共住，是『去淨』也。生死未失（【案】『失』疑『央』。）者，盡也，因此愛染，輪迴未息，不能令盡生死之原也。」（四一〇頁上）

〔三〇〕拘繫事同　資持卷上二：「謂如囚禁也。」（二一五頁中）

〔三一〕寺家庫藏廚所，多不結淨，道俗通濫，淨穢混然　鈔科卷上二：「『寺』下，廚庫混俗。」（二三頁下）資持卷上二：「初，示不結之過。『庫藏』即倉廩也。文中兩言，淨者即是淨地。道俗濫者，無所別也。淨穢混者，不辨宿煮，犯不犯也。」（二一五頁下）鈔批卷八：「深云：寺中不結淨地，妄託云是檀越淨

者，濫也。如隋朝置東、西禪定寺，所有飲食，盡是國家奉供，本未屬僧，此名『檀越淨』。若如今時國清寺，亦是隋家置，則無食施，所有但是僧食。今若云是檀越淨者曰濫，故曰道俗通濫也。言道者，謂是作法白二結之，故曰也。」（四五五頁上）簡正卷七上：「多不結淨者，伽藍相因，便須結淨，或初起時，未有人住，經明相，便須處分。今不如是，故云多不。（云云。）（四一〇頁上）道俗通濫者，對古人義也。古云：寺是俗施食，即檀越淨，何須結之？今云：道俗通濫，淨穢混然，道為僧坊，俗乃檀越。若道寺是俗造，便云他淨。一切僧坊，俱非道有，妄相倚傍，故云通濫。食是俗有，同界不犯即淨。若是僧有，共宿過生，狗（【案】『狗』疑『俗』。）為穢，僧俗不分，故混然也。」（四一〇頁下）

〔三二〕立寺經久，綱維無教，忽聞立淨，惑耳驚心　資持卷上二：「『立』下，次，責無知。言忽聞者，或知法者，諭令行故。惑耳者，聞不解故。驚心者，謂為始立故。」（二一五頁中）

〔三三〕豈非師僧上座，妄居淨住　資持卷上二：「『豈』下，推過。『淨住』即伽藍之異名也。」（二一五頁中）

〔三四〕或畜貓狗、專擬殺鼠、牛杖馬靷、韁絆箞櫀　鈔科卷上二：「『或』下，養畜長惡。」（二三頁下）資持卷上二：「初，顯過。『靷』即乘馬具，（謂鞍、轡等；）『韁』即馬繩，『絆』即羈束。箞，音『卷』，牛鼻鐶也。櫀，『具月』反，繫牛馬杙也。」（二一五頁中）簡正卷七上：「馬靷者，束絡之總名也。韁絆者，謂馬上所帶佩者，是韁也。鞊，謂羈絆。在身曰羈，不（原注：『不』疑『在』。）腳曰絆也。卷（【案】『卷』疑『箞』。）者，與此『卷』字同音，說文云：牛鼻中環也。攝（【案】『攝』疑『櫀』。），（『其月』反）者，謂繫牛株杙也。」（四一〇頁下）【案】「箞」，底本為「蓉」，據大正藏本改。

〔三五〕惡律儀者，流注相續成　資持卷上二：「『雜』下，引示。流注者，惡業遍也。相續者，念念增也。所以然者，由彼害心，非止一境，復無時限故。」（二一五頁中）鈔批卷八：「彼雜心論偈云：『流注相續成，善及不善戒，於一切眾生，律儀不律儀。』釋曰：別解脫律儀者，謂受戒於一切眾生，一切時，戒不斷。不律儀者，謂住惡律儀，於一切眾生，一切時，惡戒不斷。所謂屠羊，養雞、豬，捕鳥、魚、獺，作賊、魁膾。魁膾，謂殺人自活。此等之例，且如屠羊者，雖不殺餘眾生，而於一切眾生所，得不律儀。何以故？若一切眾生，為羊像在前者，於彼一切，悉起害心。一切眾生，有作羊理故。若復無作羊理

者，於彼亦有害心，故得不律儀。如住慈心，仁想普周，當知住餘不律儀，亦如是。立云：欲明有惡律儀，（四五五頁上）運運常流，無作常生。如受善律儀戒，亦復如是。一發以後，雖入三性之中，善常增長不斷，故曰相續也。」（四五五頁下）【案】雜阿毘曇心論卷三，八九〇頁中～下。

〔三六〕若受惡律儀，則失善戒　資持卷上二：「惡勢強也。」（二一五頁中）

〔三七〕舉眾同畜，一眾無戒　簡正卷七上：「約受時，總發得戒，誓斷惡心。今隨中不依受，願一切鼠境上無作並失，非謂總捨戒體名為失戒也。」（四一〇頁下）資持卷上二：「舉，猶合也。言同畜者，或眾主自為，眾心不欲，義無該眾。（二一五頁中）言無戒者，惡業順惑，勢力猛盛，一切善戒，並絕相續。故有云：且望一類鼠上善戒不續，非謂餘戒俱無。又云：此乃誡勒之切耳。」（二一五頁下）

〔三八〕或佛堂塔廟，不遵修飾　鈔科卷上二：「『或』下，慢聖縱逸。」（二三頁下）鈔批卷八：「俗中教子，尚敬先廟。丁蘭木母，出告反（【案】『反』疑『返』。）面，木母舒顏。今我出家，不值真佛，更不敬儀像者，師稟於誰？立明：今時僧尼多犯斯過。但修飭己房，爭事光顯，佛堂之內，塵糞難言。口稱剃染，出家為佛弟子，事師之法，豈合如此？」（四五五頁下）【案】「丁蘭木母」為二十四孝故事之一，即丁蘭刻母木像以為事親。

〔三九〕依時不集　資持卷上二：「依時者，謂法食等時。」（二一五頁下）鈔批卷八：「如諸小師之輩，及無知老宿，多在門寺，看他男女行往，倚門坐立。寺中打鐘禮佛，一人不來，故曰依時不集。寔由眾主不閑攝誘，可悲之甚！」（四五五頁下）簡正卷七上：「打鐘召集，禮佛等不來。」（四一〇頁下）

〔四〇〕自滅正法，外生俗謗　資持卷上二：「『自』下，示所損。」（二一五頁下）

〔四一〕上座、三師　資持卷上二：「『並』下，推過源。」（二一五頁下）鈔批卷八：「五分云：上頭無人，名為上座，非局頭白。三師者，謂和上、兩闍梨，名為三也。」（四五五頁下）簡正卷七上：「上座者，坐居眾首之人也。三師者，和上、二師也。有云三綱者，非也。」（四一〇頁下）【案】五分卷一八，一二八頁中。

〔四二〕若作說戒常法　鈔科卷上二：「『若』下，說戒檢校。」（二三頁下）

〔四三〕鳴稚之前　資持卷上二：「『鳴』下，教勸導。」（二一五頁下）

〔四四〕餘僧不來，竝準此喻　鈔批卷八：「其病絕重，尚遣收來，況餘無患？理然須赴。」（四五五頁下）

五、雜教授〔一〕

毘尼母云，能諫之人，五法不須受〔二〕：一無慚愧、二不廣學、三常覓人過、四喜鬪諍、五欲捨道。必先於有過者取欲，然後諫之〔三〕。此等眾法〔四〕，竝綱維大德，住持一寺。有力護法者，方得行之。

若見眾中有過〔五〕，不得即訶，命來屏處，一一誨示云：「此一方住處，共大德有之。末法之中，以威儀為僧，方助佛揚化。若眾中有一行一法勝妙者，令他處遵學。豈得有過，令他聞之，令生不善，自他兩失？今大德有某事不善，不依佛制，願即改之。欲共相成進，以引導後生耳。」必是己之弟子〔六〕、眷屬、同友，對眾訶舉亦得。不得立至四人，以不舉僧也，非法，得罪〔七〕。

若有違僧制者，當具委示云〔八〕：「佛以戒法精妙，上人行之。我等修學，漸染而已。但以時代澆薄，教所不施，故佛令立如法僧要，勸同隨順。地持亦云若護僧制等〔九〕。故不依隨，違教得罪。今有某事，與制有違，願隨譴罰，應同僧法。亦使將來有犯者，為作鑑戒因緣〔一○〕。」云云而述〔一一〕。

若見造六聚罪者，屏處委示〔一二〕：「今與同住，竝是宿因，但末劫多障，持戒者少。見造某罪，是實以不？」〔一三〕。答「是實」者，依律如法誨示。文云：有二種癡：一、不見犯，二、犯而不懺。有二種智，反上語之〔一四〕。隨佛語者，名真供養〔一五〕。今不肯順可，欲從魔邪？罪不可積，或能轉重。引涅槃文示之〔一六〕。餘經云：一念之惡，能開五不善門〔一七〕：一者，惡能燒人善根；二、從惡更起惡；三、為聖人所訶；四、退失道果〔一八〕；五、死入惡道等。種種示之。

若有將被罰者，眾主比丘依律告云〔一九〕：眾僧可畏，具知三藏，有大勢力，道俗欽仰等。猶不捨者，又云〔二○〕：彼眾既有大力，若有違犯正教，必舉治汝。又不捨者〔二一〕，應言：非唯舉治而已，更奪三十五事，不復往來迎送，同僧法事，乃至不足僧數。如是種種示已，若不受諫，集眾和舉之。

然眾貴老宿大德，自力牽課，方能進道〔二二〕。必不自知，妄攝眷屬，愚叢自守，不相長益，號「年少」〔二三〕也。故律中，阿難頭白，而迦葉號為「年少」〔二四〕，訶言：「汝眾欲失。汝年少比丘，俱不善閉諸根，貪不知足〔二五〕，初夜後夜，不能勤修〔二六〕。偏至諸家，但行破穀〔二七〕。

汝眾當失。」以此文證：<u>阿難</u>善知法相，又是無學，尚被譏責〔二八〕。自餘凡鄙，焉可自輕〔二九〕！

　　必欲綱眾於時，住持護法者〔三〇〕，須自行清慎，雅操堅貞〔三一〕，博通律相，兼明二乘〔三二〕，識覽時要，達究情性〔三三〕者。可準上文，一方秉御〔三四〕。

　　　　　　　　　　四分律刪繁補闕行事鈔卷上之二

【校釋】

〔一〕雜教授　鈔科卷上二：「眾主教授之相。」（二三頁上）鈔批卷八：「正明教授之法。」（四五五頁下）【案】「雜教授」文分為二：初，「毘尼母」下；二、「然眾貴」下。

〔二〕能諫之人，五法不須受　鈔科卷上二：「初，諫諭隨機。」（二三頁上）資持卷上二：「五法自有過失，不堪諫他。」（二一五頁下）

〔三〕必先於有過者取欲，然後諫之　資持卷上二：「『必』下，取彼聽許，則無違諍。」（二一五頁下）鈔批卷八：「謂先須屏處。問：『其犯過人語言大德，既犯某罪，可得懺不？』『但戒細人麤，難持易犯，誰應無過，貴能早懺。若彼答言：實犯，聽眾治者。方得治之，故曰取欲。只是求聽之異名也。』」（四五五頁下）簡正卷七上：「失（原注：『失』疑『欲』。）擬諫他，先陳自意。告前人云：『長老，某事擬諫，不知許不？』前許之，即諫；反此，不須也。」（四一〇頁下）

〔四〕此等眾法　資持卷上二：「『此』下，正示能諫。」（二一五頁下）

〔五〕若見眾中有過　鈔科卷上二：「『若』下，所諫之過（四）。初，諫眾中過。」（二三頁中～下）資持卷上二：「諫眾過中，二。初，示屏諫。諫詞又三。」（二一五頁下）【案】「若見眾」明諫眾，分二：初，「若見」下；二、「必是己」下。諫詞又分三，見資持釋文中。

〔六〕必是己之弟子　資持卷上二：「『必』下，次，明對眾諫。」（二一五頁下）

〔七〕非法，得罪　資持卷上二：「違教犯吉。」（二一五頁下）

〔八〕若有違僧制者，當具委示云　鈔科卷上二：「『若』下，諫違僧制。」（二三頁下）【案】「若有」下分二：初，「若有」下；次，「今有」下。

〔九〕地持亦云若護僧制等　資持卷上二：「明雖是人制，佛令護之，故不可違。」（二一五頁下）【案】地持卷五，九一四頁上。

〔一〇〕為作鑑戒因緣　資持卷上二：「觀他自省，故云鑑戒。」（二一五頁下）

〔一一〕云云而述　資持卷上二：「略陳方軌，餘任臨時，故示云云。」（二一五頁下）

〔一二〕若見造六聚罪者，屏處委示　鈔科卷上二：「『若』下，諫造六聚。」（二三頁下）資持卷上二：「諫六聚中。『此與初諫何異？』答：『前在眾中，泛爾麤暴，心性未調，但云有過，不言何聚。文中，初泛諭。」（二一五頁下）

〔一三〕見造某罪，是實以不　資持卷上二：「『見』下，二、審犯勸悔。」（二一五頁下）

〔一四〕反上語之　資持卷上二：「一者，見犯；二、犯已能懺。」（二一五頁下）【案】文云見四分卷五七，九九三頁上。

〔一五〕隨佛語者，名真供養　扶桑記：「行願品中：如說修行，名真供養。」（九四頁下）

〔一六〕引涅槃文示之　簡正卷七上：「彼云：舍衛城中有一丈夫，捕鳥還放。佛說偈云：勿輕小罪，以為無殃，水渧雖微，漸盈大器等。」（四一一頁上）【案】涅槃卷一四，六九三頁下。

〔一七〕一念之惡，能開五不善門　鈔批卷八：「餘經，即是善生經也。」（四五六頁上）資持卷上二：「餘經未詳何文。五不善中：一是斷已生善，二即起未生惡，三違教，四障道，五來報。」（二一五頁下）【案】類似文字，涅槃經中多處可見。

〔一八〕退失道果　扶桑記：「可證而不證，謂之退失，故記云障道也。」（九四頁下）

〔一九〕若有將被罰者，眾主比丘依律告云　鈔科卷上二：「『若』下，諫將被罰。」（二三頁下）資持卷上二：「初，以僧德勸。」（二一五頁下）

〔二〇〕又云　資持卷上二：「『又云』下，以治舉勸。」（二一五頁下）

〔二一〕又不捨者　資持卷上二：「『又不』下，以奪行勸。」（二一五頁下）

〔二二〕然眾貴老宿大德，自力牽課，方能進道　鈔科卷上二：「『然』下，攝眾知法（二）。初，明無法之過。」（二三頁中～下）資持卷上二：「初，明益。『牽』字，去呼，猶引也。課，牽也。引而率之者，言導誘無倦，令眾獲益也。」（二一五頁下）簡正卷七上：「『牽』謂作頭引領。『課』謂勵己強為，令人効我故。」（四一一頁上）【案】「然眾」下分二，本句為初，「必欲綱」下為次。

〔二三〕年少　資持卷上二：「『必』下，彰損。初，正示。年雖老邁，於法無知，同年小也。」（二一五頁下）

〔二四〕阿難頭白，而迦葉號為「年少」　鈔批卷八：「撿律文云：阿難有六十弟子，皆是年少，欲捨戒還家。迦葉語阿難言：『此眾欲失，汝年少不知。』阿難言：

『大德，我頭白髮已現，云何於迦葉所不免年少耶？』迦葉報言：『汝與年少比丘，俱不善閉諸根，食不知足，初夜、後夜，不能勤修，遍至諸家，但行破穀，汝眾當失。』又，分別功德論云：迦葉每謂阿難為小兒，阿難有妹為尼，聞迦葉此言，大生嫌恨：『阿難聰明博達，汝何故謂為小兒？』迦葉報尼曰：『阿難有二事可恥：正由阿難勸佛度母人出家，滅佛法五百年，是一也。又，阿難有六十弟子，近曰三十比丘還為白衣。然佛教度弟子法，若出家有信，來求道者，當試之七日。若外道來求道者，當試之四月。阿難來便度之，是以可恥二也。此三十比丘，所以還家者，其先聞阿難於九十六種道中，『等智』第一。從阿難求度者，欲學『等智』，阿難不與說『等智』故。是以不合本心，於是而還，還必誹謗阿難，謂無『等智』。此比丘尼，以恚心向迦葉故，即現身入地獄也。有人云：『等智』者，世俗智也，亦名『後得智』，亦名『等智』。要前證『根本智』，然後始證世俗智也。要先證『根本智』，然後於根本上流出世俗智也。竇云：舊名『等智』，新經論中名『世俗智』。良以俗智，遍緣諸法，故立『等』名。濟云：迦葉是阿難和上，其阿難是羯磨受戒也。上可言食不知足者，非是貪猶財利，此是樂法貪也。論謂貪其多聞博識，不證無學故曰也。律文云：食不知足者，是消穀虫也。」（四五六頁下）【案】四分卷四九，九三〇頁上～中。

〔二五〕**俱不善閉諸根，貪不知足**　資持卷上二：「『俱』下二句，斥放逸。」（二一五頁下）

〔二六〕**初夜後夜，不能勤修**　資持卷上二：「『初』下二句，斥懈怠。」（二一五頁下）

〔二七〕**徧至諸家，但行破穀**　資持卷上二：「『遍』下二句，斥虛食信施，故言破穀。又解：『穀』即訓善。言壞他淨信。（論語云：三年學不至於穀。注云：穀，善也。）」（二一五頁下）簡正卷七上：「吉祥經云：破穀賊，狀似三歲孩兒，秏卻他長者穀倉皆空。後收得，不知名字。夜後有着白人、着青人、著黃人過，皆喚此小兒為『穀賊』，『汝因何在此』等。長者聞已，知彼名字，遂喚云：『穀賊，適來着白是何人，乃至着黃人等？』小人云：『青是錢精，白是銀精，黃是金精。』遂引領長者往寶藏處，示於所在，皆掘得之。廣如彼說。（云云。）」（四一一頁上）法寶云：小兒雖破穀，能示金處，長者雖失穀，失而獲金。施主以四事供僧，似失穀，得福田，如獲金；沙門雖受施，為施所墮，如破穀。解說法，顯真理伏藏，如示金也。鏡水大德云：此取半喻，據一面損處為言，不取全喻。」（四一一頁下）

〔二八〕**阿難善知法相，又是無學，尚被譏責**　資持卷上二：「善知法相者，以多聞故。
（二一五頁下）若據佛在，阿難猶是學人。今云無學者，從後為言。」（二一
六頁上）鈔批卷八：「今文中言無學者，就今日論，迦葉呵時，猶是學人。結
集之時，乃證羅漢。」（四五六頁下）簡正卷七上：「玄云：鈔據結集時得果之
後說也。」（四一一頁下）

〔二九〕**自輕**　資持卷上二：「『自輕』謂不以攝眾為重故。」（二一六頁上）

〔三〇〕**必欲綱眾於時，住持護法者**　鈔科卷上二：「『必』下，簡綱眾之人。」（二三
頁中）

〔三一〕**須自行清慎，雅操堅貞**　資持卷上二：「『須』下六句，列示五德：初，行潔；
二、志堅；三、學廣；（中間二句。）四、識高；五、智深。」（二一六頁上）
簡正卷七上：「雅，妙也。操，持也。妙持禁戒，如彼松桂，歲寒不改，故曰
堅貞。」（四一一頁下）

〔三二〕**博通律相，兼明二乘**　簡正卷七上：「廣博五部律文，通達犯不犯相，兼明大
小二乘，知治舉時與非時。覽見眾僧盡，要和順達，機之善惡，窮眾之人，情
性可准。」（四一一頁下）

〔三三〕**識覽時要，達究情性**　扶桑記：「時要，隨時要務。達究情性，善量機器。」
（九五頁上）

〔三四〕**可準上文，一方秉御**　資持卷上二：「『可』下二句，示堪能。今時昏鄙，無有
一德，輒居僧首，群愚共聚，造作非法，但謀利養，餘無所知。」（二一六頁
上）鈔批卷八：「即上序云『一方行化，立法須通，處眾斷量，必憑律教』，即
其義也。」（四五六頁下）